böhlauWien

Aus dem Amerikanischen von Birgit Flos

Wolfgang Schmale (Hg.)

Schreib-Guide Geschichte

Schritt für Schritt wissenschaftliches Schreiben lernen

Böhlau Verlag Wien · Köln · Weimar

Gedruckt mit der Unterstützung durch das
Bundesministerium für Wissenschaft und Verkehr

Adaptiert vom *Writer's Guide: History* by Henry J. Steffens,
Mary Jane Dickerson, Toby Fulwiler, and Arthur W. Biddle
in Vereinbarung mit Houghton Mifflin Company,
Boston, Massachusetts, United States of America.
Copyright © 1987 by Houghton Mifflin Company.
Alle Rechte vorbehalten

Die Deutsche Bibliothek – CIP-Einheitsaufnahme
Schreib-Guide Geschichte : Schritt für Schritt wissenschaftliches
Schreiben lernen / Wolfgang Schmale (Hg.). –
Wien ; Köln ; Weimar : Böhlau 1999
ISBN 3-205-99038-2

Gedruckt auf umweltfreundlichem, chlor- und säurefreiem Papier

Druck: Imprint, Ljubljana

Inhaltsverzeichnis

Vorwort zur deutschen Ausgabe

„Im Labor der Worte – Die Hälfte der Abbrecher scheitert an der Angst vorm leeren Blatt", so titelte die Süddeutsche Zeitung auf ihrer Hochschulseite vom 22. September 1998. Wenn Sie mit diesem Schreib-Guide gearbeitet haben, wird kein leeres Blatt mehr vor Ihnen sicher sein, weil Sie mehr Fähigkeiten erworben haben werden, leere Blätter zu füllen, als Sie jemals Zeit dazu haben werden. Richtig ist auf jeden Fall, daß Geschichte als Wissenschaft und wissenschaftliches Studium sowie Schreiben und Lernen durch Schreiben so eng zusammengehören wie das Gehirn und die Hand. Eine schriftliche Arbeit im Studium bedeutet nicht einfach das Niederschreiben eines irgendwie angesammelten Wissens, sondern das Schreiben gehört vom ersten Augenblick zum Prozeß der historischen Erkundung, der Formierung historischen Wissens und Erkennens. Dies muß und kann genauso gelernt und sicher beherrscht werden, wie die Bestimmung einer mittelalterlichen Papsturkunde. Die Bestimmung der Papsturkunde wird mit einigem Aufwand im Proseminar gelehrt, aber wer bringt Ihnen das Geschichte-Schreiben bei?

Während wissenschaftliches und literarisches Schreiben in den USA von rund 1.500 HochschullehrerInnen gelehrt wird, befindet sich die deutschsprachige Hochschullandschaft diesbezüglich erst in der Experimentier- und Projektphase. Die Idee, den vorliegenden Schreib-Guide amerikanischer Historikerinnen und Historiker in einer deutschen Ausgabe herauszubringen, stammte von Judith Huber, Planerin beim Böhlau-Verlag Wien, selber gelernte Historikerin. Das Buch brachte sie aus ihrem Studium in den USA mit. Ein wichtiges Projekt zum Schreiben lernen im Studium, das „Leuchtturmprojekt" an einigen nordrheinwestfälischen Universitäten, verdankt seine Existenz gleichfalls dem Import der entsprechenden Idee aus den USA durch die Bielefelder Soziologin Andrea Frank.

Dieser Schreib-Guide füllt eine entscheidende Lücke in der vorhandenen deutschsprachigen propädeutischen Literatur, die die Vorbereitung und Durchführung der historischen Proseminare unterstützen soll. Sein besonderer Vorzug besteht darin, daß er nicht nur den Dozentinnen und Dozenten das Lehren im Proseminar erleichtert, sondern daß er als Arbeitsbuch für Studierende konzipiert ist. Er ist didaktisch hervorragend aufgebaut. Seine Anwendung in der Praxis wird erweisen, daß es im Grunde nicht besonderer, geldverschlingender Projekte bedarf, um Studierenden die Angst vorm Schreiben zu nehmen. Man muß aber nicht zu denen gehören, die Angst vorm Schreiben haben, um den Guide mit Gewinn zu verwenden; der Schreib-Guide ist für alle Studierenden der Geschichte konzipiert.

Das Schreiben nimmt im geschichtswissenschaftlichen Lernprozeß eine Schlüsselstellung ein. Lernen, geschichtswissenschaftlich zu arbeiten, und wissenschaftliches Schreiben gehen Hand in Hand, es handelt sich um einen kombinierten und kreativen Prozeß, der außerdem Spaß macht und Spaß machen soll. Spaß haben am kreativen Charakter geschichtswissenschaftlichen Arbeitens – es ist nicht das geringste Verdienst des Schreib-Guides, dies immer wieder in den Vordergrund zu stellen. Gerade in einer Zeit, in der sehr häufig von der „Wissensgesellschaft" gesprochen wird, muß nachdrücklich darauf hingewiesen werden, daß es beim Geschichtsstudium nur z.T. um Wissenserwerb und Wissensvermittlung geht. „Geschichte betreiben", also wissenschaftlich Geschichte betreiben, ist ein intellektueller kreativer Prozeß. Die besondere Form des wissenschaftlichen Kreativseins in einer Geisteswissenschaft kann und muß gelernt werden. Das Kreativsein fängt im Studium an. An die Stelle von Fremdbestimmung tritt Selbstbestimmung. An die Stelle einer Konsumhaltung tritt aktives sich selbst Einbringen. Der Schlüssel zum Erfolg ist das „Journal", das in Kapitel 2 ausführlich besprochen wird. Ein einfacher, aber außerordentlich effektiver „Trick", um das Studium und die Resultate zu optimieren – und um eventuell vorhandene Ängste vor dem Schreiben auszukurieren.

Schritt für Schritt, und zwar wirklich Schritt für Schritt, werden Sie als Studierende in das wissenschaftliche historische Arbeiten eingeführt. Konkret formulierte Schreibübungen fordern zur Selbstkontrolle des Gelernten auf. Der Schreib-Guide ist aus der Lehrpraxis entstanden. Die verwendeten Beispieltexte von Studierenden, die „echt" sind, also aus entsprechend gestellten Aufgaben in einer geschichtswissenschaftlichen Lehrveranstaltung hervorgegangen sind, veranschaulichen die Lern- und Entwicklungsprozesse. Sie vermitteln ein Stück wissenschaftlicher Biographie Studierender, in der Emotionen, die für den Arbeitsprozeß genauso wichtig sind wie die Ratio, nicht ausgeklammert werden. Der Schreib-Guide ist ein ehrliches Buch, in dem keine heile Welt des wissenschaftlichen Studiums vorgegaukelt wird, er führt aber die Techniken vor, mit denen die Schwierigkeiten, auf die alle Studierende irgendwann treffen, gemeistert werden. So verfolgen wir beispielsweise hautnah in elf Arbeitsschritten in Kapitel 5 die Entstehung einer Seminararbeit der Studentin Patricia Tursi über den Zusammenhang zwischen europäischem Imperialismus und der Entdeckung des Chinins (schockiert Sie das Thema?!), wo die unausweichlichen Selbstzweifel keineswegs unter den Teppich gekehrt werden. Zugleich wird gezeigt, wie innere Blockaden gelöst werden können.

Das geisteswissenschaftliche Studium ist sicher ein Individualstudium, aber kein Einzelgängerstudium. Es dient auch nicht mehr in erster Linie der individuellen Bildung – das soll und kann es auch tun –, sondern es stellt eine spezifische Form der Vorbereitung auf Berufe dar, bei denen es auf eine professionelle Beherrschung schriftlicher und mündlicher Kommunikationstechniken nicht um der eigenen Eitelkeit, sondern um einer ganzen Menge anderer Menschen willen ankommt. Damit ist nicht der auf Rundfunk- und Fernsehmedien ausgerichtete Typ des „Großen Kommunikators" gemeint. Es geht darum, in der Schule als Lehrkraft, im Museum oder Archiv als Fachkraft, als Dozent oder Dozentin in einer Institution für Erwachsenenbildung, als Wissenschaftlerin und Wissenschaftler an der Universität, einem Forschungsinstitut oder dem Wissenschaftsdienst eines Parlaments, als Lektor / Lektorin, als Personalchefin oder -chef in einem Betrieb – ja, auch das! – Wege zu einer Erkenntnis, zu einer Entscheidung für andere transparent zu machen, an kreativem Denken, das zu neuen Lösungen führt, andere produktiv teilhaben zu lassen, Wissen optimal zu vermitteln und dabei auch immer auf Distanz zu sich selber zu gehen. Diese Techniken können nur interaktiv mit den Kommilitoninnen und Kommilitonen erworben werden. Auch das geisteswissenschaftliche Studium besteht zu einem guten Teil aus verschiedenen Formen von Teamwork. Geisteswissenschaft ist Teamwork. Der Schreib-Guide zeigt, wie dies funktionieren und wie man sich sinnvoll gegenseitig im Lernprozeß unterstützen kann.

Der Schreibführer ist besonders für Anfängerinnen und Anfänger geeignet, aber auch Fortgeschrittene können immer wieder mit Gewinn auf ihn zurückgreifen und sich selber daraufhin evaluieren, wie „professionell" sie schon – oder noch nicht! – geworden sind.

Für die Verwendung im deutschsprachigen Raum (Deutschland, Österreich, deutschsprachiger Teil der Schweiz) wurde der amerikanische Schreib-Guide vom Herausgeber umgearbeitet und an die hiesigen Verhältnisse angepaßt. Hervorzuheben ist das neu hinzugekommene Kapitel 7 über das „Studieren mit dem Computer" von Gregor Horstkemper. Kapitel 6 wurde im Hinblick auf die Literaturrecherche mit dem Computer gegenüber der amerikanischen Ausgabe grundlegend überarbeitet, besonderer Wert wurde auf die Einführung in die Bibliotheksrecherche per online-Datenbanken, Internet und CD-ROM gelegt. Bemerkungen, die nur für das Geschichtsstudium in Amerika Gültigkeit beanspruchen konnten, wurden getilgt. Das Übergewicht von Beispielen aus der amerikanischen Geschichte wurde zugunsten europäischer Beispiele abgebaut, dennoch wurden auch amerikanische Beispiele bewußt beibehalten. Wie im amerikanischen Original wurde Wert auf geschlechterdifferenzierte Formulierungen gelegt. Ebenso wurde Wert auf eine klare und leicht verstehbare Sprache gelegt. Auf eine allzu akademische Ausdrucksweise wurde deshalb verzichtet, die informelle Ausdrucksweise der meisten im Buch zitierten studentischen Texte wurde selbstverständlich quellengetreu nicht verändert. Die Verwendung des Begriffs „Sekundärquellen" statt „Sekundärliteratur" mag im ersten Augenblick überraschen, aber trifft den Verwendungs- und Stellenwert der Forschungsliteratur ganz genau: Geschichte schreiben bedeutet, Sekundärquellen für andere zu schreiben, so bringen es Mary Jane Dickerson und Henry J. Steffens an einer Stelle im Guide auf den Punkt!

Der Übersetzerin Birgit Flos ist für ihre ausgezeichnete Arbeit zu danken. Mit Gregor Horstkemper konnte ein jüngerer Historiker von der Ludwig Maximilians-Universität München als Mitautor gewonnen werden, der an der derzeitigen „Digitalisierung der Geschichtswissenschaft", aber auch den notwendigen kritischen Begleitdiskussionen beteiligt ist.

Wolfgang Schmale
München–Wien, im Oktober 1998

1. Schreiben um Geschichte zu lernen: Überblick und Einführung

Kapitelvorschau: Geschichte lernen wir vor allem durch das Studium von schriftlichen Dokumenten und durch Sachquellen, die uns aus der Vergangenheit überliefert sind. Wir interpretieren diese Texte und Objekte, indem wir über sie lesen und schreiben. In diesem Kapitel geht es um die Grundlagen für das Schreiben von verschiedenen Textarten in allen Studienbereichen, unter besonderer Berücksichtigung des Schreibens und Lernens im Fach Geschichte.

1. Was ist Geschichte?
2. Warum Geschichte schreiben?
3. Ihre Erfahrung mit dem Schreibprozeß
   Vorbereitung
   Der Entwurf
   Umarbeiten
4. Vorentscheidungen
   Thema
   Schreibinteresse
   Zielgruppe
   Sprechhaltung
5. Weiterführende Gedanken zum Schreiben von Geschichte:
   Thomas Jefferson als Autor

1. Was ist Geschichte?

Geschichte ist die Summe aller menschlichen Handlungen in der Vergangenheit: alles, was Menschen getan haben und sogar das, was sie nicht getan haben. Geschichte ist in diesem Punkt mit der Natur vergleichbar: wir zweifeln nicht, daß es sie beide gibt. Aber das wirklich Faszinierende liegt für uns darin, die Geschichte und die Natur zu erforschen und über sie zu lernen. Diese Geschichtsforschung ist es, was wir üblicherweise meinen, wenn wir von Geschichte oder Geschichte betreiben reden.

Wir können Geschichte nur betreiben, wenn wir die uns zugänglichen schriftlichen Dokumente und Sachquellen der Vergangenheit erforschen und über sie schreiben. Ein Beispiel: Die Aufarbeitung des Inquisitionsregisters, das der Bischof von Permiers penibel geführt hatte, erlaubte es dem französischen Historiker Emmanuel Le Roy Ladurie in seinem Buch „Montaillou" das Leben in einem französischen Dorf im 14. Jahrhundert nachzuzeichnen. Ein anderes Beispiel: Der amerikanische Historiker Robert Myers gab in seinem Buch „Children of Pride" Briefe heraus, die Mitglieder der Familie Jones aus Georgia vor, während und nach dem amerikanischen Bürgerkrieg geschrieben hatten. Die Briefe erhellen viele Aspekte des Alltagslebens, aber auch feine Unterschiede in den Einstellungen gegenüber der „gemeinsamen Sache" (the cause) und der Sklaverei. Unsere Kenntnis der Antike beruht nicht nur auf Dokumenten, sondern auch auf den vielen Sachquellen, die über all die Jahre entdeckt wurden – als Beispiel seien nur die Entdeckung Trojas und des Agamemnon-Schatzes durch Heinrich Schliemann erwähnt. Diese Sachquellen helfen den Historikern und Historikerinnen, weil sie die Inschriften und Aufzeichnungen, die sie erforschen, in einen umfangreicheren historischen Kontext stellen.

2. Warum Geschichte schreiben?

Geschichte studieren bedeutet immer auch, Geschichte zu schreiben. Schreiben ist der beste Weg, Geschichte zu lernen. In diesem geläufigen Sinn können wir Geschichte als die schriftliche Beschreibung dessen definieren, was wir über die Vergangenheit herausgefunden haben. Wir erforschen bestimmte Aspekte der Vergangenheit, weil sie uns interessieren. Egal, ob es um das antike China, um das Frauenwahlrecht, um die Amerikanische Unabhängigkeitserklärung oder um das Leben auf einer mittelalterlichen Burg in Tirol geht: Um zu lernen und um zu verstehen, sind wir immer auf die Informationen angewiesen, die uns aus der Vergangenheit überliefert wurden. Weil die westliche Kultur glücklicherweise in den letzten 300 Jahren ein besonders lebhaftes Interesse an der Vergangenheit gezeigt hat, verfügen wir neben den Sachquellen über viele Bücher und Artikel. Anstatt immer auf Primärquellen zurückgreifen zu müssen, können wir also auch gegenwärtige Texte nutzen, um etwas über die Vergangenheit zu lernen. Dabei erfahren wir auch gleich etwas über die Art und Weise, wie heute die Vergangenheit erforscht und interpretiert wird. *Wenn wir über dieses Sekundärmaterial schreiben, bringen wir zugleich unsere eigene Perspektive mit ein und beginnen so, am historischen Diskurs teilzunehmen.*

Vielleicht fragen Sie sich: „Warum sollte ich denn über Geschichte schreiben, wenn ich nicht vorhabe, von Beruf Historiker oder Historikerin zu werden?" Oder Sie sagen sich vielleicht: „Ich habe schließlich ein Proseminar in Geschichte belegt und keinen Schreibworkshop". Und dann lesen Sie im Seminarprogramm, daß von Ihnen erwartet wird, sehr viel zu schreiben – von kurzen Biographien, über Buchbesprechungen bis hin zu Seminararbeiten.

Warum?

Durch Schreiben Geschichte lernen. Sie haben wahrscheinlich schon selbst diese Erfahrung gemacht: Wir lernen am besten, wenn wir nicht nur passive Rezipienten und Rezipientinnen von Vorlesungen und Lehrbüchern sind, sondern uns aktiv beteiligen und uns unsere eigene Meinung bilden. Und das Schreiben ist für Sie vielleicht die beste Methode, Ihre Ausbildung selbst in die Hand zu nehmen. Genau darum geht es in diesem Buch – schreiben um zu lernen.

Wenn Sie sich beim Schreiben selbst mit dem Material auseinandersetzen, werden Sie Geschichte umfassender verstehen. Für den Historiker Edward Hallett Carr ist Geschichte ein „fortwährender Prozeß der Wechselwirkung zwischen dem Historiker und seinen Fakten, ein unendlicher Dialog zwischen Gegenwart und Vergangenheit." Die beste Möglichkeit, in diesen Dialog einzusteigen, ist das Schreiben.

Durch Schreiben ein Thema besser verstehen. Nehmen wir einmal an, Sie haben in Ihrem Lehrbuch ein Kapitel über die Bedeutung der normannischen Eroberungen gelesen oder eine Vorlesung über dasselbe Thema gehört und das meiste davon auch verstanden. Wenn Sie das nun aufschreiben, werden Sie dadurch die Informationen rekapitulieren, ordnen und so besser erinnern können. Aber dabei werden einige Fragen offen bleiben. Wenn Sie Ihre Fragen und ihre Unsicherheiten schriftlich formulieren, wird Ihnen klarer werden, wo genau die Probleme liegen. Oft kommen die Lösungen allein durchs Niederschreiben. Zumindest werden Sie durch das Schreiben genauer wissen, welche Passagen im Lehrbuch oder welche Ihrer Aufzeichnungen Sie noch einmal durchgehen sollten. Sie werden so Ihrem Professor oder Ihrer Professorin auch eine kompetentere Frage stellen können. Zum Beispiel: Ist der in Frankreich gewebte Teppich von Bayeux eine zuverlässige Quelle für die Schlacht von Hastings? Gibt es neben dem Teppich von Bayeux noch andere Informationsquellen zur Schlacht von Hastings?

Durch Schreiben eine eigene Meinung bilden. Sie haben die Aufgabe, zwei Artikel über die amerikanischen Einflüsse auf die französische Erklärung der Menschen- und Bürgerrechte vom 26. August 1789 zu lesen. Nachdem Sie den ersten Text gelesen haben, stimmen Sie mit der Auffassung des Autors überein und sind überzeugt, daß diese Einflüsse maßgeblich gewesen waren. Dann lesen Sie den zweiten Artikel, in dem die Unabhängigkeit der französischen Diskussion von amerikanischen Einflüssen herausgearbeitet wird. Auch dieser Standpunkt ist für Sie überzeugend. Kommt Ihnen das bekannt vor? Von Historikern und Historikerinnen erwartet man, daß sie sich in ihren Interpretationen sicher sind – das genau ist ihr Job. Und es sollte uns nicht überraschen, daß es uns manchmal schwerfällt, uns über das, was wir lesen, eine Meinung zu bilden.

Was können Sie also tun? Wenn Sie die Punkte, die für oder gegen eine These sprechen, schriftlich auflisten, werden Sie die Stärken und Schwächen der verschiedenen Argumentationen besser beurteilen können. Das Schreiben kann Ihnen helfen herauszufinden, wie Sie zu der jeweiligen Bearbeitung des Problems stehen, und eigentlich sind Sie damit schon auf dem besten Weg, Ihre eigene Position über die amerikanischen Einflüsse auf die Menschen- und Bürgerrechtserklärung abzustecken.

Durch Schreiben große Informationsmengen zusammenfassen. An das Wunder des menschlichen Gehirns kommen bekanntlich auch die besten Computer nicht heran. Und trotzdem scheinen die meisten von uns besonders dann nicht über das nötige Erinnerungsvermögen zu verfügen, wenn es darum geht, sich Orte, Menschen und Ereignisse, die eine bestimmte Epoche der Geschichte ausmachen, zu merken und sie auseinander zu halten. Wenn Sie sich aber Notizen machen, unterstützen Sie Ihr Erinnerungsvermögen und eröffnen sich gleichzeitig den Zugang zu grenzenloser Informationsfülle. Ein ganz wesentlicher Teil der Forschungsarbeit besteht darin, sich Notizen zu machen. Wenn Sie über die so gesammelten Informationen schreiben, werden Ihnen außerdem die Zusammenhänge zwischen diesen auffallen. Das Schreiben wird Ihnen neue Ansätze zur Problemlösung ermöglichen. Davon wird in den Kapiteln 3, 4 und 5 genauer die Rede sein.

Schreiben ordnet Ihre Gedanken. Das ist natürlich nichts Neues für Sie. Wenn Sie besonders viel zu tun haben, machen Sie sich eine Liste der „Dinge, die heute zu erledigen sind". Wenn Sie einen Vortrag oder ein Referat vorbereiten, notieren Sie sich zunächst die wichtigsten Stichworte, die Sie dann zu einer sinnvollen Ordnung neu zusammenstellen. Dadurch, daß Sie den unsichtbaren Vorgang des Denkens mit der physischen Aktivität des Schreibens verbinden, wird Ihnen klarer, was Sie eigentlich denken. Wenn Sie sich zwingen, Ihre Gedanken auf dem Papier festzulegen, hilft das Ihrer Konzentration beim Denken.

Lernen durch Schreiben führt auf jeden Fall zu einem tieferen Verständnis des Themas. Sie werden diese neu gewonnene Kontrolle über den Forschungsprozeß sehr bald zu schätzen wissen. Geschichte studieren, denken und schreiben sind schwierige Unterfangen. Es bedarf vieler wohlüberlegter Schritte, bis man eine umfassende historische Perspektive entwickelt. Viele Menschen halten die Bemühungen nicht durch; aber wenn Sie durchhalten und für sich eine historische Perspektive entwickeln, die auch im Alltag anwendbar ist, werden Sie mit einem Erfahrungsgewinn belohnt, der Sie Ihr ganzes Leben lang bereichern wird.

3. Ihre Erfahrung mit dem Schreibprozeß

Kommt Ihnen folgendes vertraut vor? Ihr Professor oder Ihre Professorin gibt Ihnen eine Seminararbeit zur Kolonialgeschichte Afrikas im 19. Jahrhundert auf. Abgabetermin ist Semesterende. Viel mehr können Sie nicht in Erfahrung bringen – vielleicht kursiert noch eine Liste mit möglichen Themen, oder Sie hören, daß die Arbeit etwa fünfzehn Seiten lang sein soll. Und trotz der allerbesten Vorsätze warten Sie, bis der Abgabetermin direkt vor der Tür steht und fangen dann überhaupt erst an zu arbeiten. Es ist immer wieder dieselbe traurige Geschichte.

Und dabei geht es anders besser. Die effizienteste Arbeitsmethode ist ein *prozeßorientierter Zugang* – das gilt für praktisch jede Art der schriftlichen Vermittlung, ob Sie eine Seminararbeit, ein Referat oder eine Buchbesprechung schreiben müssen. Wenn Sie diese Arbeitsmethode beim Verfassen Ihrer Texte anwenden, arbeiten Sie sich durch drei umfassende Arbeitsphasen: *Vorbereitung*, *Entwerfen* und *Umschreiben*. Die meisten erfahrenen AutorInnen arbeiten so. Gleichwohl charakterisiert dieses Phasen-Modell, d. h. eine lineare Darstellung, den Schreibprozeß nicht unbedingt am treffendsten. Der Schreibprozeß – von der ersten zündenden Idee bis zum abgeschlossenen Aufsatz oder Buch – erinnert eher an eine beschwipste Kurve als an eine gerade Linie – mit jeder Menge Bremsaktionen und Neustarts, Rückwärts-, Seitwärts- und Vorwärtsbewegungen. Alles in allem ein ziemliches Durcheinander! Trotzdem scheinen Studierende, die zu schreiben beginnen, am besten voranzukommen, wenn sie ihre Texte nach dieser Methode verfassen. Seien Sie sich jedoch bewußt, daß der fertige Text erst nach vielen Schritten wirklich steht.

Vorbereitung

Darunter verstehen wir alle Vorbereitungen, die Schreibende treffen, bevor sie den ersten Textentwurf verfassen. Dazu gehören: Themenwahl – durch freies Schreiben im Seminarjournal; die Eingrenzung des Themas auf einen vernünftigen Umfang; die Definition des Schreibinteresses; die Bestimmung der Zielgruppe; die Entscheidung für eine bestimmte Erzählperspektive. Es gehören dazu: Recherchieren; Interviews durchführen; sich Notizen machen und über die entwickelten Ideen mit Studienkollegen und -kolleginnen, mit den DozentInnen und im Freundeskreis sprechen. Diese Vorbereitungsphase ist im Gesamtprozeß entscheidender, als viele wahrhaben wollen. Wenn Ihnen das bewußt wird, sind Sie schon ein gutes Stück vorangekommen. Und wenn Sie diese Vorbereitungsphase erfolgreich durchführen, werden Sie eine ganz neue Kontrolle über Ihr Schreiben gewinnen. Im nächsten Abschnitt „Vorentscheidungen beim Schreiben" (1.4.) und im Abschnitt „Wie man ein Journal führt?" in Kapitel 2 werden Sie erste Schritte in diese Richtung unternehmen. Auch in den Kapiteln 3, 4 und 5 gibt es Hilfe für die Vorbereitungsphase. Sie werden lernen, Ideen, Pläne und Gliederungen zu skizzieren und den sogenannten „Entdeckungsentwurf" zu schreiben.

Der Entwurf

Wenn sie vom Schreiben sprechen, denken die meisten Menschen an diese zweite Phase im Prozeß der Texterstellung, an das Aufsetzen der Rohfassung. Entwerfen heißt Worte zu Papier bringen. Dieser Schritt ist viel einfacher, wenn Sie nach dem Dreistufenprozeß vorgehen. Auch die Kapitel 3, 4 und 5 werden Sie durch diese Phase begleiten. Manche Menschen fangen zu schreiben an, bevor sie sich im klaren darüber sind, wohin das Material sie führen wird; sie kommen erst durch das Schreiben darauf, was ihr eigentlicher Zielpunkt ist.

Umarbeiten

Die dritte Stufe, das Revidieren, ist viel anspruchsvoller, als die meisten Studierenden annehmen. Ein Beispiel: Dieses Kapitel liegt jetzt in der sechsten Fassung vor, es ist also fünfmal umgearbeitet worden. Warum haben Menschen, die berufsmäßig schreiben, wohl immer so große Papierkörbe neben dem Schreibtisch oder auf der Festplatte ihres Computers? Weil sie so lange an einem Text arbeiten, bis er stimmt. Wenn Sie die lateinische Bedeutung des Wortes „revidieren" im Wörterbuch nachschlagen, finden Sie „revidere" – sich (etwas) wieder ansehen. Eine richtig verstandene Überarbeitung bedeutet genau das: noch einmal ansehen, die Rohfassung noch einmal mit der Absicht überarbeiten, notwendige Veränderungen und das heißt oft auch größere Veränderungen vorzunehmen. Die Struktur dieses Kapitels zum Beispiel wurde im Vergleich zur ersten Fassung noch einmal völlig umgestellt. Im Laufe dieses „Schreib-Guides" werden Sie erfahren, wie Sie diese Veränderungen am besten durchführen. Wenn Sie schließlich nach der letzten Überarbeitung eine wirklich gute Arbeit vor sich haben, müssen Sie den Text noch redigieren und Korrektur lesen, bevor Sie Ihre Arbeit Ihren LeserInnen, den Unterrichtenden oder RedakteurInnen vorlegen.

4. Vorentscheidungen beim Schreiben

Während der Vorbereitungsphase müssen sich die Schreibenden einige Fragen stellen: Warum schreibe ich? Wer wird meinen Text lesen? Was wird von mir erwartet? Was sollte meine Sprechhaltung in diesem Text sein? Alle Schreibenden müssen diese Fragen bewußt oder unbewußt beantworten, und zwar jedes Mal, wenn sie sich ans Schreiben setzen. Dabei spielt es keine Rolle, ob sie eine Seminararbeit in Neuerer Geschichte schreiben, eine Bewerbung für das Jura- / Jusstudium vorhaben oder ob Sie ein Lehrbuch über die Geschichte Südamerikas planen, die Fragen bleiben die gleichen. Nur die Antworten sind andere.

Worum geht es in diesem Text? Ihre Antwort auf diese Frage definiert das Thema, legt fest, worüber Sie in Ihrem Text wirklich schreiben wollen.

Warum schreibe ich diesen Text? Was möchte ich mit diesem Text bewirken? Wenn Sie diese Frage beantworten, fällen Sie Entscheidungen, die mit dem Schreibinteresse Ihres Textes zu tun haben. Das *Schreibinteresse* ist die Absicht, der Beweggrund, warum Sie schreiben, und das erwartete Ergebnis Ihrer Bemühungen.

Für wen schreibe ich diesen Text? Die Antwort auf diese Frage definiert die Zielgruppe Ihres Textes. Ihre *Zielgruppe* sind die Leser und Leserinnen, an die Sie sich mit Ihrem Text wenden.

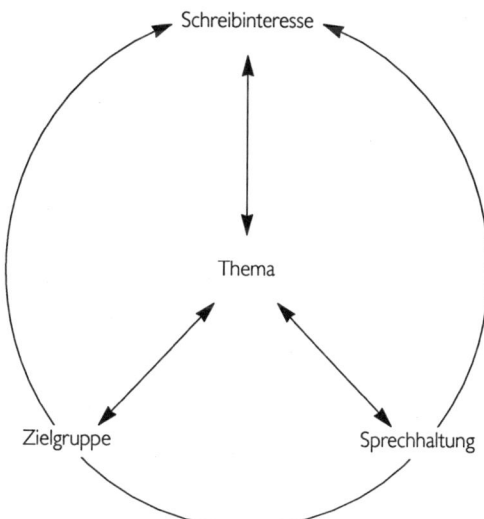

Abb. 1.1:
Die Vorentscheidungen
beim Schreiben

Wer bin ich, während ich diesen Text schreibe? Die Antwort auf diese
Frage beschreibt Ihre Sprechhaltung im Text. Die *Sprechhaltung* meint
Rolle, Persönlichkeit und Einstellung, die Sie Ihrem Thema, Ihrem
Schreibinteresse und Ihrer Zielgruppe gegenüber einnehmen.

Thema, Schreibinteresse, Zielgruppe und Sprechhaltung legen die Bedingungen bei jeder Schreibaktivität fest. Wenn Sie bezüglich dieser Kriterien Entscheidungen gefällt oder akzeptiert haben, dann sind bestimmte Parameter festgelegt. Stil, Tonfall und Lesbarkeit des Textes, die
Struktur und sogar der Einsatz von Beispielen werden von diesen ganz zu
Beginn getroffenen Entscheidungen bestimmt.

Abbildung 1.1 versucht darzustellen, wie sich die vier Entscheidungen
aufeinander beziehen. Im Mittelpunkt des Kreises befindet sich das
Thema, der Brennpunkt jedes Textes und normalerweise die erste Entscheidung, die Schreibende zu fällen haben. Die unterbrochenen Linien
bezeichnen den Einfluß, den das Thema auf die Kategorien Schreibinteresse, Zielgruppe und Sprechhaltung hat, sowie die Beziehungen, die sie
untereinander unterhalten.

Entscheidung Nr. 1: Thema

Für die meisten Schreibenden ist die Suche nach einem geeigneten Thema die schwierigste Aufgabe in der Vorbereitungsphase überhaupt. In der „wirklichen Welt" dort draußen würden Sie natürlich nur dann etwas schreiben, wenn Sie auch etwas zu sagen haben und dazu das Bedürfnis verspüren, es anderen mitzuteilen. Während des Studiums müssen Sie aber oft etwas schreiben, auch wenn Sie nichts zu sagen haben, weil Ihre ProfessorInnen das Schreiben für einen notwendigen Teil des Lernprozesses halten. Ein erklärtes Lernziel in Geschichtsseminaren ist es, die Welt als Historiker, als Historikerin wahrzunehmen. Das bedeutet, Fragen wie ein Berufshistoriker oder eine Berufshistorikerin zu stellen und die Probleme wie sie zu formulieren und damit in den laufenden Dialog des historischen Diskurses einzusteigen. Eine der erfolgreichsten Suchaktionen nach einem Thema besteht darin, das Problem einfach vorauszusehen: Wenn Sie regelmäßig ein Geschichtsjournal führen, werden Sie beim Lesen, Zuhören und Nachdenken mit der Zeit Dutzende von möglichen Themen sammeln, über die Sie schreiben könnten. Im Abschnitt „Wie man ein Journal führt" (Kapitel 2.4) werden Sie lernen, wie Sie das Beste aus einem solchen Journal machen können und wie Ihnen dieses informelle Schreiben bei Ihren akademischen Texten helfen kann.

Über welches Thema Sie auch immer schreiben wollen, es sollte den folgenden Kriterien entsprechen – auch dann, wenn es direkt vom Dozenten, der Dozentin gestellt wurde oder Sie es einer fertigen Themenliste entnommen haben; notfalls müssen Sie sich mit dem Dozenten, der Dozentin über das gestellte Thema auseinandersetzen:

– *Das Thema sollte zur gestellten Aufgabe passen.* Fällt das Thema überhaupt in den Rahmen des Seminars? Eine Arbeit über Kanadas Rolle im Zweiten Weltkrieg oder ein Text über die Beziehungen zwischen Kirche und Staat in den Vereinigten Staaten paßt natürlich nicht zu einem Seminar über England zur Zeit Queen Viktorias. Bleibt das Thema innerhalb der Grenzen, die durch die gestellte Aufgabe definiert wurden? Eine Abhandlung über den Stellungskrieg im Ersten Weltkrieg wäre nicht angemessen, wenn die Aufgabe lautet: „Kommentieren Sie die Auswirkungen der nuklearen Waffensysteme auf die Rolle der Vereinten Nationen in der zweiten Hälfte des 20. Jahrhunderts."

— *Das Thema sollte Sie interessieren.* Ein Kriterium, das auf der Hand liegt, aber das von den Studierenden nur allzu oft unterschätzt wird. Wenn Sie insgesamt 30 oder 40 Stunden mit der Recherche und dem Verfassen eines Textes beschäftigt sein werden, sollte das Thema eine gewisse intellektuelle Begeisterung auslösen. Natürlich kann es auch passieren, daß erst die nähere Beschäftigung Ihr Interesse an einem Thema weckt, das Ihnen erst langweilig vorgekommen ist. Aber wenn irgend möglich, fangen Sie besser gleich mit einer Fragestellung an, deren Beantwortung Sie wirklich interessiert. Der Historiker Daniel Boorstin stellte Fragen wie „Warum waren es nicht die Chinesen, die Europa oder Amerika „entdeckt" haben"? ins Zentrum seines Buches „The Discoverers" (Die Entdecker). Ein anderes Beispiel: Eine Studentin fragte zunächst nach der Rolle der unitaristischen Kirche bei der „underground railroad" (ein Netzwerk, das geheime Fluchtwege für entlaufene Sklaven organisierte) und entwickelte schließlich daraus ihre Arbeit für ein Hauptseminar über die Antisklavereibewegung in Vermont/USA.

— *Das Thema sollte so eng gefaßt sein, daß es eine umfassende und doch detaillierte Darstellung erlaubt.* Bei einer geforderten Textlänge von nur sechs bis acht Seiten ist ein Thema wie „Die Beziehungen zwischen Frankreich und den Vereinigten Staaten seit der zweiten Hälfte des 18. Jahrhunderts" zum Scheitern verurteilt. Es ist hoffnungslos, zweihundert Jahre Beziehung zwischen zwei so verschiedenen Nationen behandeln zu wollen. Aber wenn man das Gebiet enger faßt, ergeben sich machbare Themen wie zum Beispiel: „Thomas Jeffersons Rolle in den Anfängen der Französischen Revolution" oder „Inwiefern schwächte die französische Finanzierung der Revolution in den Amerikanischen Kolonien die englische Monarchie?"

Schreibübung 1.1: Themenwahl. Versuchen Sie zur Übung, fünf Themen für eine Arbeit von sechs bis acht Seiten aufzulisten, die sich aus dem folgenden weitgefaßten Thema ableiten lassen: Die Beziehung zwischen Frankreich und den Vereinigten Staaten seit dem späten 18. Jahrhundert.

Entscheidung Nr. 2: Schreibinteresse

Das *Schreibinteresse* einer Arbeit kann sehr komplex sein, weil es sowohl den Beweggrund, aus dem heraus Sie den Text schreiben, als auch das Resultat, das Sie sich von ihm erhoffen, einschließt. Wenn Sie eine im Seminar verlangte Buchbesprechung schreiben, dann ist die Tatsache, daß Ihr Professor diese Aufgabe gestellt hat, eine Dimension des Schreibinteresses. Aber vielleicht ist dieses Schreibinteresse für eine gelungene Buchbesprechung noch nicht ausreichend. Sie müssen sich also genauere Fragen stellen: Warum wird diese Buchbesprechung von mir erwartet? Unterscheidet sich eine Buchbesprechung für ein Geschichtsseminar von einer Besprechung, die in einer Zeitung oder einer Zeitschrift veröffentlicht wird? Sie könnten dann schlußfolgern, daß die Aufgabe gestellt wurde, damit Sie das Buch erst einmal lesen und sich überlegen, was es im Kontext des Seminars bedeutet, und damit Sie die wichtigsten Argumente des Buches zusammenfassen sowie deren Relevanz für das Seminarthema herausarbeiten.

Bei allem, was Sie je über Geschichte schreiben werden, werden Sie vermutlich das allgemeine Schreibinteresse haben, zu erzählen, zu erklären oder zu überzeugen. Eine weitere Einteilung der verschiedenen Arten zu erklären – man spricht auch von Arten der Exposition – scheint sinnvoll, selbst wenn Schreibende bei einem Text selten nur eine Herangehensweise benutzen. In der Exposition werden verschiedene Techniken aufeinander abgestimmt, je nach dem, was notwendig oder erforderlich ist, um das jeweilige Schreibinteresse zu erfüllen. Für einen Text zum Beispiel, der John Maynard Keynes' Beitrag zur ökonomischen Theorie des 20. Jahrhunderts beleuchten soll, wird es vermutlich notwendig sein, den wichtigsten Arbeitsbegriff im Werk von Keynes ausführlich zu definieren.

Diese Expositionstechnik – das Definieren – wäre aber nur eine von mehreren Techniken, die Sie einsetzen, wenn Sie Ihren Text schreiben und überarbeiten:

- *Definition.* Wird zur Beantwortung der Frage „Was ist …?" in bezug auf Ihr Thema verwendet. Beispiel: „Was ist Keynesianismus?"
- *Klassifizierung.* Wird zur Beantwortung der Frage „Was ist das allgemeine Muster?" in bezug auf Ihr Thema verwendet. Beispiel: „Welche verschiedenen Erklärungsansätze werden für die Weltwirtschaftskrise von 1930 angeboten?"
- *Vergleich und Gegenüberstellung.* Werden zur Beantwortung der Fragen „Was ist ähnlich?" oder „Was ist verschieden?" in bezug auf Ihr Thema verwendet. Beispiel: „Inwiefern verlief die Wirtschaftskrise in Großbritannien ähnlich oder nicht ähnlich wie in den USA?"
- *Analyse.* Wird zur Beantwortung der Frage „Was ist der Zusammenhang der einzelnen Elemente?" in bezug auf Ihr Thema verwendet. Beispiel: „Welches waren die wichtigsten Merkmale der Weltwirtschaft, die zur Weltwirtschaftskrise führten?"

Und wenn Ihr Schreibinteresse Erklären und Überzeugen miteinander verbindet:

- *Argumentation.* Wird zur Beantwortung der Frage „Können Sie das beweisen?" in bezug auf Ihr Thema verwendet. Beispiel: „Die unkontrollierte Inflation setzte Kräfte im Kapitalismus frei, die die Weltwirtschaftskrise und in der Folge Strukturprobleme kapitalistischer Gesellschaften verursachten, die die Wirtschaftstheoretiker der Ära nach Keynes weiterhin beschäftigt."

Schreibübung 1.2: Das Schreibinteresse definieren. Beginnen Sie zum Beispiel mit dem weitgefaßten Thema: Die Französische Revolution und Napoleon. Benutzen Sie dann den oben aufgelisteten Fragenkatalog. Zum Beispiel: „Was war die spezifische Rolle Napoleons in der Französischen Revolution?" Schreiben sie Ihre Antworten auf. Diese Übung soll Ihnen zeigen, wie Sie ein Thema präzisieren und klarer darüber schreiben können, wenn Sie Ihre Schreibinteressen festlegen.

Entscheidung Nr. 3: Zielgruppe

Wenn Sie Ihre Arbeit vortragen, sprechen Sie immer zu jemandem. Dieser jemand ist ihre *Zielgruppe*. Die Zielgruppe kann eine Person sein, ein Freundeskreis oder alle Seminarteilnehmer und -teilnehmerinnen. Sie wissen, wer Ihnen zuhört, und können die Reaktionen auch unmittelbar sehen und hören; es ist Ihnen also möglich, Ihren Vortrag auf diese Zielgruppe abzustimmen und ihn sogar je nach den Reaktionen zu verändern. Beim Schreiben ist Ihre Zielgruppe aber unsichtbar, vielleicht sogar unbekannt. Wenn Ihre Zielgruppe nicht versteht, was Sie schreiben, kann sie auch nicht um Ihre Erläuterungen bitten. Diese unterschiedlichen Beziehungen zwischen Sprechenden / Zuhörenden und zwischen Schreibenden / Lesenden veranschaulichen, wie wichtig beim Schreiben die Entscheidung über die Zielgruppe ist.

Genau wie das Schreibinteresse müssen Sie auch die Zielgruppe des Textes definieren. Nehmen wir ein Beispiel: Der Institutsvorstand im Fach Geschichte bittet Sie, einen kurzen Aufsatz zum Thema: „Geschichte als Hauptfach?" zu schreiben. Welche Informationen brauchen Sie, wenn Sie sich bereit erklären, diesen Text zu schreiben? Auf jeden Fall sollten Sie wissen, wer diesen Text lesen wird, wer Ihr Zielpublikum sein wird. Sie erfahren von Ihrem Professor, daß der Text in einer Broschüre erscheint, die an Studierende verteilt werden soll. Ja, aber an welche Studierende? Erstsemester, die ihr Hauptfach noch nicht oder schon, aber aus „dem Bauch" heraus, gewählt haben? AbiturientInnen / MaturantInnen, die auf der Uni nach interessanten Studienmöglichkeiten Ausschau halten? Höhere Semester, die einen Wechsel der Studienrichtung in Erwägung ziehen? Obwohl das *Thema* das gleiche zu bleiben scheint (die Gründe, Geschichte im Hauptfach zu studieren), unterscheiden sich die Anforderungen, die die genannten Zielgruppen stellen. Sie können viel überzeugender und informativer schreiben, wenn Sie in der Lage sind, Ihre Zielgruppe möglichst genau zu definieren.

Was genau müssen Schreibende über eine Zielgruppe wissen, für die sie einen bestimmten Text schreiben wollen? Obwohl die Antworten auf diese Fragen natürlich auch vom *Schreibinteresse* abhängen, werden hier einige nützliche Fragen aufgeführt, die Sie sich stellen können:

- Welches Geschlecht und Alter hat die Zielgruppe?
- Welches Ausbildungsniveau hat die Zielgruppe?
- Welches Vorwissen hat die Zielgruppe über dieses Thema?
- Welche Erwartungen könnte die Zielgruppe haben? Vermutliche Einstellungen der Zielgruppe?
- Welche anderen besonderen Bedürfnisse der Zielgruppe sollten mitberücksichtigt werden?

Nur wenn Sie all diese Fragen stellen, werden Sie herausfinden, mit welchen Sie sich in der Vorbereitung Ihres Textes näher befassen müssen. Und wenn Sie sich diese Fragen zur Zielgruppe des Textes „Geschichte als Hauptfach?" stellen, können Sie diesen Text viel besser anlegen.

Wie steht es mit der Definition der jeweiligen Zielgruppe für die Texte, die Sie in diesem Seminar schreiben werden? Studierende haben mit dieser Schreibentscheidung oft die größten Schwierigkeiten. Sie sollten also zumindest die Möglichkeiten kennen.

- Sie schreiben für Ihre Lehrveranstaltungsleiter oder -leiterinnen, das ist die allgemein übliche Definition der Zielgruppe für eine Seminararbeit. Aber auch um diese Zielgruppe anzusprechen, müssen Sie genau definieren, wer Ihr Professor oder Ihre Professorin ist und welche Erwartungen bestehen. Es kann sehr frustrierend sein, ausschließlich die Unterrichtenden als Zielgruppe anzusprechen, weil davon auszugehen ist, daß sie fachlich um vieles kompetenter sind als Sie. Ein kurzes Gespräch mit Ihrem Professor oder Ihrer Professorin zum Thema Zielgruppe zeigt ihnen vielleicht, daß es sinnvoll sein könnte, auch andere Zielgruppen zu berücksichtigen. Zumindest kann ein solches Gespräch dazu gut sein, daß Sie etwas mehr über Ihren Professor oder Ihre Professorin herausfinden, über ihre Spezialinteressen und darüber, ob Ihre Themen passend oder durchführbar sind. Die Klärung solcher und ähnlicher Fragen wird Ihnen helfen, beim Schreiben ein besseres Gespür für Ihre Zielgruppe zu entwickeln.
- Sie können beim Schreiben auch an das ganze Seminar denken, an Studierende und Unterrichtende. Vermutlich wird Ihr Text, wenn Sie sich hierfür entscheiden, viel ungezwungener klingen, als wenn Sie nur

für Ihre DozentInnen schreiben. Wie kommt das? Wie könnte Ihre Arbeit dadurch noch anders werden? Lesen Sie, was ein Student zum Thema Schreiben für StudienkollegInnen zu sagen hat: „Dadurch können Studenten und Studentinnen sich miteinander über ihre Ideen verständigen. Das ist wichtig, weil dieser Gedankenaustausch hilft, das Thema aus einer anderen Perspektive zu sehen und neue Einsichten zu gewinnen."

– Sie können auch nur für sich selbst schreiben, so wie Sie es in einem Journal machen würden (vgl. Kapitel 2). Es würde allen Schreibenden gut tun, viel öfter in einem informellen, umgangssprachlichen Stil zu schreiben. Sie werden beim Aufsetzen Ihres ersten Entwurfs auf jeden Fall erst einmal nur für sich selbst schreiben, selbst wenn der formal korrekte Text, den Sie dann nach der entsprechenden Überarbeitung abgeben werden, eine größere Zielgruppe ansprechen wird.

– Vielleicht schreiben Sie aber auch für eine besonders ausgewiesene Zielgruppe, zum Beispiel für Touristen, die das restaurierte Alte Rathaus Ihrer Heimatstadt besichtigen, oder für die Anzeigenzeitung vom Wochenende oder eben für alle Studierenden im Fach Geschichte auf Ihrer Uni. Einige der Schreibaufgaben in den Kapiteln 3, 4 und 5 beziehen sich auf solche Zielgruppen.

– Oder Sie schreiben für Forschende Ihres Fachgebietes, als ob Sie einen Artikel für eine Fachzeitschrift schreiben würden. Die beste Strategie, um die Erwartungen dieser Zielgruppe kennenzulernen, ist, einige Artikel in historischen Fachzeitschriften zu lesen und sich zu notieren, was die AutorInnen Ihrer Meinung nach von ihrem Publikum erwarteten. Im Fall einer Seminar- oder einer Abschlußarbeit ist es wahrscheinlich angemessen, sich Geschichtswissenschaftler und -wissenschaftlerinnen als Zielgruppe vorzustellen.

Schreibübung 1.3: Die Zielgruppe definieren. Wählen Sie ein Gebiet, an dem Sie gerade arbeiten, wie etwa die Auswirkungen der europäischen Expansion in Asien oder die Auswirkungen des deutsch-französischen Krieges von 1870/71 auf die Beziehung zwischen dem Deutschen Reich und Frankreich. Erläutern Sie schriftlich, wie Sie

Ihre Bearbeitung der Themen an die fünf oben erwähnten Zielgruppen anpassen könnten. Versuchen Sie, die möglichen Erwartungen und Bedürfnisse der Zielgruppen und deren Auswirkungen auf Ihre Bearbeitung so genau wie möglich zu beschreiben. Sie könnten dieses Material auch wieder in Ihr Seminarjournal notieren, um sich so zu merken, wie man Zielgruppen definieren kann, für den Fall, daß Sie diese Technik für irgendein Thema in einem Geschichtsseminar wieder benötigen sollten.

Entscheidung Nr. 4: Die Sprechhaltung

„Wer eigentlich bin ich, während ich diese Buchbesprechung, diesen Aufsatz oder was es auch immer sein mag, schreibe?" Ihre *Sprechhaltung* vermittelt die Rolle, die Persönlichkeit und die Einstellungen, die Sie Ihrem Thema, Ihrem Schreibinteresse und Ihrer Zielgruppe gegenüber zum Ausdruck bringen. Ihre Sprechhaltung beim Schreiben sollte – wie auch Ihre Sprechhaltung beim Sprechen – der Situation, in der Sie sich befinden oder die Sie definiert haben, angepaßt sein. Wir haben beim Sprechen so viel Erfahrung, daß wir die angemessene Sprechhaltung automatisch, ohne darüber nachzudenken, benutzen. Aber wenn wir zu schreiben beginnen, müssen wir diese Entscheidungen ganz bewußt treffen und einige komplexe Faktoren erwägen.

Denken Sie an die verschiedenen Einstellungen, die Ihre Sprechhaltung beeinflussen können.

– *Thema:* Wollen Sie es eher ernst oder locker, mit Humor oder respektvoll behandeln?

– *Schreibinteresse:* Wollen Sie loben, heftig kritisieren, eine Entwicklung erklären, ermutigen, überzeugen, sich beschweren?

– *Zielgruppe:* StudienkollegInnen, der Professor, die Professorin oder eingefleischte Militärhistoriker?

– *Anlaß:* akademisch, informell, feierlich?

Natürlich hängen diese Möglichkeiten zusammen: Wenn jemand um einen Gefallen bittet, schreibt er vermutlich nicht in einem beleidigenden Ton, und wenn er sich bei einer Autoritätsperson beschwert, wird der

Ton nicht scherzhaft sein. Ihre Aufgabe beim Schreiben besteht darin, Ihre Sprechhaltung dem Anlaß, dem Thema, dem Schreibinteresse und der Zielgruppe anzupassen.

Aber wie drücken Sie Ihre Sprechhaltung aus, wenn Sie sich erst einmal für eine entschieden haben? Die *Wortwahl* ist eine Methode. Wenn man mit einem wachen Sprachgefühl schreibt, bedeuten die meisten Synonyme nicht dasselbe: „abdanken", „zurücktreten", „kündigen" und „den Job hinschmeißen" mögen ungefähr das Gleiche ausdrücken, aber sie sind weder in ihrer Bedeutung noch in der Sprechhaltung identisch. Einige Begriffe sind einfacher und direkter, andere klingen formeller. Wenn wir über die Abdankung einer Monarchin zugunsten ihrer Tochter schreiben, würden wir etwa nie sagen, daß Königin Wilhelmina ihren Job hinschmiß, um Julianas Krönung zur Königin der Niederlande zu ermöglichen.

Die *Satzstruktur* ist das zweite stilistische Element, das die Sprechhaltung vermittelt. Eine lange und relativ komplizierte Satzstruktur mag für einen gebildeten Leserkreis angebracht sein, wenn ein ernstes Thema eher akademisch behandelt wird; eine Reihe kurzer Aussagesätze über das gleiche Thema und für das gleiche Zielpublikum, wenn das Thema eher informell behandelt wird.

Sprechhaltung, Zielgruppe, Schreibinteresse und Thema – das sind die wichtigsten Entscheidungen, die Sie vor dem eigentlichen Schreiben fällen müssen. Es ist Ihr Job als AutorIn, jeweils eine intelligente Wahl zu treffen.

Schreibübung 1.4: Definieren Sie die Sprechhaltung. Versuchen Sie flexibel zu sein und bestimmen Sie, welche Sprechhaltung Ihrer Meinung nach für jede der Anworten bei der Schreibübung 3 angemessen wäre. Seien Sie so genau wie möglich und beziehen Sie Ihre Entscheidung auf Kriterien, die mit dem Thema und dem Schreibinteresse zu tun haben.

5. Weiterführende Gedanken zum Schreiben von Geschichte

Thomas Jefferson als Autor

Obwohl John Adams Thomas Jefferson mit dem Argument „Du schreibst zehnmal besser als ich" gebeten hatte, den Entwurf der Unabhängigkeitserklärung für das Fünferkomitee zu schreiben, brauchte auch Jefferson erst viele verschiedene Versionen und war ständig auf die Rückmeldungen seiner Kollegen angewiesen, bis er schließlich das Dokument so vorlegen konnte, wie wir es kennen. Denken Sie nur an die schwierige Aufgabe, der sich Hunderte von Menschen durch all die Jahre, seit es schriftliche Aufzeichnungen gibt, stellen mußten: Auch diese Schreibenden mußten hart arbeiten, uns Lesenden in eindeutigen Formulierungen wichtige Dokumente zu übermitteln. Ohne die großen Anstrengungen derer, die über Jahrhunderte die Geschichte der Menschen geschrieben haben, wäre unsere Zivilisation um vieles ärmer. Sie wäre auch für uns um vieles ärmer, wenn wir Geschichte betreiben nicht als wichtigen Schreibakt auffaßten: Geschichte ernsthaft schreiben, um Geschichte zu lernen, auch wenn wir so viele verschiedene Textentwürfe schreiben müssen wie Mr. Jefferson 1776.

(aus: James West Davidson und Mark Hamilton Lytle: After the Fact: The Art of Historical Detection. New York: Alfred A. Knopf, Inc., 1982, 62–65.)

2. Führen eines Journals

Kapitelvorschau: Informelles Schreiben* wird Ihnen dabei helfen, Geschichte zu lesen, zu denken und zu schreiben. Schon immer haben Menschen, die ihre Tätigkeiten, ob in der Theorie oder Praxis, ernst nehmen, ihre Gedanken und Handlungen schriftlich festgehalten. Solche Notizen haben die verschiedensten Namen erhalten – „Tagebuch" und „Journal" sind nur zwei davon. Sie unterstützen die kreativen Leistungen, die, wie aufnehmen, lesen, zusammenfassen und schreiben, einen Lernprozeß begleiten, maßgeblich. Dieses Kapitel zeigt Ihnen, wie ein Journal oder ein Notizbuch Ihnen als Historiker oder Historikerin dabei hilft, Geschichte zu lernen.

1. Welchen Sinn hat ein Journal?
2. Was ist ein Journal?
3. Die Merkmale eines Journals
4. Wie man ein Journal führt
5. Was sollte man aufschreiben?
6. Ein Forschungs-Logbuch führen
7. Prüfungsvorbereitung mit dem Journal
8. Weiterführende Gedanken zu Geschichtsjournalen –
   Reaktionen von Studierenden

In einem Journal zeichnet man Beobachtungen auf, probiert Gedanken aus, erörtert Fragen und gewinnt neue Einsichten. In der folgenden Eintragung beschreibt zum Beispiel eine Studentin im zweiten Studienjahr in offenen Worten einen historischen Prozeß aus einer neuen Perspektive:

---

* In diesem und in anderen Kapiteln stellen wir beispielhaft Journaleintragungen von Studierenden in der Originalfassung vor. Bis auf wenige Kürzungen aus Platzgründen erscheinen die Journaleintragungen hier ungeglättet; Stilmerkmale, die der Schriftsprache nicht entsprechen, wurden beibehalten. Deshalb handelt es sich im Gegensatz zu dem „formalen" Stil akademischer Aufsätze um „informelle" Textproben.

15. November. Ich muß zugeben, daß ich nicht so recht kapieren konnte, warum die neue Ordnung des Universums, die während der wissenschaftlichen Revolution geschaffen wurde, so wichtig sein sollte – bis ich in einem größeren Kontext über sie gelesen habe. In der Geschichte führt eine Idee zur nächsten und eine baut auf der anderen auf, bis sie schließlich zu einer bedeutenden Bewegung beitragen... z. B. bis Newton kommt und alle Inform. zusammenträgt und das Universum des Aristoteles total widerlegt.

Auf diese Weise sind Journale seit langem von Menschen benutzt worden, für die es wichtig war, ihre Gedanken festzuhalten, von bedeutenden DenkerInnen, AutorInnen, WissenschaftlerInnen, KünstlerInnen, PhilosophInnen und LehrerInnen. Sowohl die „Confessiones" des heiligen Augustinus als auch die „Confessions" von Jean-Jacques Rousseau basieren auf Journalen. Die meisten der amerikanischen Gründerväter haben ein Journal geführt, zum Beispiel die Dichter Ralph Waldo Emerson und Henry David Thoreau, dessen naturkundliche Beobachtungen zu großer Literatur wurden. Die wichtigsten Denker der Neuzeit führten ebenfalls ein Journal: Darwin, Freud und Einstein. Der Schriftsteller Samuel Pepys nannte sein Journal „Tagebuch", auch Virginia Woolf und Anaïs Nin benutzen diesen Begriff. Der Fotograf Edward Weston nannte seine Aufzeichnungen ein „Tagbuch". Der Philosoph Albert Camus nannte seines einfach „Notizbuch". Andere haben ihre Aufzeichnungen als „Logbücher" oder „gewöhnliche Bücher" bezeichnet. Es spielt natürlich überhaupt keine Rolle, wie man diese Bestandsaufnahmen der täglichen Gedanken nennt, wir müssen nur verstehen, warum sie so nützlich sind und wie sie funktionieren.

Wenn Sie selbst noch nie ein Journal geführt haben, ergeben sich für Sie vielleicht ein paar Fragen: Was genau ist ein Journal? Wie sieht es aus? Wenn ich mich nun dazu entschließe, ein Journal zu führen, wann sollte ich Eintragungen machen und was sollte ich aufschreiben? Und vor allen

Dingen, wie kann das Journal mir in diesem Proseminar / Seminar helfen? Wie ist es überhaupt möglich, daß ein Journal mir hilft, mehr über Geschichte zu lernen?
Darauf versuchen wir nun einige Anworten zu finden.

1. Welchen Sinn hat ein Journal?

Etwas niederzuschreiben, hilft, es besser zu verstehen. Wenn Sie zum Beispiel Geschichte studieren und anfangen, über historische Theorien, Daten, Fragen und Problemstellungen zu schreiben, werden sie sich bei diesen Theorien, Daten, Fragen und Problemstellungen allmählich besser auskennen. *Jede* Aufgabe wird klarer und damit leichter, wenn Sie in ihrem Journal oder Notizbuch *mit sich* darüber nachdenken: Was interessiert mich daran? Was weiß ich darüber? Was weiß ich noch nicht? Was möchte ich wissen? Was habe ich vergessen und woran würde ich mich vielleicht erinnern, wenn ich darüber schreibe?

Das Schreiben hilft ihnen, Informationen, Ideen und Eindrücke, die schon irgendwo in Ihrem Kopf gespeichert sind, zu ordnen oder wieder hervorzuholen. Was zum Beispiel geht vor, wenn Sie einen persönlichen Brief schreiben? Wie oft wollen Sie zunächst nur über eine bestimmte Sache schreiben und sind dann selbst überrascht, weil Sie plötzlich über alle möglichen anderen Dinge schreiben. Dasselbe kann passieren, wenn Sie beim Schreiben zunächst von einer Gliederung ausgehen: Sie fangen an abzuschweifen und geraten ganz woanders hin. Aber es gefällt Ihnen, wo Sie da hingekommen sind, und Sie müssen jetzt nur noch ihre Gliederung dementsprechend ändern. Das ist Teil der bemerkenswerten Kraft der geschriebenen Sprache; sie spiegelt und vermittelt Ihr Denken nicht nur, sie führt ihr Denken. Anders ausgedrückt, Schreiben ist eine mitreißende Art zu denken.

Und manchmal wird Ihnen durch das Schreiben einfach klar, daß Sie Ihr ursprüngliches Ziel nicht erreichen können. „Ah, so ist das, erst habe ich gedacht, der amerikanische Bürgerkrieg wäre nur wegen der Sklaverei ausgebrochen, aber in Wirklichkeit ist die Sklaverei nur ein Teilaspekt eines größeren sozio-ökonomischen Zusammenhangs, den zu erklären ziemlich kompliziert werden kann." Und wenn Sie dann versuchen, das zu erklären, entdecken Sie Ihre Lücken und sehen ein, daß Sie viele zusätzliche Informationen brauchen. Zu lernen, wann man sich auf dünnem Eis bewegt, ist eine Überlebensfrage – und es ist besser, das in einer privaten Journaleintragung herauszufinden, als in einer öffentlichen Prüfung. Denn so bleibt Ihnen immer noch Zeit, etwas zu unternehmen: weiter zu lesen und zu forschen, noch mehr Fragen zu stellen oder was auch immer. Wenn Sie in Ihrem Journal über das schreiben, was Sie nicht wissen, ist das der beste Weg, um etwas zu wissen.

Ihr Journal wird also ein Ort und ein Instrument Ihres Denkens sein: Nutzen Sie es, um Ihre Fortschritte im Seminar zu überprüfen, um einen Tagesplan aufzustellen, um Argumente für eine Seminardiskussion noch einmal durchzugehen oder um für die Prüfung zu lernen; und nutzen Sie es auch als fruchtbaren Boden, auf dem Sie Themen für Forschungs- und Seminararbeiten entwickeln. Lernen Sie, Ihrem Journal zu vertrauen. Notizbücher können zu Journalen werden, wenn die Schreibenden sich über Ideen anderer Leute Gedanken machen. Gerade Ihre persönlichen Überlegungen zur Geschichte werden es Ihnen leichter machen, sich mit der Vergangenheit, die Ihnen sonst vielleicht abstrakt und eher verwirrend vorkommt, zu identifizieren und sie vielleicht sogar zu verstehen. Ihre Thesen zu Gesellschaft und Kultur oder zur Biographie einer Persönlichkeit werden im Journal vielleicht zum ersten Mal ausprobiert. Wenn Sie über Ideen, die Ihnen zu bestimmten Theorien durch den Kopf gehen, immer wieder schreiben, können aus diesen Ideen vollentwickelte Forschungspläne werden.

2. Was ist ein Journal?

Sie erhalten die einfache Erklärung zuerst: Seminarjournale sind eine Mischung aus einem Tagebuch und Seminarmitschriften. Aber gleichzeitig unterscheidet sich das Journal deutlich von diesen beiden anderen Formen. In Tagebüchern werden die persönlichen Gedanken und Erfahrun-

gen der Schreibenden aufgezeichnet. Seminarmitschriften halten dagegen
die öffentlichen Gedanken und Vorträge der Unterrichtenden fest. Das
Journal liegt irgendwo zwischen diesen beiden Formen. Das Journal wird
wie das Tagebuch in der ersten Person Singular geschrieben („Ich …")
und handelt von Ideen, die für die Schreibenden wichtig sind. Aber wie
die Seminarmitschriften konzentriert sich das Journal auf akademische
Themen, über die die Schreibenden mehr erfahren möchten. Man
könnte das Journal so darstellen:

Tagebuch→　　　Journal　　←Seminarmitschriften
(„Ich")→　(„Ich/man")　←(„man")

Journale können relativ eng auf die Thematik eines bestimmten Ge-
schichts-, Literatur- oder Philosophieseminars oder auf das ganze Spek-
trum Ihrer akademischen und persönlichen Unternehmungen konzentriert sein. Jede einzelne Journaleintragung ist ein bewußter Versuch der
Weiterentwicklung: „Wieweit kann ich diese Idee verfolgen? Wie präzise
kann ich sie beschreiben oder erklären? Was kann ich tun, damit ich sie
besser verstehe?" Das Journal unterstützt Sie dabei, durch den Einsatz
von Sprache Ihre private und akademische Umgebung bewußter wahrzunehmen.

Wir wissen viel mehr Geschichte, als unserer Erinnerung unmittelbar
zugänglich ist. Weil informelles Schreiben nicht sofort benotet wird, er-
mutigt es uns, Ideen auszuprobieren und den Reichtum der historischen
Vergangenheit zu erforschen; es fördert das Denken, weil es der Phantasie
freien Lauf läßt, neue Ideen zu entwickeln und es uns leichter macht, in
den Prozeß des Geschichte Schreibens persönlich einbezogen zu sein.
Wenn wir auf diese Weise schreiben, werden wir vielleicht vom Thema
abkommen, eine andere Idee oder einen bestimmten Zusammenhang
weiterverfolgen oder auf Umwegen zu einer Erkenntnis gelangen, die
nicht greifbar war, bevor sie aufgeschrieben wurde.

3. Die Merkmale eines Journals

Journale sind einzigartig, weil sie das Denken wie in einer Zeitfalle festhalten – eingeschlossen wie Insekten in Bernstein. Ihre Organisations-
muster unterscheiden sich wesentlich von der konventionellerer Schreibaufgaben, denn weniger „Thema" als „Chronologie" verhilft dem Journal
zu seiner inneren Struktur. Auch wenn die einzelnen Journaleintragungen durch die zeitliche Abfolge miteinander verbunden sind, lassen sie in
ihrer Gesamtheit komplexere, oft sehr deutliche Entwicklungsbögen erkennen: Reifen, Weiterentwicklung, wachsendes Verstehen. Journale unterscheiden sich von akademischen Texten dadurch, daß sie diese früheren Gedankenfragmente, die möglicherweise längst aufgegeben, verändert
oder vergessen wurden, weiter enthalten. Wer immer Journale liest – ob
Sie es selbst sind, oder ein kiebitzender Professor – wird neben dem Wei-
zen viel Spreu entdecken, wird aber auch merken, daß selbst die Spreu
noch sehr viel herzugeben vermag. Für Historiker und Historikerinnen
werden die Journale zu Geschichten ihrer eigenen Gedankenentwicklung.
    Auch durch ihre Sprache sind Journale etwas besonderes. Einige der
charakteristischen Merkmale von gutem Journal-Schreiben laufen gegen
den Strich konventioneller Vorstellungen von einem angemessenen akademischen Stil. (Wir werden uns gleich einige Beispiele vornehmen.) In
Journalen kommen beispielsweise viele Satzfragmente und Abschweifungen vor; Gedankenstriche statt des Semikolons, häufige Verweise auf die
eigene Person („Ich"), orthographische Fehler, Abkürzungen, Kritzeleien,
schlampige Handschrift, Selbstzweifel und jede Menge unerklärter persönlicher Verweise und Bezeichnungen. Diese Merkmale, die beim Lesen
zugleich störend und aufschlußreich sein können, wären in einer akademischen Arbeit Fehler, haben hier aber ihre Berechtigung. Im Journal
muß man sich jederzeit erlauben können, genau in dem Stil zu schreiben,
der am bequemsten, einfachsten und schnellsten von der Hand geht.
Deswegen ist es nicht verwunderlich, daß es meist mehr Spaß macht, gut
geschriebene Journale zu lesen – sie lesen sich eher wie persönliche Briefe
– als einen sorgfältig komponierten akademischen Text. Je mehr wir der
Wichtigkeit unserer eigenen informellen Sprechhaltung vertrauen, um so

mehr werden wir sie tatsächlich nutzen, um Gedanken zu produzieren und zu vermitteln.

Betrachten Sie das Journal als einen Spielplatz, an dem Sie jederzeit über alles, was Ihnen einfällt, mit der Sprache experimentieren können. Das Journal ist ein Ort, an dem die Schreibenden beim Schreiben Spaß haben können. Das Wichtigste ist, oft, regelmäßig und über viele verschiedene Dinge zu schreiben sowie in Form, Stil und Sprechhaltung Risiken einzugehen. Achten Sie darauf, wie sich das morgendliche von dem nächtlichen Schreiben unterscheidet. Machen Sie die Erfahrung, welche überraschenden Resultate es bringen kann, wenn Sie jeden Tag zur gleichen Zeit schreiben, egal, ob Sie nun in Stimmung sind oder nicht. Das Journal ist der Ort, an dem Sie ehrlich mit sich selbst (und Ihren ProfessorInnen) sein können, also schreiben Sie in der Sprache, die Ihnen am leichtesten fällt. Im folgenden Beispiel denkt ein Student der Geschichte der Frühen Neuzeit laut vor sich hin und versucht, sich auf dem Papier Klarheit über einen Begriff zu verschaffen:

```
26. September. Was ist eigentlich Transsubstan-
tiation? Wenn ich nicht falsch liege, glaubte Lu-
ther nicht daran, sondern eher an so etwas wie
Konsubstantiation, das bedeutet, daß Gott wirklich
im Wein und im Brot ist.
```

4. Wie man ein Journal führt

Die folgende Liste liefert Ihnen einige Ideen, wie Sie in einer beliebigen wissenschaftlichen Disziplin das Journal-Schreiben anfangen und weiterführen können. Aber denken Sie daran, daß das Vorschläge, jedoch nicht Vorschriften sind. In Wahrheit können Journale jede gewünschte Form annehmen und alles sein, was immer Sie entscheiden.

1. Kaufen sie ein handliches Ringbuch (Din A 4) mit Blatteinlagen.
2. Teilen Sie das Ringbuch in drei Abteilungen: Seminarmitschriften, Lektüre und persönliche Fragen.

3. Datieren Sie jeden Eintrag und notieren Sie auch die Tageszeit.
4. Schreiben Sie in einem umgangssprachlichen Stil, der Ihnen liegt.
5. Schreiben Sie regelmäßig, wenn möglich, täglich.
6. Schreiben Sie lange Eintragungen, beginnen Sie jede Eintragung auf einer neuen Seite.
7. Sammeln Sie Zitate, Zeitungsausschnitte und andere interessante Fundstücke.
8. Numerieren Sie die Seiten am Ende des Semesters, geben sie jeder Eintragung einen Titel, schreiben Sie ein Inhaltsverzeichnis und eine Einleitung.

5. Was sollte man aufschreiben?

Journale können alle Formen symbolischen Denkens enthalten, solange man sie sprachlich ausdrücken oder in Diagrammen darstellen kann. Dabei sind sie den Denkweisen ganz besonders förderlich, die in der wissenschaftlichen „Community" am meisten geschätzt werden. Die folgenden Vorschläge sollen Ihnen eine Vorstellung davon geben, was Sie alles in Ihrem Journal ausprobieren können:

1. Beobachtung. Benutzen sie Ihr Journal, um in Ihrer eigenen Sprache aufzuschreiben, was Sie sehen. Die einfachsten Beobachtungen beruhen auf sensorischen, meist visuellen, aber auch akustischen oder taktilen Erfahrungen. Das Beschreiben von Sinneseindrücken kann beim Besuch eines historischen Schauplatzes oder eines Museums besonders nützlich werden. GeschichtsstudentInnen werden feststellen, daß sich ihr Journal besonders dazu eignet, genau zu beobachten, wie Ideen in Texten und in Filmen präsentiert werden. Lesen Sie zum Beispiel diese Eintragung, die im Seminar unmittelbar nach einer Filmvorführung innerhalb von fünf Minuten geschrieben wurde:

```
Ich habe diesen Wechsel von der romanischen Kunst
zur Gotik faszinierend gefunden, weil er so
```

entscheidend war. Die romanischen Kathedralen waren ganz einfach und ohne Ornamente. Sie hatten
dicke Wände mit sehr kl. Fenstern (große Fenster
hätten die Tragfähigkeit der Wände geschwächt).
Sie waren sehr düster, weil nicht viel Licht her-
einkam.
Die gotische Kirche ist ganz anders, das Gegenteil
dazu. Da die Wände die schwere Decke nicht mehr
tragen müssen, können große Fenster eingesetzt
werden. Die gotische Kirche hat viel mehr Details,
Ornamentik, Skulpturen und Fensterrosen. Die Türen
der gotischen Kirche sind so eingebaut, daß der
Besucher sich willkommen fühlt.

Die Studentin hat hier die Details notiert, die ihr in den Filmbildern besonders aufgefallen sind, aber auch die dahinter liegenden Konzepte, die
den Details Sinn geben. Das ist eine Eintragung, die ihr vielleicht später
einmal nützlich werden kann, wenn sie sich für eine Prüfung vorbereitet
oder ein Diplomarbeitsthema sucht.

Der Trick für eine gute Beobachtung liegt darin, daß man vor Ort ist
und für das, was man beobachtet, Worte findet; und daß es einem gelingt, sich die Erfahrungen beim Lesen wieder zu vergegenwärtigen. In
den meisten akademischen Disziplinen ist die Beobachtung eine der zentralen Methoden, Daten zu sammeln; das Journal hilft Ihnen zu sammeln und darüber nachzudenken, was Sie gesammelt haben. Achten Sie
immer besonders auf Details, konkrete Beispiele, Maße, Analogien und
eine deskriptive Sprache, die Farben, Texturen, Größe, Form und Bewegung mitberücksichtigt.

2. Spekulation. Benutzen Sie Ihr Journal, um sich zu fragen, „Was wäre
wenn?" Das Spekulieren ist das Wesen guter Journale und vielleicht ihre
eigentliche Existenzberechtigung. Journale ermöglichen es den Schreibenden, völlig frei zu spekulieren, ohne irgendwelche Konsequenzen be-
fürchten zu müssen, sinnlose und gute Spekulationen, alberne und pro-

duktive anzustellen. Denn häufig machen die sinnlos anmutenden Spekulationen erst den Weg frei für die sinnvollen, die albernen lassen die ernsthaften oft schon erahnen. Benutzen Sie Ihr Journal, um scharf über alle nur erdenklichen Möglichkeiten ohne Hemmungen nachzudenken – es gibt keine Strafpunkte für freies Denken und Spekulieren. Lesen Sie den ersten Abschnitt der Eintragung einer Studentin, die sich über Maria Stuart kurz vor ihrer Hinrichtung Gedanken gemacht hat. Die vollständige Eintragung füllt eine ganze Seite:

9. Oktober. Kann man sich überhaupt vorstellen, welche Gefühle, Emotionen und Gedanken durch Marias Kopf gegangen sein müssen, kurz bevor sie ihn verlor? Vielleicht war sie noch stolz auf ihre Einfälle: die blutrote Kleidung, die Perücke – aber ist es möglich, daß sie so mit ihren kleinen Spielereien beschäftigt war, daß die ihren unmittelbar bevorstehenden Tod verdecken konnten? War Maria eine Märtyrerin? Ja, vielleicht war sie eine M., sie mußte sterben, weil sie ihr tiefempfundenes Bekenntnis zum katholischen Glauben nicht aufgeben wollte. Aber es ging nicht nur um ihren Glauben als Katholikin, sondern auch um die damit verbundenen politischen Handlungen.

3. Fragen. Drücken Sie Ihre Neugier in Sprache aus; gute Denker und Denkerinnen stellen immer viele Fragen, oft sogar mehr, als sie beantworten können. Fragen bedeutet, daß etwas in Bewegung kommt, daß es in Ihrem Denken ein Ungleichgewicht oder eine Unsicherheit gibt, die Sie durch Sprache lösen wollen. Dadurch, daß man die eigenen Fragen auf dem Papier *sieht*, fällt es leichter, sie genauer und klarer zu formulieren und besser zu verstehen. Manchmal benutzen AutorInnen Journale auch gerade zum Aufzeichnen von Zweifeln und Unsicherheiten – ein Journal ist schließlich eine der wenigen Gelegenheiten in der akademischen Welt, bei denen es akzeptiert ist, die eigene Ahnungslosigkeit ein-

zugestehen. (Es mag angehen, nach einem Seminar im Gespräch zuzugeben, daß man eine Antwort nicht weiß oder etwas nicht verstanden hat; es ist ganz etwas anderes, wenn man das in einer Prüfung oder in einer Seminararbeit eingestehen muß.) Im Journal kann man über beides schreiben, über das, was man nicht weiß und das, was man weiß. Ein anderes Wort für Journal? Buch der Zweifel. Sie sollten keine Hemmungen haben, Sätze zu schreiben wie „Was in aller Welt soll das jetzt bedeuten?" oder „Das verstehe ich überhaupt nicht". In einem Journal ist es genauso wichtig, solche Fragen zu stellen, wie sie zu beantworten. In der folgenden Eintragung lesen wir, wie ein Student zwischen Fragen und möglichen Antworten hin und her pendelt:

```
Ehrlich gesagt, verstehe ich den Unterschied zwi-
schen Leibeigenen und Sklaven nicht. Offensichtlich
haben Leibeigene ganz andere Rechte als Sklaven,
aber ich habe da so meine Zweifel. Sklaven sind
nicht frei, Leibeigene sind frei, aber sie müssen
immer noch für den Vasallen das Land bearbeiten und
fast alle Produkte an ihren Herrn abgeben. Es wird
ihnen ein Stück Land zugeteilt, aber es gehört ih-
nen nicht wirklich... Aber nachdem das Feudalsystem
zu verfallen und Geld eine Rolle zu spielen begann,
lagen plötzlich viele Leibeigene ohne Arbeit auf
der Straße. Der Herr bezahlte sie für ihre Arbeit
und wenn die Arbeit beendet war, ließ er sie gehen
– wahrscheinlich ist das der Hauptunterschied zwi-
schen Leibeigenschaft und Sklaverei – Sklaven waren
nicht frei und hatten kein eigenes Geld & konnten
nicht arbeiten, wo sie wollten – aber Leibeigene
konnten das.
```

Manche Fragen, die für die Schreibenden im Moment des Schreibens wichtig sind, schweifen von einem vorgegebenen Themengebiet eher ab, sind aber trotzdem für die intellektuelle Weiterentwicklung der Schreibenden von großer Bedeutung. Journale bieten eine gute Gelegenheit, auch solche Fragen festzuhalten:

16. September. Wenn es einen Atomkrieg geben würde, welche Lebensform würde überleben? Würden Insekten dann die Welt bevölkern? Gäbe es eine neue Ära, geprägt von der Umkehrung der Evolution?

4. *Sensibilisierung.* Werden Sie sich bewußt, wer Sie sind, wo Sie stehen und wo Sie hinwollen! Nehmen Sie sich als lernenden, denkenden und schreibenden Menschen wahr! Selbst-Reflexion ist die Voraussetzung für komplexes Denken und verantwortungsbewußtes soziales Handeln. Journale geben Gelegenheit, die Entwicklung von solchen Reifungsprozessen zu beobachten und zu reflektieren. Und Sie können diesen Prozeß vorantreiben, indem Sie viele Fragen stellen und viele Antworten versuchen. „Was lerne ich hier eigentlich? Was ist von der heutigen Vorlesung bei mir hängengeblieben? Und was vom Lesestoff? Hat das alles etwas mit der wirklichen Welt zu tun? Oder mit mir? Warum will ich überhaupt wissenschaftlich arbeiten? Wozu brauche ich diesen Universitätsabschluß eigentlich?"

5. *Querverbindungen.* Versuchen Sie, mit Hilfe Ihres Journals Ihre akademischen Arbeiten für Ihr übriges Leben nutzbar zu machen. Stellen Sie Verbindungen zu anderen Seminaren und Ihrem Leben her, auch wenn Sie sie an den Haaren herbeiziehen müssen. Journale fördern Querverbindungen, weil sich Journalschreibende nicht an ein durchstrukturiertes und genau definiertes Thema halten müssen. Die Querverbindungen können lose sein oder eng, weitergeholt oder direkt, wichtig ist nur, daß es Ihre Verbindungen sind; Sie haben diese Verbindungen gefunden und niemand anders. Auch Abschweifungen sind Verbindungen; Sie beweisen so, daß etwas passiert, das Ihr Erinnerungsvermögen in Gang setzt und Informationen und Ideen aus Ihrem Langzeitgedächtnis an die Oberfläche bringt. In Ihrem Journal sollten Ihnen solche Abschweifungen lieb und teuer sein. Im folgenden Eintrag ertappt sich ein Student an-

läßlich der Betrachtung einer mehr als 300 Jahre zurückliegenden Kultur bei seinem eigenen historischen Vorurteil. Anlaß dazu gibt ihm Herbert Butterfields Thesenpaar „Mathematik versus Mythos":

12. November. Ich finde es lustig, daß die Menschen
im 16. und frühen 17. Jahrh. Mythen tatsächlich für
die Wahrheit gehalten haben. Aber das heißt, daß
ich über die Gesellschaft von damals ein Urteil
fälle und sie unbeabsichtigt mit meiner eigenen
vergleiche. Ich setze viele Weiterentwicklungen,
die während der naturwissenschaftlichen Revolution
gemacht worden sind, als selbstverständlich voraus
– besonders auf dem Gebiet der Mathematik – die
Weiterentwicklungen in der Mathematik haben nicht
nur die Einstellung der Menschen zur Wissenschaft
verändert, sondern auch ihre Einstellung zu Alltag
und Mythos.

Eine andere Art von Bezug stellt sich her, wenn Sie ein Fachgebiet durch ein anderes verstehen lernen, denn das Geschichtsstudium ist mit Disziplinen wie Philosophie, Theologie und Kunstgeschichte eng verbunden. Genau das wird einem Studenten im folgenden Beispiel bewußt:

2. November. Im Laufe des Semesters erfahre ich
auch in anderen Seminaren immer mehr über Geschichte und ihre Hintergründe. Im Kurs Philosophie
3 besprechen wir zum Beispiel gerade Nietzsche,
seine Widerlegung von Descartes & der Platonisch-
Christlichen Ideale und sein berühmtes „Gott ist
tot".

6. *Dialog.* Unterhalten Sie sich mit Hilfe des Journals mit Ihrem Professor, Ihrer Professorin. Lernen Sie sich besser kennen und sprechen Sie auch miteinander über Themen, die vielleicht zu marginal oder zu per-

sönlich sind, um in der Lehrveranstaltung besprochen zu werden, für Ihre Beziehung jedoch wichtig sein könnten. Wenn das Führen eines Journals Teil des Semesterprogramms ist, bedeutet das auch die ausdrückliche Abmachung zwischen den Studierenden und den Unterrichtenden, daß zumindest die Eintragungen, die sich mit Geschichte befassen, miteinander besprochen werden. Betrachten Sie das Journal als ein „dialogisches". Natürlich sollten sie voneinander keine rückhaltlose Offenheit erwarten – das ist in keiner Beziehung möglich. Aber wir befinden uns in einem gemeinsamen Lernprozeß, und das Journal kann uns helfen, voneinander zu lernen; etwa, indem Sie hin und wieder Eintragungen gemeinsam besprechen, egal, ob sie nun im Seminar vorgelesen werden oder ob es durch schriftliche Reaktionen im Journal selbst passiert. Im nächsten Beispiel spricht eine Studentin von Ihren Schwierigkeiten mit einer Semesterarbeit und bittet Ihren Professor um Rat:

```
6. Dezember. Ich möchte meine Arbeit über die Ver-
änderungen in der Historiker-Debatte schreiben, die
über Andrew Jacksons Haltung gegenüber den India-
nern seit längerem geführt wird. Es ist so verwir-
rend für mich, und manchmal habe ich das Gefühl,
ich verstehe noch nicht einmal richtig, was ich
lese. Könnte ich alles, was ich bisher zusammenge-
tragen habe, einmal mitbringen und mit Ihnen darü-
ber reden? Es ist mir echt peinlich, daß ich so ein
schwaches Bild abgebe. Ich kann noch nicht mal alle
Definitionen von Jacksons Amerika auseinanderhalten!
```

7. Information. Sammeln und kommentieren Sie alles, was sich auf Geschichte bezieht. Ironischerweise scheint die einfache Tatsacheninformation oft das am wenigsten interessante Material im Journal zu sein; man schreibt diese Informationen nur auf, und das war's dann schon. Ein Student nannte die Seiten für Vorlesungsnotizen „Faktenhubers Mitteilungen", die er lieber in seinen normalen Seminarmitschriften statt in seinem Journal aufbewahrt hätte. Aber solche Journalaufzeichnungen liefern

Schreibenden gerade bei Informationen wichtige Einsichten, die ihnen sonst vielleicht zusammenhanglos erscheinen würden – besonders, wenn die Eintragungen mit persönlichen Anmerkungen versehen sind. Für das Geschichtsseminar könnten Sie in Ihrem Journal zum Beispiel eine eigene Abteilung mit dem Titel „Mögliche Themen zur weiteren Bearbeitung" anlegen. In dieser Abteilung könnten Sie Ideen sammeln, auf die Sie bei Ihrer Lektüre oder auf Ihren Reisen gestoßen sind; solche Themen sind Ideen für Ihre zukünftigen Forschungs- und Studienprojekte, und das Journal ist genau der richtige Platz, sie aufzubewahren. Im Journal, und darin unterscheidet sich das Journal von Ihren Seminarmitschriften, schreiben Sie die Informationen in ihren eigenen Worten auf und erhöhen dadurch die Wahrscheinlichkeit, daß Sie sie verstehen und erinnern. Hier ist ein Beispiel aus dem Lektüre-Teil eines Studentenjournals:

```
5. September. Die Europäer waren durchaus nicht die
Pioniere der Zivilisation – Die Hälfte der histori-
schen Zeit hat sich abgespielt, bevor Europäer auch
nur lesen oder schreiben konnten. Bis nach dem Jahr
2000 v. Chr. befand sich Europa im Neolithikum oder
in der Jungsteinzeit – der Periode, in der Menschen
begannen, Werkzeuge einzusetzen, Häuser zu bauen,
Ackerbau zu betreiben.
```

8. Revision. Nützen Sie Ihr Journal, um frühere Ideen zu überdenken. Blättern Sie in Ihrem Journal zurück und suchen Sie Themen, zu denen sie inzwischen eine andere Meinung haben. Schreiben Sie auf, was Sie jetzt denken und warum Sie Ihre Meinung geändert haben. Anne Berthoff, Professorin an der Universität von Massachusetts, schlägt eine „doppelte Journalführung" vor, bei der die Schreibenden regelmäßig frühere Eintragungen kommentieren. Mit anderen Worten: lassen sie Platz für spätere Überarbeitungen. Sie können das Journal auch verwenden, um den Anfang Ihrer Seminararbeit zu entwickeln. Probieren Sie mehrere Ansätze aus, bis eine Idee ein Eigenleben zu führen beginnt. Verfolgen Sie dann diese Idee solange, bis sie dem Journal entwachsen ist.

Das Journal ist genau der richtige Platz für erste Entwürfe. In der folgenden Eintragung reagiert ein Student auf einen Gedanken, den er erst vor zwei Tagen notiert hatte und den er jetzt aufgrund von neuen Informationen aus einem neuen Blickwinkel sieht:

```
17. September. In meiner letzten Eintragung … habe
ich mich mit der Renaissance in Italien beschäftigt
und war zu dem Schluß gekommen, daß die Italiener
sich die Werke der Klassiker hergenommen haben und
dann neue Texte oder Werke bildender Kunst mit ei-
ner neuen eher säkularen Ausrichtung produziert ha-
ben. Aber im Seminar gestern habe ich mich wirklich
gefragt, wie ich so falsch liegen konnte. Sie haben
gerade die Tatsache betont (…) daß die Philosophien
der Griechen und Römer neu auf das Christentum an-
gewendet wurden (…) Außerhalb von Italien scheint
mir die Renaissance viel religiöser orientiert zu
sein, als ich zunächst geglaubt hatte. Ich denke,
jetzt habe ich es kapiert.
```

9. Das Formulieren und Lösen von Problemen. Benutzen Sie Ihr Journal, um historische Probleme zu formulieren und zu lösen. Sie sollten das Formulieren von Problemen nicht ausschließlich den Lehrenden, Experten und Expertinnen überlassen, sondern auch Ihrem Journal. Es spielt dabei keine so große Rolle, ob das Problem optimal formuliert ist und die Lösung wirklich funktioniert. (Wenn die Probleme allerdings durchgehend schlecht definiert werden und die Lösungen durchgehend abwegig sind, spielt das natürlich eine Rolle, aber in diesem Fall wird das Journal wertvolle Dienste leisten, indem es Sie nämlich zu einem frühen Zeitpunkt darauf aufmerksam macht, wo Ihre Schwierigkeiten wirklich liegen.) Der brasilianische Erziehungswissenschaftler Paolo Freire war davon überzeugt, daß jeder Mensch in der Lage sein muß, seine Probleme in seiner jeweils eigenen Sprache auszudrücken, um sie überwinden und sich weiter entwickeln zu können. Im akademischen Bereich sind Jour-

nale wahrscheinlich der beste Ort, solche Entwicklungen durchzuma-
chen. Indem Sie zeigen, daß Sie Probleme – ob sie nun historischer, lite-
ratur-, sozial-, oder naturwissenschaftlicher Art sind – formulieren und
lösen, beweisen Sie, daß Sie lebendig, interessiert und engagiert sind.

10. Zusammenfassung. Eine der besten und effektivsten Tätigkeiten, die Sie
in Ihrem Journal durchführen können, ist, täglich oder wöchentlich das
zusammenzufassen, was in Ihrem Geschichtsstudium passiert ist: „Wie bezieht sich diese Vorlesung auf die vorhergehende? Was erwarte ich mir von
der nächsten Lehrveranstaltung? Wie sind die Diskussionen auf die Lernziele des Studienplans bezogen?" Ihre schriftlichen Antworten auf solche
Fragen können Sie mit den StudienkollegInnen im Seminar und mit Ihren
ProfessorInnen diskutieren. Wenn Sie sich nach jeder Diskussion oder Vorlesung nur fünf Minuten Zeit nehmen – und dafür nach der Lehrveranstaltung noch etwas länger bleiben – können Sie Eindrücke und Verbindungen festhalten, die Ihnen entfallen, wenn Sie sofort zum nächsten
Seminar, zum Essen oder nach Hause verschwinden würden. Journale la-
den Sie dazu ein, alles zusammenzutragen, was Sie lernen. Die folgende
Eintragung ist eine solche Zusammenfassung eines Studenten, der das Vergangene mit dem Gegenwärtigen, Ideen mit Ereignissen verbindet:

21. Oktober. Die Puritaner wollten religiöse Duldung und Cromwell wollte 1649 genau dasselbe. Beide
Seiten scheiterten. Cromwell gewährte allen religiöse Freiheit außer den Unitaristen, Atheisten,
Katholiken & Anglikanern. Aber wem gewährte er dann
überhaupt religiöse Freiheit? Den Puritanern... Wenn
sie wirklich rel. Duldung forderten – warum sie
dann ausgerechnet nur den Puritanern gewähren – es
gab dadurch in Schottland & Irland Unruhen, die
dazu führten, daß es bis heute Teile der Bevölkerung – besonders in Irland – gibt, die die englische Staatskirche nicht anerkennen. Es ist wirklich
paradox.

6. Ein Forschungs-Logbuch führen

Viele WissenschaftlerInnen haben die Erfahrung gemacht, daß ihnen das Führen einer Art Logbuch über ihre Forschungen und die Schreibprozesse, die in eine umfangreiche wissenschaftliche Studie einfließen, dabei hilft, ihre Forschungs- und Schreibaufgaben besser zu verstehen und effizienter durchzuführen. Systematisches Nachdenken auf dem Papier hilft offensichtlich. Ein Forschungs-Logbuch zu führen, bedeutet im Grunde nichts anderes, als die Veränderungen und Weiterentwicklung eines Themas von seiner Auswahl über seine Erforschung bis hin zu seiner schriftlichen Bearbeitung festzuhalten; das heißt, Buch darüber zu führen, was Sie beobachten, wenn Sie sich selbst beim wissenschaftlichen Arbeiten zuschauen. Das Journal ist der angemessene und praktische Ort, um während der Arbeit Ihre Ideen und Unterlagen ständig verfügbar zu halten. Dazu folgende Eintragung aus dem Forschungs-Logbuch einer Studentin:

16. April. Heute habe ich mir eine Liste von Zeitschriftenartikeln in den Zeitschriftensaal mitgenommen, um herauszufinden, welche für mich am brauchbarsten sein könnten. Es hat sich herausgestellt, daß die Primärquellen für den Chinin-Einsatz in Afrika eher in medizinischen Zeitschriften zu finden sind. Schlimmer noch: in britischen Zeitschriften. Ich war in Panik, weil ich noch nie auf der medizinischen Fakultät zu tun hatte und schon gar nicht in deren Bibliothek. Ich mußte immerzu denken, und was ist, wenn die in ihrer Bibliothek keine medizinischen Zeitschriften haben, die bis ins 19. Jahrhundert zurückgehen? Was mache ich dann? Aber zu meiner großen Erleichterung hatten sie Ausgaben von LANCET fortlaufend ab 1862! Ich habe mich sofort drangesetzt und es war hochinteressant, einen Bericht über eine medizinische Be-

handlungsmethode von jemandem zu lesen, der an
ihrer Erprobung beteiligt war.

Und hier ist eine andere Eintragung, die von den Schwierigkeiten handelt, die ein Diplomand bei der Themensuche hat:

30. Januar. Thema für meine Arbeit:
Das ist wahrscheinlich nicht der beste Anlaß für
eine Eintragung, weil sicher nichts anderes dabei
herauskommen wird, als daß ich wieder zehn Minuten
lang meine Frustrationen bei meiner bisherigen Themensuche durchkauen werde. Daß dieses Thema ein
Teil oder zumindest die Vorbereitung für meine Di-
plomarbeit sein wird, rückt seinen Inhalt, seinen
Umfang und auch seine Machbarkeit in ein ganz anderes Licht, als wenn es nur um ein Thema für eine
Arbeit von 25 Seiten oder so ginge. Ich bin mir
aber schon ziemlich sicher, daß ich mich in meiner
Arbeit auf Wien konzentrieren möchte ...
Es gibt noch etwas anderes, was mir interessant erscheint – eine gewisse Parallele zwischen Wien und
London – bezogen auf eine ähnliche Ignoranz in der
breiten Masse, ein vergleichbares Festhalten an der
Tradition. Vielleicht würde eine vergleichende Stu-
die ein aufregendes Thema ergeben?

7. Prüfungsvorbereitung mit dem Journal

Und schließlich kann Ihr Journal bei der Prüfungsvorbereitung nützlich
sein. Sie könnten es sich zum Beispiel angewöhnen, im Laufe des Seminars in Ihrem Journal jedes Buch, jeden Artikel und jedes Kapitel, das Sie
lesen, zu kommentieren. Und wenn Ihre Kommentare Beobachtungen,
Spekulationen, Fragen, Zweifel und Zusammenfassungen miteinschlie-

ßen, werden Sie mit Sicherheit über einen soliden Fundus eigener Gedanken verfügen, um ihre Seminarmitschriften und ihre vielleicht nur vagen Erinnerungen zu ergänzen. Viele Studierende finden es hilfreich, zu einem Schwerpunktthema der Vorlesung oder der Pflichtlektüre kurze Probeaufsätze zu verfassen; andere gehen ihre Journale noch einmal durch und arbeiten im Semester behandelte Themen weiter aus, damit sie zu wichtigen Gebieten bereits Denk- und Schreibpraxis haben, bevor sie in die Prüfung gehen. Im Journal können Sie für Ihre Prüfung üben. Manche Lehrende, die das Journal als Semesteraufgabe stellen, lassen die Studierenden ihre Journale sogar während der Prüfung verwenden, weil sie glauben, daß die Zusammenfassung, die sich daraus ergibt, einen integralen Teil des Lernprozesses darstellt.

Einige Lehrende geben auch Schreibaufgaben für das Journal, die im Seminar selbst oder außerhalb des Seminars zu absolvieren sind. Sie können im folgenden Beispiel sehen, wie aus der Themenliste eines Professors in einem Seminar über Wissenschaftsgeschichte ein Journal entstehen kann, mit dem man gut für schriftliche Prüfungen lernen und üben könnte:

1. Was ist die Wissenschaftsgeschichte?
2. Was war für die Anfänge der Naturwissenschaften wichtiger: die Schrift oder die Zahlen? Warum?
3. Was hat Sie an der Babylonischen Astronomie am meisten beeindruckt?
4. Warum war Cornford der Überzeugung, daß die Naturwissenschaften mit den Vorsokratikern begonnen haben?
5. Warum lehnte Sokrates die Vorsokratiker ab?

8. Weiterführende Gedanken zu Geschichtsjournalen – Reaktionen von Studierenden

Zum Abschluß dieses Kapitels werfen wir einen Blick auf einige Reaktionen von Studierenden auf Geschichtsjournale. Ein Student schrieb den

folgenden Eintrag, nachdem er zum ersten Mal in seinem Studium ein
solches Journal in einem Seminar hatte führen müssen:

14. Januar. Während meines Studiums habe ich immer
wieder gehört, daß es Seminare gibt, in denen man
ein Journal führen muß. Das waren Theater- oder
Sprachseminare, also Kurse, bei denen die Kreativität offen im Vordergrund stand. Interessanter-
weise war ausgerechnet Geschichte, also ein Fach,
das viel Kreativität und Reflexion erfordert, um all
die verstreuten Fakten irgendwie zusammenzuhalten,
einer der akademischen Bereiche, in denen nie ein
Journal verlangt wurde. (Das ist zumindest in den
zahlreichen Seminaren, die ich im Hauptfach Geschichte belegt habe, nie vorgekommen.) Ironischerweise gibt es vielleicht kein Studiengebiet, das
sich besser für ein Journal eignet als Geschichte.
Man wird viel unmittelbarer und persönlicher in den
historischen Prozeß hineingezogen, wenn man über
die gelesene Literatur und Seminardiskussionen im
Journal nachdenkt und sie mit der eigenen subjekti-
ven Perspektive verbindet...

Und eine Studentin im ersten Studienabschnitt, der die Aufgabe gestellt
wurde, zur Vorbereitung auf eine Seminararbeit Journaleintragungen
über bestimmte Themen zu verfassen, schreibt:

25. Oktober. Ich fand die Journaleintragungen deswegen nützlich, weil ich so mit dem Schreiben überhaupt erst einmal in die Gänge gekommen bin. Und
während ich Eintragungen machte, sammelte ich laufend neue Informationen und bekam gleichzeitig ein
besseres Gespür dafür, worüber ich in der Seminararbeit schreiben wollte.

Wenn Sie das Journal so für sich arbeiten lassen, wie es in diesem Kapitel vorgeschlagen wurde, werden sie ganz sicher allmählich leichter lernen und besser schreiben. Journale haben nichts mit Zauberei zu tun. Aber wenn Sie sich täglich im kreativen Schreiben üben, werden Sie ihren Kopf in ähnlicher Weise trainieren wie Ihren Körper durch regelmäßiges Laufen oder Schwimmen. An sich selbst adressiert zu schreiben, kann eine sehr nützliche Gewohnheit werden: Beginnen Sie mit 15 Minuten jeden Morgen beim Frühstückskaffee und 20 Minuten jeden Abend bevor Sie andere Aufgaben erledigen, oder vielleicht sogar 10 Minuten bevor Sie zu Bett gehen. Sie werden die Erfahrung machen, daß es Ihnen mit der Zeit immer leichter fällt, in Ihr Journal zu schreiben, bis dies Momente der Entspannung sein werden, die kurzen Abschaltpausen in einem hektischen Tagesablauf, in denen Sie Ihr Leben ein bißchen ordnen können. Am Ende des Semesters werden Sie eine sehr schöne Sammlung ihrer Gedanken, Überzeugungen, Probleme, Lösungen und Träume haben. Das Schöne an einem Journal ist, daß es ein wirkungsvolles Arbeitsinstrument darstellt und zugleich ein wunderbares, persönliches Produkt ergibt.

Ein Student hat das in seiner Bewertung des Geschichtsjournals am Ende des Semesters vielleicht am treffendsten ausgedrückt:

Ich glaube, die Journaleintragungen wurden mit der Zeit zu einem der wichtigsten Teile des Seminars. Ich habe mich im Journal durch so viele Ideen hindurchgearbeitet, die ohne das Journal sicher nie entstanden wären. Ich denke, daß es sich gelohnt hat, dieses Journal zu schreiben. Es hat mir einfach geholfen, über den Lesestoff und die Bedeutung des Seminars nachzudenken, so daß ich vom passiv Lernenden zum aktiv Lernenden wurde. Das Journal war auch gut für mich, weil ich so einige interessante Gedanken über nebengeordnete Aspekte des Seminars formulieren konnte, die meines Erachtens anders nicht zur Sprache gekommen wären. Durch das

Journal konnte ich auch mehrere Themen bis zu einer gewissen Tiefe weiterverfolgen, nicht nur mein eigenes Seminararbeits-Thema. Und schließlich funktionierte das Journal als Projektionsfläche, an die ich Ideen werfen konnte, um zu sehen, ob an ihnen etwas dran war. Und das hat sich letztlich für meine Arbeit als sehr produktiv herausgestellt.

3. Schreib- und Lernstrategien

Kapitelvorschau: Wenn wir Geschichte schreiben, finden wir heraus, wer wir sind und was wir wissen. Wir schreiben auf der Universität Arbeiten, in denen wir erzählen, erklären oder überzeugen sollen. Meistens verwenden wir in unseren Arbeiten alle drei rhetorischen Strategien. GeschichtsstudentInnen lernen auf diese Weise, wissenschaftliche Interpretationen auf den ihnen zugänglichen Zeugnissen aufzubauen. In diesem Kapitel zeigen wir Ihnen, wie Sie ein solches bewußtes Schreiben für viele unterschiedliche Zielgruppen verschieden angehen können.

1. Schwerer Anfang – leichter Anfang
   Das Schreiben im Journal
   Listen erstellen und spontanes Schreiben
   Mapping
   Strukturierte Fragen
   Über das Schreiben sprechen
2. Einen historischen Kontext schaffen
3. Schreiben, überarbeiten und redigieren
4. Die Geschichte interpretieren: erzählen, erklären und überzeugen
   Über Ereignisse schreiben
   Über Menschen schreiben
5. Den Schluß gestalten
6. Weiterführende Gedanken zum Geschichte Schreiben – Edward Hallett Carr

Nach einer Seminardiskussion, die sich um die zweite Marneschlacht in Frankreich und um die Frage drehte, wie sie den Anfang vom Ende des Ersten Weltkriegs eingeleitet hatte, machte ein Student die folgende Eintragung in sein Geschichtsjournal:

15. November. Heute war es ganz merkwürdig für mich im Seminar. Als Sie über die Schlachten im ersten

Weltkrieg gesprochen haben, mußte ich daran denken, daß ich nicht existieren würde, wenn mein Urgroßvater an der Marne nicht angeschossen worden wäre. Er hätte meine Urgroßmutter nicht getroffen – mein Großvater wäre nicht mein Großvater – und mich würde es nicht geben! So habe ich über eine Schlacht in einem Krieg noch nie nachgedacht. Ich weiß, man sollte nichts für Kriege übrig haben, aber obwohl viele Menschen sterben mußten, tut es mir um diesen nicht allzu leid.

Es stellte sich heraus, daß der Urgroßvater von Mark Beliveau in dieser Schlacht schwer verwundet worden war und in ein Lazarett in der Nähe evakuiert werden mußte. Dort pflegte ihn eine Frau, die später die Urgroßmutter des Studenten wurde. Seine ganze Existenz – seine Lebensgeschichte – war direkt mit dieser Schlacht, die weit weg in irgendeinem Krieg gekämpft worden war, verkettet. Durch seine Journaleintragung konnte Mark den Großen Krieg, „den Krieg, um alle Kriege zu beenden", mit seiner eigenen Lebenserfahrung verbinden, und er hatte so einen Kontext für sich geschaffen, den ersten Weltkrieg zu studieren und zu verstehen.

Mark benutzte diese Journaleintragung, als er später ein Thema für seine erste schriftliche Arbeit suchte, und schrieb über die Bedeutung der Marne für den Ausgang des Ersten Weltkriegs. Mit anderen Worten: Dieser Student hatte durch seine eigene Erfahrung und Geschichte den Lernstoff des Geschichtsseminars für sich relevant gemacht. Der Sinn für Geschichte ist immer auch mit einem Gespür für Geschichten verbunden – für unsere eigenen und die anderer Menschen.

Wenn wir über Geschichte schreiben, finden wir heraus, wer wir sind und was wir wissen. Wir können uns vorstellen, in einer ganz anderen Zeit und an anderen Orten zu leben und überwinden so unsere räumlichen und zeitlichen Grenzen. In Kapitel 2 haben Sie durch informelles Schreiben untersucht, was *Sie* selbst in jedes Geschichtsstudium miteinbringen. Jeder Aufbau von Bedeutungsstrukturen in Geschichte beginnt mit Ihren Einstellungen, Ihrem Wissen und Ihrem Nachdenken über historische Erfahrung: Was Sie in einer Vorlesung hören, was Sie von einer Seminardiskussion erinnern oder was sie in Lehrbüchern oder auch in Arbeiten ihrer StudienkollegInnen lesen.

In den meisten schriftlichen Arbeiten in Geschichtsseminaren werden Sie die Aufgabe haben *zu erzählen, zu erklären oder zu überzeugen* – oder im *Prozeß des Interpretierens* alle drei Strategien zu kombinieren. Wenn Sie dieses Schema verstehen, wird es Ihnen leichter fallen, für unterschiedliche Zielgruppen jeweils anders zu schreiben. Die Kapitel 4 und 5 befassen sich mit konkreten Schreibaufgaben, deren Lernziele anhand von Texten Studierender verdeutlicht werden.

1. Schwerer Anfang – leichter Anfang

Das Schwierigste bei einer Seminararbeit kann oft sein, ein Thema zu finden; selbst wenn es vorgegeben ist, müssen Sie meistens noch entscheiden, wie Sie es bearbeiten wollen. In einem Seminar in Wissenschaftsgeschichte können Sie zum Beispiel aus einer Liste mit Wissenschaftlern und Wissenschaftlerinnen eine bedeutende Persönlichkeit auswählen. Sie sollten sich in Ihrer Arbeit auf den wichtigsten Beitrag konzentrieren, den diese Persönlichkeit Ihrer Meinung nach zum Fortschritt der Wissenschaft geleistet hat. Sie können die Persönlichkeit auswählen, die Sie am meisten interessiert; aber Sie müssen nun Ihre Gedanken zu dieser Person in eine bestimmte Form bringen und Belege zur Unterstützung Ihrer Aussagen beschaffen. Angenommen, Sie sind an Einstein, an seinen Theorien über die Struktur des Universums und daran, wie sie unser Denken über uns selbst und über unseren Platz im Universum beeinflußt haben, interessiert. Jetzt beginnt die eigentliche Arbeit: Was machen Sie mit dem, was Sie wissen und was müssen Sie unbedingt herausfinden?

Wir zeigen Ihnen jetzt verschiedene Strategien, wie Sie beginnen können: Sie können zum Beispiel mit ihrem Journal anfangen, mit Listen oder anderen Techniken des spontanen Konzipierens, mit grafischen Methoden wie z. B. „Mapping" oder mit Flußdiagrammen. Natürlich wer-

den Sie diese verschiedenen Methoden nicht immer gleichzeitig benutzen, sondern durch Ausprobieren feststellen, welche für Sie am besten geeignet sind.

Das Schreiben im Journal

Die verschiedenen informellen Schreibformen in Ihrem Geschichtsjournal können bei der Themensuche nützlich werden. Denken Sie an die
Eintragung des Studenten über den Ersten Weltkrieg oder an das, was die
Studentin in Kapitel 2 schrieb: „Ich fand die Journaleintragungen deswegen nützlich, weil ich so mit dem Schreiben überhaupt erst einmal in
die Gänge gekommen bin." Sie schrieb weiter: „und während ich Eintragungen machte, sammelte ich laufend neue Informationen und bekam
gleichzeitig ein besseres Gespür dafür, worüber ich in der Seminararbeit
schreiben wollte." Für Ihre Arbeit über Einstein sollten Sie zuerst im
Journal und in Ihren Seminarmitschriften frühere Überlegungen suchen,
die vielleicht einen bestimmten Blickwinkel oder eine Aussage für eine
erste Schreiborientierung ergeben. In Kapitel 5 werden Sie dann mitverfolgen, wie eine Studentin durch eine Reihe von Journaleintragungen
eine These für Ihre Arbeit findet und weiterentwickelt.

Listen erstellen und spontanes Schreiben

Neben dem Schreiben im Journal gibt es andere bewährte praktische
Übungen, um Schreibende an für sie interessante Themen heranzu-
führen. Diese Methoden benutzen viele Schreibende automatisch – sie
sind „seit vielen Jahren getestet".

Ein einfacher Weg zur Ideenentwicklung sind Listen mit interessanten
Themen. Wenn Sie eine Liste möglicher Themen aufgeschrieben haben,
wählen Sie ein Thema, das Ihnen besonders gefällt. Verfertigen Sie dazu
eine weitere Liste mit spezifischen Ideen und Details. Nachdem Sie so
ein, zwei Seiten mit Informationen – in Sätzen oder Stichworten (vielleicht mit Pfeilen, um Bezüge zu kennzeichnen) – produziert haben,
schreiben Sie noch weitere Listen über dieses Thema mit Überschriften

wie: „was ich weiß", „was ich herausfinden muß", „mögliche Quellen".
Aus einer Liste ergibt sich die nächste Liste. Eine Information führt zur
nächsten Information.

Diese Dinge hat eine Studentin aufgelistet, die den Einstieg in eine
Arbeit über Albert Einstein finden wollte:

```
- strubbeliger weißer Haarschopf
- abgetragener Pullover
- als Schüler nicht unbedingt gut in Mathematik
  (Fehlschluß?)
- Relativitätstheorie (was immer das ist)
- Der Denker von Princeton (think tank - kann mich
  an den Namen nicht erinnern)
- deutsch?
- erneuerte Konzepte der Zeit / Struktur der Mate-
  rie
- zerstreutes Genie
- A Bombe / H Bombe
- Pazifist
- bewirkte, daß wir über unsere Existenz neu nach-
  denken?
- Molekularstruktur
- gab der Sterblichkeit / dem Universum eine neue
  Bedeutung.
```

Eine weit verbreitete und vielleicht für Schreibende noch wirkungsvollere
Methode ist das Zehn-Minuten-Spontanschreiben (vorgeschlagen von
Peter Elbow und anderen). Bei dieser Methode führt Sie das spontane
Schreiben zu einem Aspekt in Ihren Seminarunterlagen, den Sie gern
weiter untersuchen würden. Der springende Punkt dabei ist, beim
Schreiben nicht abzusetzen, auch wenn Sie, bevor sie weiterkommen,
zunächst nur zehnmal hintereinander „Einstein" schreiben. In den mei-
sten Fällen ergibt sich dabei etwas, vielleicht überraschen Sie sich selbst.

Die Studentin der Wissenschaftsgeschichte, die schon oben zu Wort

gekommen war, absolvierte den „Sprint" einer solchen spontanen
Schreibsession und schrieb die folgenden Passagen in ihr Journal:

KOSMOLOGIE / GESTALT & EIGENSCHAFT DES UNIVERSUMS

Bei Einstein fasziniert mich vor allem, daß er gezeigt hat, daß die Entstehung der Materie und die
Eigenschaften der Zeit sehr viel ehrfurchtgebieten-
der und phantastischer sind, als sie eine Allegorie
je darstellen könnte. Die Kraft seiner Phantasie
deckt göttliches und menschliches Potential auf.
Das Konzept der Unendlichkeit, das jede Phantasie-
vorstellung übersteigt, stattet uns mit einer Kraft
aus, die uns von der Zerstörung unseres Planeten
ausgerechnet durch Mangel an Phantasie dringend ab-
halten sollte.
Einige andere haben auf Einstein in Bez. auf Religion und die Rolle des modernen Wissenschaftlers
verwiesen. Ich würde gern mehr darüber erfahren /
diskutieren, wie der Physiker Einstein durch das,
wofür er steht, zu einer Art Stellvertreter für das
göttliche Potential im Menschen werden konnte –
Einstein als Gott / Mensch, Essenz des Wissens, Hü-
ter der Mysterien. Der Wissenschaftler als Gott.
Ich möchte besser verstehen, wie Einstein unser
Denken über die Rolle von Mensch / Natur / Universum im späten 20. Jahrhundert beeinflußt hat.

Von dem, was Sie in den ersten zehn Minuten geschrieben haben, wählen
Sie eine interessante Idee oder ein Detail aus. Schreiben Sie weitere zehn
Minuten über das, was Sie ausgewählt haben. Vielleicht sehen Sie in Ihrer
Sprache ein bestimmtes Muster: Viele Details und Ideen, die die Studen-
tin schnell hingeschrieben hat, beziehen sich zum Beispiel auf die Aus-
wirkungen von Einsteins Theorien auf religiöse Einstellungen. Vielleicht

finden Sie einen ähnlich interessanten Aspekt, den Sie bearbeiten können; es sollte Ihnen Spaß machen, zu forschen und zu schreiben.

Mapping

Neben der Themenentwicklung durch Journaleintragungen, spontanes
Schreiben und Listen gibt es Methoden, Gedanken auf dem Papier zu
ordnen, die sogar Schriftsteller und Schriftstellerinnen für die Entwicklung ihrer Schreibpläne anwenden. Die Methode des grafischen Sortie-
rens oder das sogenannte „Mapping" zum Entwickeln und Ordnen von
Information kommt visuell veranlagten Menschen besonders entgegen.
Abbildung 3.2 zeigt, wie eine Studentin Querverbindungen zu den Themen – utilitaristische Schulsysteme in England um 1840 und im Roman
„Hard Times" von Charles Dickens – auf einem Plan entwickelt. Das so
gruppierte Material ist vielleicht schon die Grobstruktur der Arbeit:
größere Einheiten als Abschnitte mit den nebengeordneten Punkten innerhalb dieser Abschnitte. Dieses „grafische" Denken unterteilt das Material in Bereiche potentiell wichtiger Beziehungen.

Man kann dasselbe Material auch linear in einem Flußdiagramm darstellen (Abb. 3.1) und so die Richtung zeigen, in die sich die Arbeit entwickeln wird: die Beziehungen zwischen der historisch dokumentierten
Information über englische Schulsysteme und Dickens Romandarstel-
lung dieser Schulen in „Hard Times".

Abb. 3.1: Ein Flußdiagramm:

*Frühe Industrielle Revolution → Industriezeitalter → Gradgrind
Musterschule → Industrielle Organisation → kontrolliert
Menschen/Produktion → Chartismus → Romantik → Sozialisation der
Mittelschicht → Liberalismus → Sozialgesetzgebung → Aufklärung*

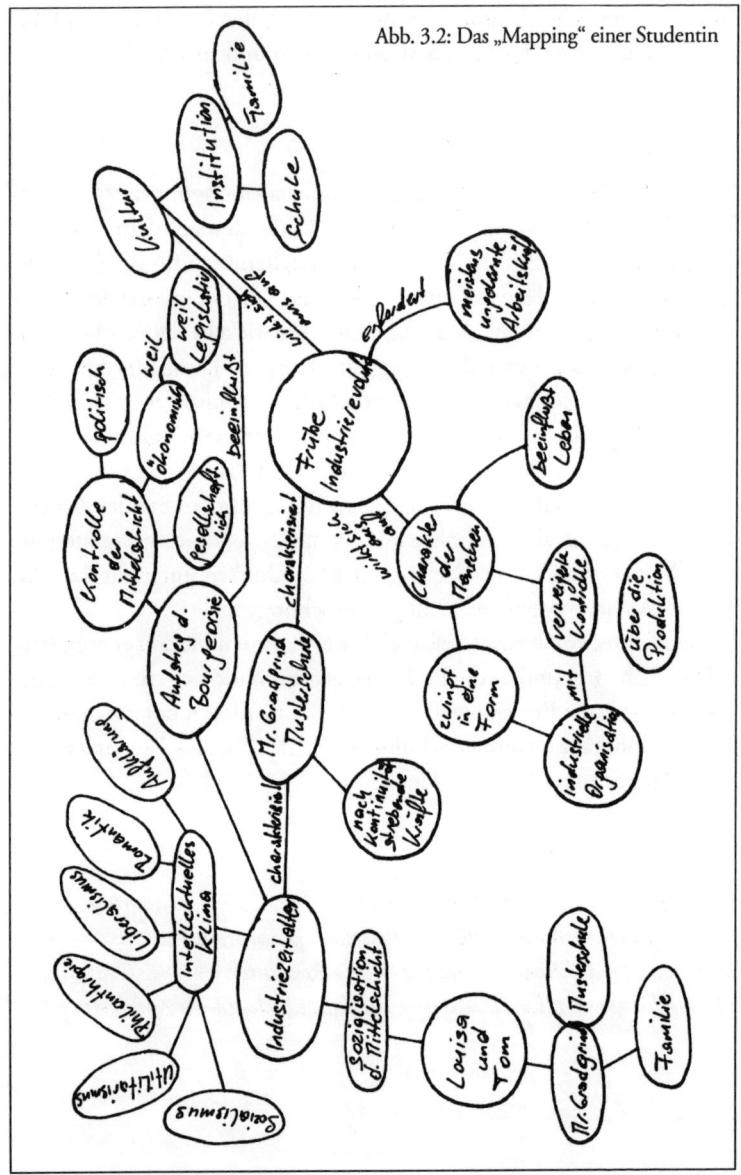

Abb. 3.2: Das „Mapping" einer Studentin

Strukturierte Fragen

Gezielte Fragen sind eine andere Methode, das Denken auf dem Papier zu ordnen. Etwas später in diesem Kapitel werden Frageblöcke für spezifische Schreibaufgaben vorgestellt. Aber hier wird zuerst eine besonders geeignete Methode vorgestellt, nach menschlichen Handlungsweisen zu fragen: Kenneth Burkes Erweiterung der fünf journalistischen Grundfragen Was? Wer? Wann? Wo? und Wie? Diese Fragen eröffnen den Schreibenden fünf verschiedene Blickrichtungen. Die Möglichkeiten für weitere Frageserien sind unbegrenzt.

Hier ist unsere Variante der „Fünf Schlüsselbegriffe der Dramatik" von Burke:

Handlung
Was ist die Industrielle Revolution?
   Was passiert? Was ist es?
   Was ist passiert? Was ist nicht passiert?
   Was wird passieren? Was könnte passieren?

Akteur – Agent
Was waren die Ursachen der Industriellen Revolution?
   Wer macht sie? Wer hat sie gemacht?
   Durch was wurde sie herbeigeführt oder was hat sie verursacht?
   Oder nicht verursacht?
   Wie ist es passiert?

Schauplatz
Wo fand die Industrielle Revolution statt?
Wann hat sie stattgefunden?
Was ist der Hintergrund der Industriellen Revolution?
   Wo passiert sie?
   Wo ist sie passiert?
   Wo wird sie passieren? Wo könnte sie passieren?
   Wann ist sie passiert?
   Was ist der Hintergrund?

Zweck
Warum fand die Industrielle Revolution statt?
Welche Bedingungen machten sie möglich?
Warum oder warum nicht?

Burkes Fragen funktionieren besonders gut, wenn man erzählen und erklären will, indem man analysiert. Wenn man ein Thema durch diese Liste laufen läßt und die Fragen beantwortet, die am ehesten zutreffen, ergibt sich möglicherweise schon die Gliederung für einen Schreibplan. Themen, die mit Zeit zu tun haben, sind für diese Frageperspektiven besonders geeignet.

Die Schreibenden können die Liste natürlich ergänzen und spezifischer auf ihre Themen beziehen. Die Studentin zum Beispiel, die über Einstein arbeitet, wird sicher noch Fragen stellen wie: „Welche anderen zeitgenössischen Theorien über das Universum gab es? Welche Kreise standen hinter welcher Theorie?" Fragen spielen offensichtlich eine wesentliche Rolle, wenn man Geschichte lernt und schreibt.

Weitere Anwendungsbeispiele für die fünf Fragen von Burke zur Aufbereitung von Material kommen in vielen Schreibübungen in Kapitel 4 vor: „Kurze wissenschaftliche Arbeiten schreiben".

Über das Schreiben sprechen

Gespräche mit anderen sind in jeder Phase des Schreibprozesses gut. Menschen, die schreiben, haben oft das Bedürfnis, ihre Erfahrungen, Intuitionen, Ideen und Pläne anderen gegenüber auszusprechen. Vielleicht sind Sie selbst schon einmal mit einem eher allgemeinen Themenvorschlag zu ihrem Professor, Ihrer Professorin gegangen und haben nach einem kurzen Gespräch gemerkt, daß Sie doch schon eine mögliche Leitidee für ihre Arbeit haben, die Sie ausprobieren könnten. Und oft passiert es gerade durch Gespräche nach Vorlesungen oder am Abend, daß plötzlich etwas klar wird, und Sie sich an die Stirn schlagen „Ich habs! Ich werde darüber arbeiten, wie es zur Schlacht von Cullodon gekommen ist, bei der es so massive Verluste für die schottischen Clans gab." Sie sollten den Wert von Gesprächen über Ihre Ideen und den Arbeitsverlauf nie unterschätzen.

2. Einen historischen Kontext schaffen

Der Student, der einen persönlichen Bezug zwischen sich und der zweiten Marne-Schlacht entdeckte, hat es leichter als die meisten von uns, weil er sich auf diese Weise einen Kontext für die Seminararbeit schaffen konnte. Die Verbindung mit dem Ereignis war der Kontext für seine Untersuchungen über den Krieg und machte sie relevant. Die meisten von uns müssen sich weit mehr anstrengen, um für sich einen Kontext zu schaffen. Kontext bedeutet hier, daß wir unserem Leser, unserer Leserin genug Informationen geben, um ihn, sie in einem Thema zu positionieren. Kontext bedeutet unsere besondere Haltung gegenüber einem Thema. Der Kontext weist uns in unserem Themengebiet eine Position zu, so daß wir wissen, von wo aus wir schreiben. Wir brauchen einen Kontext für uns und für die Lesenden. Die Lesenden müssen auf unseren historischen Kontext eingehen können, um wirklich zu verstehen, worüber wir schreiben.

Der Kontext ist die Grundlage für die Beziehung zwischen den Schreibenden und ihrer Zielgruppe. Gelingt es, diese Beziehung aufzubauen, kann das für Schreibende und Lesende den Unterschied zwischen einer produktiven Lernerfahrung und einem völligen Mißverständnis bedeuten.

Hier sind einige Strategien, wie beim Geschichte Schreiben ein Kontext geschaffen werden kann:

1. Denken Sie an Ihr Schreibinteresse. Warum schreibe ich das? An wen richte ich mich, und um was zu bewirken? Lesen Sie bei schriftlich gegebenen Themen die Formulierungen Ihres Professors oder Ihrer Professorin noch einmal durch. Gibt es Hinweise darauf, daß Sie beim Schreiben eine besondere Rolle einnehmen und aus dieser Perspektive schreiben sol-

len – etwa aus der Perspektive eines Bostoner Kaufmanns zur Zeit der
Boston Tea Party? Oder sollen Sie aus Ihrer eigenen Perspektive heraus
analysieren, wie Studierende auf amerikanischen Universitäten immer
mehr für das Problem der Apartheid in Südafrika sensibilisiert wurden?

2. Denken Sie an das, was andere tun, die Geschichte schreiben. In ihrem
Buch „Das Leben im mittelalterlichen Frankreich" definiert Joan Evans
im ersten Absatz die geographischen Grenzen Frankreichs im Mittelalter.
Sie zeigt damit, daß Frankreich allein aufgrund seiner geographischen
Lage erheblichen Einfluß auf die umliegenden Länder ausüben konnte.
Die Geographie Europas liefert den Angelpunkt für den Kontext ihrer
Studie, die sich mit allen Aspekten der französischen Gesellschaft im Mit-
telalter befaßt. Joan Evans beginnt ihr erstes Kapitel so:

> „Eingerahmt von Spanien, Italien, der Schweiz, Deutschland und den Nie-
> derlanden, und nur durch den Kanal von England getrennt, besaß Frankreich
> seit jeher jene besondere Kraft, die aus der Berührung und Auseinanderset-
> zung mit verschiedenen Nationen erwächst. Immer fühlte sich das Land stark
> genug, die von außen kommenden Impulse aufzunehmen, zu verwandeln
> und sie seinem nationalen Dasein einzufügen; ..."
> (aus: Joan Evans: Das Leben im mittelalterlichen Frankreich. Köln: Phaidon
> Verlag, 1960. Übersetzt von Suzanne Heintz, S. 1. Engl.: Life in Medieval
> France. New York: Phaidon, 1925.)

In seinem Artikel „William Herschel and the Making of Modern Astro-
nomy" (William Herschel und die Entwicklung der modernen Astronomie) in der Februarausgabe 1986 von „Scientific American" beschreibt
Michael Hoskins „ein typisches Astronomielehrbuch der Mitte des 18.
Jahrhunderts", um zu verdeutlichen, wie Herschels Beitrag zur Astronomie die Lehrbücher des 19. Jahrhunderts von Grund auf umgewandelt
hat. Hoskins vergleicht verschiedene Lehrbuchtexte zur Astronomie und
vermittelt uns damit alles, was wir wissen müssen, um seinen Artikel zu
verstehen. Hier sind Ausschnitte aus seinem ersten Absatz:

> „Ein typisches Astronomielehrbuch der Mitte des 18. Jahrhunderts enthielt

Kapitel über Themen wie Zeit und Himmelskoordinaten und (...) Beschreibungen von Sonne, Mond und Planeten (...), allerdings fast nichts über Sterngruppen (...) oder die große Struktur des Universums. In den Lehrbüchern, die ein Jahrhundert später veröffentlicht wurden, kommen diese Themen jedoch vor..." (aus: Scientific American, 254 (Februar 1986), 106.)

3. Bauen Sie einen Gegensatz auf. Unser letztes Beispiel für verschiedene Methoden, einen Kontext in Geschichte zu bilden, ergibt die Arbeit der Studentin Ann D. Sie beginnt ihren Aufsatz „Das Ordnungsstreben in der Renaissance" mit einer kurzen Beschreibung des mittelalterlichen Denkens, um den Gegensatz zum Renaissancedenken herauszuarbeiten. Indem sie so das Renaissancedenken vor dem Hintergrund des Mittelalters definiert, gelingt es ihr, gleich im ersten Absatz den Kontext für ihre Arbeit zu bilden:

```
In seiner Darstellung, die die Realitätssicht im
Mittelalter und in der Renaissance vergleicht, be-
schreibt William Bouwsma, daß es dem Denken der Re-
naissance nicht darum ging, einen logischen Zusam-
menhang im Universum als Ganzes zu finden; daß die
Gesetzmäßigkeiten, die es unterschied, „begrenzt",
und „flüchtig" waren und daß es sich nur mit der Er-
klärung von Dingen befaßte, die den Menschen im
Zentrum des Universums voraussetzten. Es wäre aber
falsch abzuleiten, daß das Renaissancedenken nicht
mit der kosmischen Ordnung befaßt war. Das mittel-
alterliche Denken hingegen nutzte seine enormen in-
tellektuellen Fähigkeiten für strukturierte logi-
sche Untersuchungen; und da es die Methode für
wichtiger hielt als den Inhalt, stellte es Fragen
zu allen Themen – zu Politik, Wirtschaft, zur per-
sönlichen Moral, Theologie etc. Das Renaissanceden-
ken war von der großen Überlegenheit des Menschen
über andere Lebewesen überzeugt, aber zweifelte
```

(ironischerweise) gleichzeitig an der unbegrenzten
Macht der menschlichen Urteilskraft. Es strebte nach
Harmonie und universalem Gleichgewicht, die im In-
nern beginnen und nach außen wirken sollten. Die
Menschen der Renaissance waren sich, im Gegensatz zu
den Menschen im Mittelalter, ihrer Wichtigkeit und
Einzigartigkeit im Kosmos bewußt und wollten den Zu-
stand der Gesellschaft verbessern, die durch die
Pest ins Chaos gestürzt war. (10. Dezember, 1984)

Wieder positioniert uns die Autorin in einen Kontext, der für das Lesen
und Verstehen eines bestimmten historischen Themas notwendig und angemessen ist. Es ist bereits abzusehen, wie in etwa die Studentin ihre
These beweisen wird.

Die Beispiele zeigen, wie wichtig ein Kontext bei der Entwicklung von
These und Hauptargument ist. Die Schreibenden versetzen den Leser, die
Leserin in die Lage, ihre Absichten nachzuvollziehen; das ist ein weiterer
wichtiger Schritt, um mit dem Schreiben anfangen zu können. Aber die
Menschen fangen ganz verschieden an: Manche quälen sich schon mit
den ersten Sätzen schrecklich herum und können überhaupt erst weiterschreiben, wenn sie eine Lösung gefunden haben; andere stürzen sich lieber kopfüber hinein und schreiben eine Rohfassung, um herauszufinden,
wohin sie das Material führen wird – sie arbeiten intuitiv, aber die Intui-
tion stützt sich auf eine Fülle von Informationen. Für viele ist dieser Prozeß so etwas wie ein Entdecken des Themas.

3. Schreiben, überarbeiten und redigieren

Ob Sie nun zu denjenigen gehören, die nur dann weiterschreiben können, wenn sie den Anfang völlig unter Kontrolle haben, oder ob sie erst
beim Schreiben sehen wollen, was passiert: irgendwann kommt die Zeit,
die erste Fassung der Arbeit zu schreiben. Manche beginnen am liebsten
im Journal – vielleicht schreiben sie sogar die ersten zwei, drei Entwürfe

im Journal und probieren jeweils eine andere Perspektive aus. Das werden alles noch recht rohe Entwürfe sein. In diesem Stadium müssen Sie sich weder besonders um Orthographie oder Satzstruktur kümmern, noch um andere stilistische Feinheiten. Sie schreiben diesen ersten Entwurf hauptsächlich für sich selbst; Sie führen mit sich selbst einen Dialog über Ihr Thema.

Beachten Sie, durch welche Veränderungen der Aufsatz der Studentin Eva-Marie Goy über einen Faktor in Martin Luthers Leben gegangen ist, nachdem sie ihre Arbeit in mehreren handgeschriebenen und dann getippten Fassungen umgearbeitet hat. Hier ist die erste handgeschriebene Fassung:

7. Oktober, 1985
Luther Fassung Nr. 1
Ich denke, daß einer der wichtigsten Aspekte in Luthers Leben die Tatsache war, daß er Mönch gewesen ist. Wenn er kein Mönch geworden wäre, hätte er über die Kirche nie so intensiv nachgedacht und hätte deswegen die Kirche auch nie von innen heraus so heftig kritisieren können, wie er es dann getan hat.
Für Luther hat alles damit angefangen, daß er, als er von einem Blitz niedergeworfen wurde, die Worte ausrief „Hilf Du, St. Anna, ich will ein Mönch werden!" In diesem Augenblick verschrieb er den Rest seines Lebens einem Glauben, den er letztendlich ablehnen sollte.
Luthers Einführung in das Erwachsenenleben war deswegen so wichtig, weil er, wenn er den Wünschen seines Vaters entsprochen hätte, auf die Universität und nicht ins Kloster zu gehen, nie herausgefunden hätte, was seiner Meinung nach in der Kirche falsch war. Nur weil Luther Mönch wurde, konnte er mit den Verhältnissen in der Kirche so vertraut werden und sich so gut auskennen.
Es war Luther der Mönch, der die 95 Thesen am Kirchentor anbrachte und nicht Luther der Universitätsprofessor. Es war der Mönch, der die Kirche nach seinen Vorstellungen verbessern wollte. Dem Professor Luther wäre der Ablaß egal gewesen usw… Aber Luther dem Mönch konnten diese Dinge nicht egal sein.

Kurz zusammengefaßt, wenn Luther nicht ins Kloster eingetreten wäre, hätte er die protestantische Reformation nicht begonnen; er hätte den Stein, der ganz Europa ins Chaos gestürzt und die Geschichte der ganzen Welt verändert hat, nicht ins Rollen gebracht.

Achten Sie darauf, wie die Studentin in dieser ersten (handgeschriebenen) Fassung mit sich selbst bespricht, was sie tun will, bevor sie es tut – das ist an der Ichform und den umgangssprachlichen Ausdrücken ablesbar. Dann ändert sie den Blickpunkt für den Rest des Entwurfs. Es ist durchaus nicht falsch, den ersten Entwurf einer wissenschaftlichen Arbeit so zu schreiben. Sie sollten sich in diesen frühen Entwürfen gönnen, Ihre Gedanken in einer Art Selbstgespräch fließen zu lassen; die Arbeit, die Sie schließlich abgeben werden, wird sich auf diese Weise vielseitiger entwickeln. Sie bemerken Stellen, für die Sie mehr Detailinformation und Beispiele brauchen, um Ihre Argumentation oder Ihre Interpretation zu untermauern.

Eva-Marie Goy hat in zwei handgeschriebenen und zwei getippten Fassungen die Passagen in ihrem Text gefunden, die sie noch weiter ausbauen mußte. Die meisten von uns müssen ihre Texte über einen längeren Zeitraum durch mehrere Fassungen gehen lassen. (Goy begann am 7. Oktober mit ihrem ersten Rohentwurf und gab die letzte Version am 21. Oktober ab).

Hier sind die ersten Absätze von Eva-Marie Goys letzter Fassung:

„Hilf Du, St. Anna, ich will ein Mönch werden!"

„Hilf Du, St. Anna, ich will ein Mönch werden!" Als Martin Luther diese Worte ausrief, veränderte er, ohne es damals wissen zu können, den Lauf der Weltgeschichte. In diesem Augenblick verschrieb er den Rest seines Lebens einem Glauben, den er letztendlich ablehnen sollte.
Luther war Student an der Erfurter Universität, als er am zweiten Juli 1505 von einem Blitz getroffen

wurde. In seinem großen Schrecken gelobte er, Mönch zu werden. Die Einlösung dieses Versprechens folgte unmittelbar. Am 17. Juli 1505 trat Martin Luther in das Augustiner-Kloster in Wittenberg ein. Der junge Luther unternahm all diese Schritte ohne die Zustimmung seines Vaters, Hans Luther, der für Martin Luther ein anderes Leben geplant hatte: eine ehrbare und einkömmliche Laufbahn als bedeutender Jurist, die Ehe mit einer wohlhabenden Frau und die finanzielle Unterstützung seiner Eltern im Alter. Aber Martin Luther hatte einen inneren Ruf vernommen, dem er sich nicht widersetzen konnte. Luther war ein sehr gewissenhafter Mönch. Einmal schrieb er von sich selbst:

„Als ich bin zwanzig Jahr ein Mönch gewesen und mich gemartert mit Beten, Fasten, Wachen und Frieren, daß ich allein vor Frost möcht gestorben sein, und mir so wehe getan als ich nimmermehr tun will, ob ich gleich könnte – was hab ich damit gesucht anderes, denn Gott, der da sollt ansehen, wie ich meinen Orden hielt und so streng Leben führet?"

Aber auch die Andacht konnte Luther weder Gelassenheit noch inneren Frieden geben. Er versuchte, für seine Sünden zu büßen, aber er hatte nie das Gefühl, daß es ihm gelingen würde „das Schuldenregister zu tilgen". Er konnte nicht hoffen, Gott zufriedenzustellen, so sehr er es auch versuchte.

Und das ist der letzte Absatz in Goys Arbeit:

Nur dadurch, daß er Mönch geworden war und sich tagtäglich mit den Verhältnissen in der Kirche zu

befassen hatte, war Luther in der Lage, die inneren
Mechanismen der Kirche wahrheitsgetreu zu beurteilen. Nur deshalb konnte er ein glaubhaftes Bild von
dem entwerfen, was in der Kirche falsch war und
festlegen, wie sich die Dinge verändern sollten.
Ich denke nicht, daß die Menschen an Luther ge-
glaubt hätten, wenn er kein Mönch gewesen wäre. Sie
wären ihm jedenfalls sicher nicht gefolgt. Ohne Luthers Eintritt ins Kloster hätte die protestantische Reformation nie angefangen, und wenn doch,
dann zu einem späteren Zeitpunkt, und sie hätte unter einem anderen Reformator vielleicht ganz anders
ausgesehen.

Die wesentlichen Veränderungen bei Eva-Marie Goys Umarbeitung vom
ersten Entwurf zum fertigen Aufsatz bestehen darin, daß sie Unwichtiges
ausläßt, sich auf signifikante Punkte konzentriert und detaillierte Belege
zur Unterstützung ihrer Behauptungen liefert. Anstatt uns über Luthers
dramatische Berufung zum Priesterstand nur zu berichten, stellt sie als
Einführung in ihren Text die Szene mit dem berühmten Ausruf nach.
Diese Szene bereitet das Terrain für ihren Hauptpunkt, daß der Eintritt
in die Priesterschaft erst der eigentliche Beginn von Luthers Leben war
und ihn im weiteren Verlauf zum Verursacher jener Ereignisse machte,
die die protestantische Reformation auslösten. Sie spricht jetzt ihre Zielgruppe an und hat ihren Schreibstil verfeinert; im letzten Absatz schreibt
sie wieder in der Ichform. Aber hier spricht sie nicht mehr zu sich selbst,
sondern faßt die wichtigsten Punkte ihrer Behauptung noch einmal mit
der Selbstsicherheit einer Autorin zusammen, die überzeugende Belege
geliefert hat. Eva-Marie Goy hat sich die Ichform verdient.

In der Endphase brauchen viele von uns jemanden, der liest, was wir
geschrieben haben und darauf reagiert. Manche der Lehrenden lassen
Studierende zu zweit arbeiten, damit sie noch während des Schreibens gegenseitig ihre Arbeiten lesen und kommentieren. Sie sollten das mit einem Freund oder einer Freundin im Seminar ausprobieren. Noch ein

Rat: Geben Sie Ihren Studienkollegen und -kolleginnen immer eine getippte Version ihres Textes, weil sie einen leicht lesbaren Text besser kommentieren können. Nach mehreren handgeschriebenen Versionen – so-
fern Sie nicht von Anfang an am Computer arbeiten – haben auch die
Schreibenden etwas davon, wenn sie ihren Text tippen (zwei- oder drei-
facher Zeilenabstand) und zum Umarbeiten objektiver vor sich liegen haben.

Hier sind einige Richtlinien, wie Sie konstruktive Ratschläge geben und
annehmen können:

1. Schreiben Sie die Punkte auf, die Sie in der Arbeit am meisten interessiert haben.
2. Schreiben Sie Punkte auf, über die Sie noch mehr Information wünschen.
3. Notieren Sie Vorschläge, wie man das Thema genauer fassen und /
   oder wie man eine klarere Struktur erreichen könnte.
4. Notieren Sie Vorschläge für eine ausführlichere Ausarbeitung des Themas und / oder für eine klarere Struktur.

Diese Richtlinien zeigen, welche Dinge beim Umarbeiten des Textes Pri-
orität haben: die Hauptpunkte, Themenstruktur und Themenentwicklung. Diese und andere Fragen helfen von Anfang an beim Umarbeiten.
Und für den Fall, daß niemand da sein sollte, der den Lesepart über-
nimmt, können Sie sich die Fragen auch immer selbst stellen:

1. Was versuche ich in diesem Text zu erreichen?
2. Was ist mein wichtigster Punkt (meine wichtigste These)? Was ist
   daran interessant und signifikant?
3. Welches sind die interessanten, aufschlußreichen Details?
4. Habe ich dem Leser, der Leserin genug Information und / oder Belege
   geboten?
5. Sollte ich etwas weglassen?
6. Wo liegen die Stärken / Schwächen meiner Arbeit?

7. Was könnte ich jetzt beim Umarbeiten verändern, um den Text zu verbessern?

Wenn Sie ihre Antworten auf diese Fragen niederschreiben und dann die
entsprechenden Stellen in Ihrem Entwurf markieren, werden Sie ganz sicher einen besser geschriebenen Text abgeben – einen Text, der nicht nur
für Sie selbst befriedigender zu lesen ist, sondern auch für Ihren Professor oder Ihre Professorin.

4. Die Geschichte interpretieren:
erzählen, erklären und überzeugen

Die folgenden Anfangsfragen können Sie wie einen Keil in Ihr Thema
treiben. Ihre Beantwortung zeigt Möglichkeiten, ihre Arbeitsweise besser
zu strukturieren, weil sie Ihre Informationen nach einem bestimmten
Plan entwickeln. Sie präsentieren Ihr Material immer auf drei Arten: indem Sie erzählen, erklären oder überzeugen – gelegentlich kommen die
drei Strategien auch zusammen in einem Text vor. Wenn Sie Geschichte
schriftlich interpretieren, werden Sie in der Regel zumindest zwei dieser
Strategien verwenden.

Über Ereignisse schreiben

Ein Ereignis kann in seiner Bedeutung so örtlich gebunden sein wie der
Tag, an dem ein Pfeifen die Ankunft des ersten Zuges in Ihrer Heimatstadt ankündigte und das Leben dort für immer veränderte. Oder ein Ereignis kann so weltumspannend sein wie die Detonation der ersten
Atombombe in New Mexico am 16. Juli 1945. Mit welcher Art von Ereignissen Sie es auch immer zu tun haben, mit diesen Fragen können Sie
anfangen, über ein Ereignis zu schreiben:

– Was ist passiert?
– Wer hat es getan?

- Wann ist es passiert?
- Wie war es?
- Was bedeutet es?

Über Menschen schreiben

Beim Schreiben über Menschen erfahren wir etwas von der Zeit, in der sie gelebt haben, und von anderen bedeutenden Ereignissen. Vielleicht ist der Amerikaner John Brown hierfür ein gutes Beispiel. Sein Leben hat immer wieder Stoff für Biographien geliefert. Historiker und Historikerinnen zerbrechen sich seit langem den Kopf darüber, warum wohl ein armer weißer Mann alles opfert, um mit dem Überfall auf das Waffenarsenal im virginischen Harper's Ferry im Oktober 1859 einen Krieg gegen die Sklaverei zu versuchen. John Browns Leben könnte im Kontext des bevorstehenden amerikanischen Bürgerkriegs erforscht werden, oder Sie könnten sich mit dem Mann beschäftigen, der die Predigt bei seiner Beerdigung hielt und von dem Ereignis sehr beeindruckt war. Dieser Mann war Priester der Unitaristischen Kirche in Burlington, Vermont. Sie könnten also auch die Rolle dieser Kirche als Stützpunkt der „underground railroad" bearbeiten. Wie auch immer Sie an eine Bearbeitung von John Brown herangehen wollen, die Antworten auf folgende Fragen ergeben eine gute biographische Interpretation:

- Wann hat die Person gelebt?
- Welchen Hintergrund hat diese Person?
- Was hat diese Person gemacht?
- Welches sind die wichtigen Ideen und Handlungen dieser Person und welche wichtigen Beziehungen hat sie mit anderen Menschen unterhalten?
- Welchen Beitrag hat diese Person in ihrer Zeit geleistet?

In Kapitel 4 „Kurze wissenschaftliche Arbeiten schreiben" gibt es weitere Interviewfragen für das Aufzeichnen und die Vorbereitung von „oral history" (die Methode der mündlichen Befragung in der Geschichtswissenschaft). Diese Fragen können auch beim Lesen und Schreiben über eine historische Persönlichkeit benutzt werden.

5. Den Schluß gestalten

Im Kapitel 3.1 „Schwerer Anfang – leichter Anfang" haben wir besprochen, wie wichtig der historische Kontext für den Anfang eines Aufsatzes ist und wie er eine Leitthese entwickeln hilft. Es ist genau so wichtig, einen wirkungsvollen Schluß zu schreiben.
Folgendes sollten Sie beachten:

1. Fangen Sie so rechtzeitig an, daß Sie beim Umarbeiten genug Zeit haben, sich ihren Text so lange durch den Kopf gehen zu lassen, bis Ihnen ein adäquater Schluß einfällt.
2. Wenn Sie unbedingt eine Zusammenfassung schreiben müssen, versuchen Sie, einen Weg zu finden, Ihre Hauptpunkte so zusammenzufassen, daß es nicht nach einer simplen Wiederholung aussieht.
3. Studieren Sie die vielen Möglichkeiten, den Schluß eines Aufsatzes zu schreiben. Denken Sie noch einmal an Eva-Marie Goys Text über Martin Luther „Hilf Du, St. Anna, ich will ein Mönch werden!" (merken Sie, wie ein wirkungsvoller Titel klingt?). Wenn Sie Eva-Marie Goys einführenden Absatz neben ihren abschließenden Absatz stellen, erkennen Sie in diesem Vergleich bereits die Form des ganzen Aufsatzes. Versuchen Sie einen solchen Vergleich bei ihren eigenen Arbeiten. Beachten Sie, wie Goy sogar über Ihre These hinausgeht und Gedanken über eine Reformation ohne den Mönch namens Luther anstellt. Versuchen Sie, Ihren eigenen Schluß so kreativ zu gestalten, wie es das Thema zuläßt. Achten Sie bei historischen Texten darauf, wie das Ende gestaltet ist – manche Enden funktionieren gut und manche gehen daneben.
4. Ist Ihnen aufgefallen, wie wir dieses Kapitel oder auch die anderen Kapitel in diesem Buch beenden? Wir hoffen, daß Sie gern persönliche Berichte über die Erfahrungen von Historikern und Historikerinnen beim Geschichte Schreiben lesen; so entsteht Geschichte.

6. Weiterführende Gedanken zum Schreiben von Geschichte
Edward Hallett Carr

In seinem Buch „Was ist Geschichte?" berichtet Edward Hallett Carr, wie er in seinem Freundeskreis – in dem sowohl Laien als auch Akademiker und Akademikerinnen anderer akademischer Disziplinen vertreten sind – gefragt wird, wie der Historiker die Geschichtsschreibung angeht. Am weitesten verbreitet scheint die Annahme, daß der Historiker seine Arbeit in zwei deutlich unterscheidbare Phasen oder Perioden einteilt. Zuerst, in einer langen Vorbereitungszeit, liest er die Quellen und schreibt sich die Fakten heraus; wenn das geschafft ist, legt er die Quellen weg, zückt sein Notizbuch und schreibt sein Buch in einem Zug von vorn bis hinten. Aber dann verrät er, wie es sich in Wirklichkeit abspielt: „(...) sobald ich (...) einige der Quellen, die ich für die bedeutsamsten erachte, zwischen den Fingern habe, wird der Juckreiz so stark, daß ich zu schreiben anfange – nicht unbedingt am Anfang, sondern einfach irgendwo." Und was passiert nach dem ersten Eintauchen ins Schreiben? „Danach geht es mit dem Lesen und Schreiben gleichzeitig weiter. Während ich lese, mache ich Anmerkungen, Einschränkungen, gruppiere um und streiche durch. Das Lesen wird durch das Schreiben dirigiert, korrigiert und fruchtbar gemacht: je mehr ich schreibe, desto genauer weiß ich, wonach ich suche und desto besser ermesse ich Bedeutung und Relevanz dessen, was ich finde." Carr ist davon überzeugt, daß Lesen und Schreiben „Hand in Hand gehen und in Wirklichkeit nur Teile ein und desselben Prozesses sind."
(aus: Edward Hallett Carr: Was ist Geschichte? Stuttgart: Kohlhammer, 1969. Übersetzt von Siglinde Summerer und Gerda Kurz, S. 28–29. Engl.: What is History? The George Macauly Trevelyan Lectures delivered in the University of Cambridge January-March 1961. London: Macmillan, 1961.)

Carrs Beschreibung, wie er liest und schreibt oder schreibt und liest, bestätigt die Darstellung der Schreibprozesse in diesem Kapitel. Wir haben Ihnen praktische Methoden zur Auswahl und zum Ausprobieren an die Hand gegeben, wie Sie am besten anfangen können, Geschichte zu schreiben.

4. Kurze wissenschaftliche Arbeiten schreiben

Kapitelvorschau: Auf der Universität sorgt für den ununterbrochenen Austausch zwischen Geschichte lesen und Geschichte schreiben eine Vielfalt relativ kurzer wissenschaftlicher Arbeiten, die die Fähigkeit, zu rezensieren, aufzuzeichnen, zu beschreiben und zusammenzufassen entwickeln sollen. Dieses Kapitel untersucht, wie Lesen und Schreiben miteinander verbunden sind und hilft Ihnen beim Schreiben von Buchbesprechungen und Prüfungsaufsätzen. Außerdem werden Sie Vorträge und Ausstellungen rezensieren, Interviews führen und „oral history" betreiben.

1. Bücher und Artikel rezensieren
   Aufbau einer Rezension
2. Vorträge, Filme und Ausstellungen besprechen
3. Schreiben auf der Grundlage von Primärquellen
   Geschichte anhand der Objekte einer Kultur
   Geschichte anhand von Dokumenten und Texten
   Geschichte anhand des Ortes: Schauplatz und Gebäude
   Geschichte mit Hilfe von Menschen: „oral history"
4. Prüfungsklausuren schreiben
5. Weiterführende Gedanken über das Ausüben der Geschichtswissenschaft – Barbara Tuchman über die Aufgabe der HistorikerInnen

In seinem Essay „Warum ich schreibe" zählt George Orwell vier Gründe auf, warum er Schriftsteller geworden ist. Ein „historical impulse" ist Grund Nummer drei: „der Wunsch, die Dinge zu sehen, wie sie sind, den Wahrheitsgehalt von Ereignissen herauszufinden und sie für die Nachwelt aufzuzeichnen." Orwell drückt hier aus, warum viele von uns gerne Geschichte studieren und Freude daran haben, sie aus verschiedenen Blickwinkeln zu erzählen.* So geraten wir in den Strom der Ge-

---

* George Orwell: Warum ich schreibe, in: Im Innern des Wals. Erzählungen und Essays, übers. von Felix Gasbarra, Zürich: Diogenes, 1975, S. 7. Englische Originalausgabe:

schichten vom Verlauf der Zeit. Wir alle fühlen den Impuls, unsere Geschichten zu erzählen, weil die Zeit für uns einen Sinn haben soll.

Historiker und Historikerinnen wenden viele Strategien an, um zu verstehen, was geschehen ist: Unter anderem analysieren Sie Bücher, zeichnen auf, was andere berichten oder beschreiben, was Objekte und Orte über die Vergangenheit erzählen. Das sind nach wie vor die wichtigen und nützlichen Methoden für GeschichtsstudentInnen. In diesem Kapitel werden wir schriftliche Arbeiten über Bücher, Menschen, Objekte und Orte näher untersuchen – alles Aufgaben, mit denen Sie vertraut sein sollten. Und wir werden Strategien vorstellen, wie man unter Prüfungsdruck kurze wissenschaftliche Arbeiten schreibt.

Eine der besten Methoden, Ihr Geschichtsverständnis zu erweitern, ist das Schreiben kurzer Aufsätze – deshalb kommt eine solche Aufgabenstellung im Geschichtsstudium relativ häufig vor. Die Aufgaben werden ihnen leichter gelingen, wenn Sie die folgenden Richtlinien über das Lesen und Schreiben beachten.

1. Überlegen Sie, wie die Aufgabe zum Seminarprogramm paßt. Warum wird die Aufgabe gerade zu diesem Zeitpunkt im Semester gestellt? Was sollen Sie lernen und verstehen?
2. Beziehen Sie die Aufgabe auf die Vorlesungen und auf das Lektüreprogramm des Seminars. Dort finden Sie den Kontext der Aufgabe; lesen Sie Seminarmitschriften und Journaleintragungen, die sich auf die Aufgabe beziehen; suchen Sie im Lehrbuch oder im Register anderer Texte von der Literaturliste nach relevanten Informationen. Wenn Sie auf diese Weise das Ihnen zugängliche Material aus den Texten und Ihren Notizen zusammengetragen haben, sind Sie über Ihren Wissensstand und über Lücken informiert, die Sie zur Erfüllung der Aufgabe noch schließen müssen.
3. Vergewissern Sie sich schließlich, ob Sie auch alle Teile der Aufgabe berücksichtigt haben, damit es nicht heißt: „Das hätte eine gute Ar-

---

The Collected Essays, Journalism and Letters of George Orwell, 1920–1950, 4 vols. London: Secker & Warburg, 1968; ed. William Metheson and Anne Elisabeth Suter.

beit werden können, aber leider haben Sie den zweiten Teil des Themas nicht behandelt."

1. Bücher und Artikel rezensieren

Professionelle Historiker und Historikerinnen werden oft aufgefordert,
die Neuerscheinungen auf ihrem Fachgebiet für Zeitschriften wie die
„Historische Zeitschrift" (=HZ) oder „The American Historical Review"
(=AHR) zu rezensieren, d. h. sie müssen das jeweilige Buch im Vergleich
mit anderen ähnlichen oder verwandten Werken bewerten. Die Kompe-
tenz, über ein bestimmtes historisches Gebiet zu lesen, zu reflektieren und
zu schreiben, haben sie in jahrelanger beruflicher Praxis entwickelt.
Natürlich verfügen Studierende bei ihren Besprechungen über keine ver-
gleichbare historische Erfahrung. Aber es gibt Methoden, Ihre Erfahrungen doch so weit zu vertiefen, daß Sie schon während des Studiums interessante und fundierte Besprechungen von Büchern, Vorlesungen und
Filmen schreiben können.

Denken Sie daran, daß Sie als Historiker, als Historikerin, Ihrem
Thema gegenüber immer einen bestimmten Standpunkt einnehmen. Im
ersten Kapitel haben wir diesen Standpunkt „Schreibinteresse" genannt.
Ob Sie ein Buch oder einen Artikel schreiben, unweigerlich wird Ihr eigener Hintergrund Einfluß auf Ihr Thema nehmen und darauf, wie Sie es
auswählen und strukturieren, um schließlich eine Aussage zu formulieren, die Sie für wahr halten. Der Historiker Peter Gay nennt das den „Ge-
schichtsstil". Sie haben Ihre „Arbeitshypothese" (die Idee, die Sie als
Grundlage für Ihre Forschung genommen haben) zu einer Hypothese gemacht, die Sie in Ihrer Arbeit überzeugend entwickeln und untermauern
werden. In Kapitel 3 haben wir diskutiert, daß die Schreibenden eine
Leitidee oder -these brauchen; in Kapitel 5 werden wir zeigen, wie Historiker und Historikerinnen in einer längeren wissenschaftlichen Arbeit
Hypothesen entwickeln und überprüfen. Höhersemestrige schreiben solche umfangreichen wissenschaftlichen Arbeiten beispielsweise für ein Seminar oder Hauptseminar. Aber wir sollten daran denken, daß Histori-

ker und Historikerinnen ihre Texte immer mit ihrer persönlichen Überzeugung schreiben. Wie objektiv der Schreibstil eines Artikels oder eines Buches auch sein mag, immer verbirgt sich hinter diesem Eindruck eine Hypothese, von deren Gültigkeit die Schreibenden überzeugt sind. Deswegen wird es auch zum selben Thema nie zwei historische Arbeiten geben, die den gleichen Standpunkt vertreten oder den gleichen Stil oder Inhalt aufweisen. Peter Gay formuliert es so: „Geschichte ... ist in dem Sinn nicht abgeschlossen, in dem die Zukunft ihre Vergangenheit immer neu verwendet."

Wenn Sie ein geschichtliches Werk besprechen, wird Ihre Lese- und Schreibkompetenz besonders herausgefordert, und deshalb halten viele GeschichtsprofessorInnen eine solche Aufgabe für unentbehrlich. Gute Rezensenten und Rezensentinnen haben dafür wirkungsvolle Strategien entwickelt. Wir unterteilen die verschiedenen Schritte, die Buchbesprechung zu planen und auszuführen, in drei Hauptkategorien: *bestimmen, zusammenfassen und bewerten.* Bei den Kategorien „bestimmen" und „zusammenfassen" können Sie auf Ihre Fähigkeiten und Erfahrungen als Studierende der Geschichte zurückgreifen, aber „bewerten" bringt möglicherweise mit sich, daß Sie weiteres Material in Museen und Bibliotheken lesen und erforschen müssen.

Die folgenden Punkte werden Ihnen beim Lesen und Notizenmachen helfen, den Inhalt eines Buches oder Artikels zu bestimmen, zusammenzufassen und zu bewerten und dann eine gute Besprechung zu schreiben.

1. Bestimmen Sie den Standpunkt des Autors, der Autorin. Was ist der Bezugsrahmen und wie wird das Thema gesehen? Das mag im Text eher impliziert als offen ausgesprochen sein. In einem Buch stehen Kontext und Standpunkt oft in der Einführung; in einem Artikel in den beiden ersten Absätzen.

2. Bestimmen Sie die Leithypothese. (Sie wird vermutlich in der Einführung oder am Anfang eines Artikels stehen.) Bei einer Untersuchung in Buchlänge können mehrere aufeinander bezogene Hypothesen gemeinsam die Zielrichtung der Argumentation ausmachen.

3. Bestimmen Sie die wichtigsten Quellen, die zur Erhärtung der Hypo-

thesen verwendet wurden (Dokumente, Erfindungen, Fotografien, Augenzeugenberichte, Landkarten, etc.).

4. Untersuchen Sie den Gesamtaufbau des Buches oder des Artikels: Können Sie die Leithypothesen und die sie unterstützenden Zeugnisse bestimmen? Gibt es für eine adäquate und überzeugende Behandlung des Themas zu viele Hypothesen? Werden einige Hypothesen nur aufgestellt und nicht ausreichend belegt? Ist die Abfolge von Hypothesen und Quellen schlüssig?

5. Analysieren Sie die Stichhaltigkeit der zur Unterstützung der Hypothesen benutzten Quellen: Werden letztere überzeugend eingesetzt? Sind die Informationsquellen wichtig und umfassend?

6. Ist der Standpunkt des Autors, der Autorin dem Thema gegenüber angemessen? Achten Sie darauf, daß Sie wirklich die Arbeit besprechen, die vor Ihnen liegt – nicht die Arbeit, die Sie sich gewünscht hätten, nicht die Arbeit, die Sie vielleicht selbst geschrieben hätten.

7. Gibt es zu diesem oder einem verwandten Thema noch andere Arbeiten? Oder gibt es Hinweise darauf, daß die vorliegende Arbeit in ihrer Art einmalig ist?

8. Basierend auf diesen Überlegungen (1–7) bewerten Sie das Werk jetzt nach folgenden Kriterien: nach der Anzahl und der Angemessenheit der Hypothesen, nach der Art, wie die Quellen verwendet wurden. Ist die Argumentation des Autors, der Autorin überzeugend?

9. Vergleichen Sie die Arbeit, wenn möglich, mit anderen Ihnen bekannten Werken. Denken Sie an frühere Seminare und an Bücher, mit denen Sie schon gearbeitet haben. Vielleicht können Sie bei der Bewertung auf Ihren eigenen historischen und persönlichen Hintergrund zurückgreifen.

10. Empfehlen Sie dieses Buch oder diesen Artikel zur Lektüre? (Denken Sie dabei an die anderen SeminarteilnehmerInnen und an Ihre ProfessorInnen). Warum? Warum nicht? Liest sich das Buch gut, hat es ein befriedigendes intellektuelles Niveau? Sollte man sich dieses Buch merken?

Aufbau einer Rezension

Der Aufbau Ihrer Besprechung hängt auch von der geforderten Textlänge ab. Professionelle Besprechungen von historischen Werken sollen oft eine Länge von 500 bis 1500 Wörtern nicht überschreiten, weil RedakteurInnen und Lesende sich schnell und exakt informieren wollen. Benutzen Sie die folgenden Punkte, um Informationen klar und effizient zu ordnen:

- Eine kurze Zusammenfassung der Arbeit, die den Standpunkt und die wichtigsten Hypothesen des Autors, der Autorin enthält.
- Eine Einschätzung der Art und der Stichhaltigkeit der Quellen, die zur Unterstützung der Hypothesen herangezogen werden.
- Wenn möglich, ein Vergleich mit ähnlichen Werken.
- Wenn zutreffend, Bemerkungen zur Art der Präsentation: Lesbarkeit, Benutzerfreundlichkeit des Registers, der Bibliographie.
- Eine Schlußbemerkung mit der abschließenden Einschätzung des Werkes und einer Empfehlung für Forschende, Studierende und / oder andere, die vorhaben, dieses Werk zu lesen.

Lesen Sie im folgenden die Buchbesprechung eines Historikers für die Zeitschrift „The Historian". Dieser Rezensent hat sich eng an die Richtlinien gehalten, die wir oben für Sie aufgestellt haben. Achten Sie auch darauf, wie er sich auf Passagen und Einzelheiten aus dem besprochenen Buch bezieht, um jeden Punkt seiner Bewertung zu untermauern.

„The Tools of Empire: Technology and European Imperialism in the Nineteenth Century", (Die Werkzeuge des Britischen Empires: Technologie und Europäischer Imperialismus im 19. Jahrhundert) von Daniel R. Headrick. New York und Oxford: Oxford University Press, 1981. 221 S. Gebunden $14.95, Taschenbuchausgabe $6.95.

Daniel Headrick beschreibt und dokumentiert den Zusammenhang zwischen der rasch fortschreitenden industriellen Technologieentwicklung in Europa und der Beherrschung und Ausbeutung von Afrika und Asien durch Europäer im 19. Jahrhundert. Er interessiert sich für die Auswirkungen technologischer Innovationen auf die Expansionsbestrebungen europäischer Großmächte und zeigt, in welch engem Zusammenhang die komplexen Motive des Imperialismus zu den sich verändernden technischen Möglichkeiten zur erfolgreichen Ausführung der Expansionsbestrebungen an verschiedenen Orten und zu verschiedenen Zeiten standen. Headrick konzentriert sich auf drei Perioden der imperialistischen Expansion. Er beschreibt die Anfangsphase des Eindringens in das Territorium von Asien und Afrika und die Erkundung dieser Gebiete durch europäische Reisende; die gewaltsame Inbesitznahme der Gebiete und die Herrschaft über die einheimische Bevölkerung; und drittens, die enge Bindung zwischen der Kolonie und der europäischen Wirtschaft, die durch Kommunikations- und Transportmittel geschaffen wurde. „In der Phase des Eindringens waren die Dampfschiffe und der prophylaktische Gebrauch des Chinins die Schlüsseltechnologien. Die zweite Phase (…) hing massiv von Repetier- und Maschinengewehren ab. In der Phase der Konsolidierung bildeten Dampfschifflinien, der Suez-Kanal, die Transatlantik-Telegraphenkabel und die kolonialen Eisenbahnlinien die Verbindungsglieder, die die Kolonien eng an Europa anschlossen und ihre ökonomische Ausbeutung förderten." (12)

Die erste Phase des europäischen Erfolgs ist von der Entwicklung mit Waffen ausgerüsteter flachgehender Dampfschiffe und Kanonenboote sowie ihrem Einsatz in China, im Nahen Osten und in Afrika gekennzeichnet. Headrick stellt einen Zusammenhang zwischen der Entdeckung der Chinin-Prophylaxis und dem Einsatz der Kanonenboote her, um zu zeigen, wie das europäische Eindringen in Afrika und die darauffolgende Beherrschung des Kontinents aus der Kombination dieser beiden Innovationen resultierten.

Der zweite Teil von Headricks Buch behandelt die zügige Aufrüstung der europäischen Kolonialarmeen mit neu entwickelten wirksamen Feuerwaffen. Die Produktion von präziseren Hinterladergewehren wird im Detail beschrieben: Es kamen jetzt metallene Patronenhülsen, härtere, kleinere Munition, rauchschwaches Pulver und Gewehrläufe aus Stahl zur Verwendung. Diese Waffen erwiesen sich zusammen mit Maschinengewehren und neu entwickelten Kanonen mit explosiver Munition als ausschlaggebend für die europäische Expansion in den kolonialen Gebieten. Außerdem brachte der Einsatz dieser Waffen in den Kolonien eine drastische Veränderung der zukünftigen europäischen Kriegstechnik mit sich. Das „Zeitalter des draufgängerischen Mutes und des kalten Stahls war zu Ende gegangen, die Ära des Wettrüstens und des industriellen Mordens hatte begonnen." (101)

Im dritten Teil des Buches, „Die Kommunikationsrevolution", verdeutlicht

Headrick die Auswirkungen von Dampfschiffen, Eisenbahnen, Transatlantik-Telegraphenkabeln und Suez-Kanal auf die Kolonien. Diese neuen Technologien werden in ihrer Entwicklung, Anwendung und Auswirkung jeweils in einem eigenen Kapitel kurz und präzise beschrieben. Das Endresultat war dann im 19. Jahrhundert eine von europäischer Technologie vollständig überflutete Welt. In seinem letzten Kapitel, „Das Erbe des technologischen Imperialismus" unterstreicht Headrick noch einmal die Argumente, die auch in den früheren Kapiteln schon enthalten waren: Bisher hätten sich HistorikerInnen in getrennten Forschungen mit den Entwicklungsstufen des Imperialismus und mit dem technologischen Fortschritt in Europa befaßt. Er fordert nun, daß diese Forschungsgebiete im Zusammenhang behandelt werden; es müsse gezeigt werden, daß frühere Darstellungen der Motive für die imperialistische Expansion mit den Darstellungen der zur Durchführung dieser Expansion notwendigen technischen Entwicklungen vereinbar seien und umgekehrt. Headrick ist der Überzeugung, daß sich ein genaueres Bild des Imperialismus nach 1880, insbesondere des Wettlaufs um Afrika, erst herausbilden kann, wenn diese Phänomene im Zusammenhang behandelt werden.

Das lesenswerte Buch ist selbst der beste Beweis für diese These. Headrick liefert kaum neues Material, aber erweitert den Blick auf den europäischen Imperialismus im 19. Jahrhundert, weil er das Hauptgewicht seiner Untersuchung auf das Ineinandergreifen von sozio-ökonomischen Motiven und technologischen Mitteln legt.

Universität von Vermont, John Steffens
(aus: The Historian, 45 (1), 104–105. Nachdruck mit Genehmigung des Verlags; deutsche Fassung: Birgit Flos)

Und hier folgt eine Besprechung desselben Buches von einem Studenten. Sie können sehen, daß auch er die Richtlinien für das Schreiben einer effektiven Besprechung angewendet hat; und doch ist sein Text eigenständig und informativ:

```
The Tools of Empire: Technology and European Impe-
rialism in the Nineteenth Century (Die Werkzeuge
des Britischen Empires: Technologie und Europäi-
scher Imperialismus im 19. Jahrhundert) von Daniel
R. Headrick. New York und Oxford: Oxford University
```

Press, 1981. 221 S. Gebunden $14.95, Taschenbuch-
ausgabe $6.95.

In seinem Buch „The Tools of Empire" erklärt Daniel
Headrick den Zusammenhang zwischen der Ausbeutung
Afrikas und Asiens und dem technologischen Fortschritt in Europa. Er macht auf das geringe Interesse, das HistorikerInnen diesem Zusammenhang bisher
gewidmet haben, aufmerksam und demonstriert, daß die
Ausbeutung Afrikas und Asiens stattfinden konnte,
weil „sowohl die Motive als auch die Mittel sich än-
derten und erst beide zusammen das Ereignis verursachten". (11) Headrick konzentriert sich bei seiner
Argumentation auf die Punkte, die seiner Meinung
nach ausschlaggebend dafür waren, daß der Imperialismus möglich und profitabel wurde. Das Buch ist in
drei Teile gegliedert: 1. „Die Expeditionswerkzeuge", 2. „Die Eroberungswaffen" und 3. „Die Kommunikationsrevolution". Im ersten Kapitel, „Expeditionswerkzeuge: Dampfschiffe und Chinin", konzentriert
er sich auf technologische Errungenschaften, die bei
der Erforschung der neuen Territorien eine entscheidende Rolle spielten. Er stellt zum Beispiel fest,
daß das Kanonenboot, eine Weiterentwicklung des
Dampfbootes, das auf den Flüssen Indiens verwendet
wurde, und das von Männern wie dem Romanautor Thomas
Love Peacock propagiert worden war, eine wesentliche
Rolle bei der Öffnung Indiens für die Europäer
spielte. Das Kanonenboot feierte allerdings erst im
Opiumkrieg gegen China seinen eigentlichen Triumph.
Im Fall von Afrika spricht Headrick von der Malaria-
bekämpfung durch die Chinin-Prophylaxis, die erst
die gesundheitlichen Bedingungen für Europäer schuf,
in das tropische Afrika vorzudringen.

Im zweiten Teil, der die Eroberung der Länder durch
Europäer und die gewaltsame Etablierung der europäischen Herrschaft behandelt, erörtert Headrick
die Elemente, die diesen Prozeß möglich machten. Im
Fall von Indien weist er nach, wie sich Fortschritte in der Waffentechnologie – zum Beispiel
wurde der Vorderlader durch den Hinterlader ersetzt
– so direkt auswirkten, daß die Machtbalance zugunsten der Imperialisten kippte. Er erläutert die
Auswirkungen von neuen metallenen Patronenhülsen,
rauchschwachem Pulver und von Maschinengewehren auf
die gewaltsame europäische Inbesitznahme der Territorien.
Im dritten und letzten Teil diskutiert Headrick
Veränderungen in der Kommunikationstechnologie, die
die Verbindung zwischen Kolonie und Britischem Empire vereinfachten. Er erläutert, wie die Dampf-
kraft die Transportverbindungen mit Indien von
Grund auf umwandelte Holzschiffe wurden durch
Schiffe aus Eisen ersetzt, es gab nun Schiffs-
schraube und Verbund-Dampfmaschine. Ebenfalls erläutert werden der Bau des Suez-Kanals und die Ver-
legung der Transatlantikkabel, die beide die
Verbindung zwischen den Kolonien und dem Empire
enorm erleichterten.
Headrick ist der Meinung, daß die Europäer den Menschen in den Kolonien eine Faszination für Maschi-
nen und technische Innovationen hinterließen, die
zum „eigentlichen Erbe des Imperialismus" wurde.
Das Buch ist eine materialreiche allgemeine Studie,
die zwingend dafür plädiert, daß vorgeformte Meinungen über den Imperialismus einer Prüfung unterzogen werden. Das Buch ist gut und verständlich geschrieben. Nach jedem Kapitel gibt es ausführliche

Anmerkungen zur weiteren Vertiefung der angespro-
chenen Themengebiete.
University of Vermont, Brian Cote

Schreibübung 4.1: Eine Buchbesprechung schreiben. Lesen Sie eines der
Bücher auf Ihrer Leseliste oder ein anderes für das Seminar relevantes
Werk und schreiben Sie eine Buchbesprechung von ca. 500 Wörtern.
Benutzen Sie beim Lesen und bei der inhaltlichen Analyse des Buches Ihr Seminarjournal, dadurch wird Ihnen das Schreiben der ersten Fassung leichter fallen. In der Endversion müssen unbedingt die
bibliographischen Angaben des Buches enthalten sein. Wenn Ihr
Dozent oder Ihre Dozentin Ihnen dafür keine Vorgaben gemacht
hat, richten Sie sich zum Beispiel nach den Regeln der HZ oder
übernehmen die Schreibweise der Instituts- oder Universitätsbibliothek. In den deutschsprachigen Geisteswissenschaften existieren
keine einheitlichen Regeln für die Zitierweise von Büchern und Aufsätzen. Bei Bedarf sind Informationen zu Buchpreisen im Lesesaal
Ihrer Bibliothek leicht zugänglich: Fragen Sie nach der aktuellen
Ausgabe des „Verzeichnisses Lieferbarer Bücher" (VLB) oder recherchieren Sie das Buch in den Onlinekatalogen des in- und ausländi-
schen Buchhandels. (Zur Online-Recherche s. Kapitel 6 und 7.)

Wahlweise: Wenn Sie für Ihre Buchbesprechung mehr Informationen
brauchen, als wir Ihnen hier gegeben haben, können Sie noch folgendes tun: Lesen und analysieren Sie mindestens zwei Besprechungen in verschiedenen Zeitschriften. Sie könnten sich auch Besprechungen wissenschaftlicher Bücher in einer überregionalen
Tageszeitung durchsehen und untersuchen, wie RezensentInnen mit
einem Geschichtswerk umgehen, wenn sie für ein breiteres und nicht
spezialisiertes Publikum schreiben. Oder lesen Sie eine Besprechung,
in der ein Rezensent, eine Rezensentin die Schwächen oder vielleicht
sogar Fehler eines Buches beschreibt, damit Sie sehen, wie schwer-
wiegende Mängel eines Buches zur Sprache gebracht werden. Finden
Sie heraus, was eine Sammelrezension, ein Literaturbericht bzw. ein

Forschungsbericht sind und vergleichen Sie diese Form der Rezension mit der Besprechung eines einzelnen Buches.

Nach dem Verfassen Ihrer Buchbesprechung bewertete eine Studentin die oben gegebenen Richtlinien so: „Die Vorbereitungsschritte waren wirklich nützlich; ich finde, sie stimmten auch so ziemlich mit den verschiedenen Denkphasen überein, die dann stufenweise bis zur Bewertung führten." Die Studentin schreibt auch, wie wichtig es ist, daß den Studierenden „klar vermittelt wird, was in einer Buchbesprechung verlangt wird." Diese allgemeinen Richtlinien, die Vorbereitungsschritte und die Tips für den Aufbau können für Ihre Buchbesprechung genauso nützlich werden.

2. Vorträge, Filme und Ausstellungen besprechen

An den Universitäten und in deren Umfeld gibt es immer wieder interessante Veranstaltungen, mit denen Vorlesungen und Seminardiskussionen ergänzt werden können. Wo man hinschaut, sieht man Ankündigungsplakate! Während des Semesters werden viele GeschichtprofessorInnen wichtige Gastvorträge, Filmreihen, Theaterstücke oder Ausstellungen zur Ergänzung des Seminarmaterials nutzen.

Solche Ereignisse sind ein wichtiger Teil der Lernerfahrung; deswegen wird Ihnen Ihr Professor vielleicht aufgeben, über einen Gastvortrag – zum Beispiel den von Hans Mommsen – eine Besprechung zu schreiben. Mommsen wird über die Zwangsarbeit im VW-Werk während des Nationalsozialismus sprechen. Ihr Professor für die Geschichte des Nationalsozialismus weiß, daß H. Mommsens Ansatz zu diesem wichtigen Aspekt der Geschichte der deutschen Wirtschaft im 20. Jahrhundert eine wertvolle Ergänzung zu Ihrem Seminar bedeuten kann und gibt Ihnen auf, über diesen Vortrag eine Besprechung zu schreiben. Eine andere Professorin möchte, daß der Vortrag der Historikerin Jacqueline Jones über die Geschichte der Schwarzen Frau am amerikanischen Arbeitsplatz für das Seminar rezensiert wird, damit Sie ihr Wissen über die Rolle der Arbeit für die Entwicklung der amerikanischen Familie erweitern.

Die Besprechung eines Gastvortrags will immer gut vorbereitet sein. Lesen Sie zum Beispiel etwas, was der, die Vortragende veröffentlicht hat; oder etwas, was Ihr Professor, vielleicht im Hinblick auf eine solche Besprechung, auf die Literaturliste des Seminars gesetzt hat. Machen Sie sich beim Lesen Notizen im Journal. Gibt es in den Texten schon Hinweise auf das mögliche Thema des Vortrags? Wenn Sie das Thema schon kennen, notieren Sie in Ihrem Journal alles, was Ihnen dazu einfällt. Eine solche Vorbereitung schärft Ihr Augenmerk für den Kontext der Vortragenden; und wenn der Vortrag dann schließlich stattfindet, werden Sie mehr vom Inhalt des Gehörten aufnehmen können. Probieren Sie es aus!

Machen Sie sich während des Vortrags Notizen in Ihrem Journal. Konzentrieren Sie sich dabei auf die Hauptpunkte, die oft bereits im Titel angesprochen werden. Beachten Sie auch, wie die Vortragenden das Publikum adressieren: Tonfall und Stimmpräsenz, Klarheit der Argumente; welche Medien werden bei den Beispielen verwendet: Dias, Filme oder grafische Medien? Oder gar keine?

Und wenn Sie einen Vortrag, einen Film, ein Theaterstück oder eine Ausstellung besprechen, unterhalten Sie sich hinterher so bald wie möglich mit anderen über Ihre Erfahrung, um dadurch ihre eigenen Beobachtungen und Eindrücke zu ergänzen und zu präzisieren. Machen Sie sich auch zu diesen Gesprächen Notizen, vor allem dann, wenn es Meinungsverschiedenheiten gibt. Ein derart durch Diskussionen und Notizen vertiefter Eindruck wird Ihrer Besprechung zugute kommen.

Ausstellungen von Gemälden, Zeichnungen oder Fotos können GeschichtsstudentInnen einen wichtigen Einblick in Erzählformen bieten, denn auch Bildzeugnisse erzählen eine Geschichte. Ein Beispiel: Sie besuchen im Rahmen eines Seminars in Amerikanischer Geschichte die Ausstellung „Sujets / Subjekte Schwarzer Photographie 1840–1940", die gerade im Museum gezeigt wird, und sollen über das Leben von Schwarzen in Amerika anhand eines besonderen Aspekts schreiben, den Sie aus den Fotos herauskristallisieren. Also besuchen Sie diese Ausstellung mit Ihrem Journal in der Hand und beschließen darüber zu schreiben, welche Veränderungen im Bekleidungsstil bei offiziellen Anlässen man auf den Fotos ablesen kann; ein solcher offizieller Anlaß ist zum Beispiel der Fototermin bei einem Berufsfotografen. Sie besuchen die Ausstellung ein zweites Mal und machen sich in Ihrem Journal Notizen und genauere Skizzen von Bildbelegen, die Sie zu Ihrem Thema, Veränderungen im Bekleidungsstil, gebrauchen können. Weiter unten in diesem Kapitel geben wir Tips, wie man von Bildzeugnissen aus an einen Text herangeht.

Da Zuhören und Betrachten subjektive Erfahrungen sind, deren Interpretation von den verschieden Bearbeitungsformen beeinflußt wird, können Sie auch relativ subjektive Meinungen äußern, die sich natürlich an die Zeugnisse halten müssen, die Sie vorlegen. Dabei ist es vor allem wichtig, daß Sie auch Einzelheiten präzise beschreiben, damit Sie Ihre Bewertung auf einen Kontext und genaues Anschauungsmaterial beziehen können. Ein Beispiel: Im Rahmen des Geschichtsseminars sehen Sie sich mit den anderen die American Playhouse Production von „Roanoak" an (Jan Engleson, USA 1986). In Ihrer Besprechung wollen Sie die Frage beantworten, wie in diesem Film die amerikanischen Ureinwohner dargestellt werden.

Wieder haben Sie es mit Bildzeugnissen zu tun, aber diesmal sind sie in eine Spielfilmhandlung eingebaut – in Ereignisse innerhalb eines Plots. Versuchen Sie etwas über die Produktion dieses Films zu erfahren, bevor Sie ihn sehen. Wo wurde der Film gedreht? Wie wurden die Rollen der amerikanischen Ureinwohner besetzt? Auf welchen Stamm der amerikanischen Ureinwohner trafen die Elisabethaner in dem Gebiet des heutigen North Carolina? Noch einmal: Durch Fragen finden Sie heraus, was Sie schon wissen und was Sie für Ihren Text noch in Erfahrung bringen müssen.

Sie sind jetzt also mit einigem Hintergrundmaterial ausgerüstet und können während der Filmvorführung auf Besonderheiten in der Kleidung, in den Gebräuchen und in den Gesten achten und sich alles notieren. Meistens ist es während der Vorführung zu dunkel zum Schreiben. Also werden Sie nach der Vorstellung so bald wie möglich eine längere Journaleintragung machen. Zusammen mit dem zuvor erarbeiteten Hintergrundwissen und Ihren Filmnotizen sollte die Eintragung Ihnen genug Stoff liefern, einen fundierten Text darüber zu schreiben, wie die Ureinwohner Amerikas in „Roanoak" dargestellt werden.

3. Schreiben auf der Grundlage von Primärquellen

Am 13. Dezember 1864 beschrieb Mrs. Mary Mallard aus Georgia, wie
ihre Mutter auf die schlechte Behandlung reagierte, die sie und Ihre Familie im Amerikanischen Bürgerkrieg von „Kilpatrick's Cavalry", die zu
den Unionstruppen der Nordstaaten gehörte, erfahren mußten.

> „Sie sagte ihnen, daß sie ihr alles wegnahmen, was ihr zum Lebensunterhalt
> für ihre Tochter, fünf kleine Kinder, einen Freund der Familie und für sich
> selbst noch blieb. Aber ihre Stimme ging fast völlig unter; und die, die sie hör-
> ten, lachten nur und sagten, sie würden uns einen Sack übriglassen, damit wir
> nicht verhungerten. Aber dann ließen sie nur ein bißchen Reis da, den sie so-
> wieso nicht wollten und verschütteten noch fast ein Pfund Mehl auf dem
> Fußboden; und dann wieder sagten sie, daß wir verhungern sollten."
> (aus: Robert Manson Myers, Hrsg.: The Children of Pride. New Haven: Yale
> University Press, 1972, S. 1227.)

Mary Mallards Beschreibung der Szene, wie Kilpatricks Kavallerie ihre
Familie behandelte, läßt uns hautnah spüren, was Frauen und Kinder in
den letzten Tagen des Amerikanischen Bürgerkriegs in Georgia durchzu-
machen hatten. Dieser Augenzeugenbericht zeigt dramatischer als jedes
Lehrbuchkapitel, wie sich die Union Army durch die ländlichen Gebiete
der besiegten Südstaaten vorwärtsbewegte und welche Folgen das für die
Bevölkerung hatte.

Primärquellen – also zum Beispiel Alltagsgegenstände, Dokumente
und Menschen – ergeben für Historiker und Historikerinnen einzigarti-
ges Material. Wenn Sie Ihr Schreiben beim Umgang mit Primärquellen
wie Gebäuden, Statuen, alten Büchern, Dokumenten und Menschen
entwickeln, wird sich das als unschätzbare Erfahrung für Ihre ausführli-
cheren Forschungen später im Geschichtsstudium erweisen. Aber vor allem macht es Spaß und kann auch sehr aufregend sein, Ihre eigenen Beobachtungen und Beurteilungen beim Sammeln und Entwickeln von
Material direkt einfließen zu lassen. Diese Quellen machen den Reichtum der Kulturgeschichte, der Sozialgeschichte und der „oral history" aus
– das sind wichtige Gebiete innerhalb der Geschichtswissenschaften mit

vielseitigen Anwendungsmöglichkeiten für alles, was Sie später beruflich einmal vorhaben. Wir stellen Primärquellen in zwei Abschnitten vor: Geschichte schreiben anhand der Objekte einer Kultur und Geschichte schreiben anhand von Orten und Menschen.

Geschichte anhand der Objekte einer Kultur

In den Sammlungen an der Universität oder in historischen Museen befinden sich Ausstellungsstücke, die uns umfassend informieren, wie Menschen in der Vergangenheit gelebt haben. Um die Erfahrung zu machen, die Geschichte in einem Objekt ganz aus der Nähe zu untersuchen, müssen Sie nicht unbedingt in Städten wie Wien, Berlin oder Paris mit ihren zahllosen historisch orientierten Museen studieren. Alle Städte und viele kleinere Orte pflegen ihre eigenen historischen Sammlungen. Sie finden dort frühe Fotografien, Kleidungsstücke, fünfhundert Jahre alte Getreidekörner, Stadtchroniken und andere Dokumente, die die Vergangenheit aufzeichnen. Universitätssammlungen enthalten oft eine Vielfalt verschiedenster Kunstwerke und Gegenstände aus vielerlei Kulturen dieser Erde. Wenn wir diese Objekte untersuchen, lassen wir ihren ursprünglichen Kontext und Gebrauch wiedererstehen, um so vielleicht zu intelligenten und kompetenten Ableitungen zu kommen, was sie uns über die Vergangenheit aufdecken.

Die Interpretation von Sachquellen. Wenn wir Geschichte anhand der Objekte einer Kultur lernen, kommen wir mit historischen Zeugnissen in direkten Kontakt und haben die Gelegenheit zur selbständigen Interpretation, vorausgesetzt, wir gehen dabei sorgfältig vor. Wieder sind es Fragen, die uns über genaue Beobachtungen und die so gewonnene Information zu einer Interpretation führen. Fragen bringen die versteckte Geschichte der Objekte zum Vorschein.

Ein amerikanischer Geschichtsprofessor besuchte zum Beispiel mit seinem Seminar das Shelburne Museum in Vermont, das auf amerikanische Sachquellen des 19. Jahrhunderts spezialisiert ist. Auf dieser Exkursion untersuchte er mit den Studierenden Objekte, die in der ersten Hälfte des

19. Jahrhunderts gefertigt worden waren. Um zu einer detaillierten Beschreibung von Objekten wie Quilts (Steppdecken) und Wetterfahnen zu kommen, benutzte er die Fragen, die gleich folgen. Diese Fragen sind nützlich, wenn Sie ein Museum besuchen, ein Objekt auswählen, sich detaillierte Notizen machen und eine Skizze ihres Objekts zeichnen.

1. Wie unterscheidet sich das Objekt von anderen Objekten, die ihm ähnlich sind?
2. Erinnert es Sie an andere Objekte, mit denen Sie vertraut sind? Warum? Wie?
3. Wie groß ist es? Welche Farbe(n) hat es? Aus welchem Material besteht es, ist es gefertigt? Was ist / sind seine Textur / en?
4. Von welchem Blickpunkt aus können Sie das Objekt anschauen, untersuchen?
5. Ist das Objekt aus Teilen zusammengesetzt? Wie funktionieren sie zusammen? Wie sind sie zusammengesetzt oder montiert? Wie können Sie das beurteilen?
6. Zu welcher Kategorie oder Struktur (Klasse oder Serie von Objekten) gehört das Objekt?
7. Wurde es mit der Hand oder maschinell gefertigt? Wie können Sie das beurteilen?
8. Wer benötigte, benutzte oder zeigte dieses Objekt? Zu welchem Zweck?

Jetzt sollten Sie weitere Fragen zu dem von Ihnen ausgewählten Objekt entwickeln. Meistens stellen Museen ihre Objekte mit kurzen erklärenden Texten aus oder integrieren sie in eine didaktisch aufbereitete Ausstellung zu einem bestimmten Thema. Auch das wissenschaftliche Museumspersonal ist eine wertvolle Quelle für weiterführende Informationen. Nutzen Sie alles, was Ihnen das Museum an zusätzlicher Information anbietet – etwa eine Postkarte mit einer Abbildung ihres Objekts aus dem Museumsshop.

Hier folgen nun Beschreibung und Interpretation eines „cigar store Indian" (einer Reklame-Holzfigur), die im Shelburne Museum in Vermont ausgestellt ist. Der Student David Jamieson schreibt:

Jim Crow-Tänzer

In der Sammlung des Shelburne Museums von „cigar store Indian-Figuren" aus dem 19. Jahrhundert befindet sich auch die Holzfigur eines schwarzen Holzschuhtänzers. Die Figur ist mit Podest beachtliche 1,85 m hoch. Es handelt sich um die lebensgroße Darstellung des Holzschuhtänzers T. D. Rice, der um die Mitte des 19. Jahrhunderts lebte. Mr. Rice fertigte diese karikaturistische Darstellung eines schwarzen Holzschuhtänzers 1835 an; außer den für die Zeit üblichen rassistischen Stereotypen weist diese Figur wenige Qualitäten auf.

Der erste Widerspruch, der in der Darstellung des Tänzers auffällt, ist der Kontrast, in dem die schwarze Gesichtsfarbe zu seinen sehr typisch weißen Gesichtszügen steht. Die Nase des Tänzers ist lang und schmal; seine Lippen, die ebenfalls schmal und unnatürlich rosa sind, öffnen sich zu einem breiten Grinsen. Unter dem Bowler kommt lockiges, schwarzes Haar hervor (wobei es so aussieht, als ob bei den Locken mit Politur nachgeholfen wurde); auch das Haar deutet darauf hin, daß der Tänzer ein Weißer in „blackface" ist.

Der Tänzer trägt ein rotes Jackett mit goldenen Tressen an den Handgelenken. Unter der Weste wird sein weißes Hemd am Hals von einem wallenden blau-weißgestreiften Schal zusammengehalten. Die linke Hand des Tänzers liegt auf der Hüfte, die rechte hält er über dem Kopf; die Finger sind ausgestreckt. Die untere Körperhälfte ist mit schwarzen Kniehosen bekleidet, die auf weiße Stulpen treffen. Die Hosen werden am Kniebund mit goldenen Knöpfen geschlossen. An den Füßen trägt er schwarze Clogs, die sich vorne aufzulösen beginnen, so daß man bei beiden Schuhen

die Fußzehen sehen kann. Die Füße sind auf dem Boden, aber der linke Fuß steht einen Schritt vor dem
anderen und berührt den Boden nur mit dem Absatz.
Während der ersten Hälfte des 19. Jahrhunderts
gehörten Schwarze in Amerika fast ausschließlich
zur Schicht der Landarbeiter. Abgesehen davon, daß
Schwarze auf der Plantage ihre angeblich angeborene
Rolle als unbekümmert-lustige Wassermelonenesser
spielen durften, ein Etikett, das ihnen die herr-
schende weiße Klasse angeheftet hatte, untersagte
eine strikte Aufteilung in soziale Schichten, daß
Schwarze einen Beruf ausüben konnten, der etwas mit
dem Show-Gewerbe zu tun hatte. Die Holzfigur wurde
aber als Reklame für Mr. Rices' Wandershow benutzt
und man versteht jetzt besser, warum der Tänzer in
„blackface" zu sehen ist.
Dem Tänzer wurde der Name Jim Crow zugelegt, das
ist eine Bezeichnung für die Rassendiskriminie-
rungspolitik, die die amerikanische Regierung noch
bis in die 50er Jahre der schwarzen Bevölkerung gegenüber vertrat. Das historische Umfeld, in der die
„Jim Crow Tänzer-Figur" steht, läßt auf eine
schwierige Zeit für die schwarze Bevölkerung Amerikas schließen. Der Tänzer erinnert aber auch an den
wichtigen Einfluß, den schwarze AmerikanerInnen auf
die Kultur und die nationale Identität Amerikas
ausgeübt haben. Mr. Rice war einer der vielen
Weißen, die mit Shows, in denen die Darsteller ihre
Gesichter schwarz schminkten, quer durch die Vereinigten Staaten und Europa reisten. Das war zwar
überwiegend eine rassistische Praxis, aber es gab
auch viele „Ministrels" – so hießen diese Per-
former –, die das Tanzen von Schwarzen für eine
Kunst hielten und sie mit Würde darstellten.

In diesem Aufsatz konzentrierte der Student David Jamieson seine interpretierende Beschreibung auf das aufschlußreichste Detail der Figur: die weißen Gesichtszüge des Tänzers in Verbindung mit der schwarzen Gesichtsfarbe. Dieses Detail gibt dem ganzen Text seinen strukturierenden Schwerpunkt und macht es dem Autor möglich, Schlußfolgerungen über die gesellschaftlichen und politischen Implikationen der Figur „Jim Crow Dancer" zu ziehen.

Schreibübung 4.2: Eine Sachquelle beschreiben. Besuchen sie eine historische Sammlung oder ein Museum, wo Sachquellen ausgestellt werden, die etwas mit Ihrem Geschichtsseminar zu tun haben. Wählen Sie eine Sachquelle aus, die Sie besonders interessiert. Benutzen Sie die genannten Fragen und schreiben Sie die Informationen, die Sie auf diese Weise im Museum gewinnen, in Ihr Journal. Fügen Sie Zeichnungen bei (oder wenn erlaubt: Fotos; denken Sie daran, daß Sie zum Schutz der Ausstellungsobjekte in der Regel ohne Blitzlicht arbeiten müssen). Untersuchen Sie das Objekt aus so vielen verschiedenen Blickwinkeln wie nur möglich. Stellen Sie dem wissenschaftlichen Museumspersonal Fragen. Beschreiben Sie alle physischen Eigenschaften des Objekts. Schreiben Sie so bald wie möglich eine zusammenfassende Journaleintragung, um noch mehr Stoff zu bekommen; gibt es ein besonders interessantes Detail, das in Ihrer Journaleintragung auffällt? Oder gibt es Detailgruppen, aus denen Sie Schlußfolgerungen ableiten könnten? Mit dem Stoff, den Sie so im Journal gesammelt haben, sollten Sie dann eine erste genaue Beschreibung des Objekts verfassen. Überarbeiten und redigieren Sie Ihren Text, bis die Lesenden das Objekt förmlich vor Augen haben und den kleinen Teil der Vergangenheit verstehen, der durch dieses Objekt zum Vorschein gebracht wurde.

Geschichte anhand von Dokumenten und Texten

Ein Dozent gab seinen Studenten und Studentinnen die Aufgabe, eine kurze wissenschaftliche Arbeit zu schreiben, für die sie in die Bibliothek gehen und eine schriftliche Primärquelle der amerikanischen Geschichte aus der ersten Hälfte des 19. Jahrhunderts auswählen mußten. Die Studierenden konnten aus folgenden Dokumenten des 19. Jahrhunderts wählen: Tagebücher, Briefe, Journale, Autobiographien, Memoiren, Kochbücher und Reden. Die Historikerin Barbara Tuchman nennt solche Quellen „den Rohstoff der Geschichte".

Wieder versorgte der Professor die Studierenden mit Fragen, damit sie mit Ihrer Stoffsammlung anfangen konnten. Richtig zu fragen, gehört zum Geschichte lernen und Geschichte schreiben dazu. Die folgenden Fragen beziehen sich auf die Interpretation und Analyse eines Dokuments oder eines Primärtexts.

1. In welchem physischen Zustand ist dieses Dokument oder dieser Text (wenn es sich um ein Original handelt)? Ist es eine Erstausgabe, ein Nachdruck oder Teil einer späteren Sammlung?
2. Was ist das Publikationsdatum? Schreibt der Autor, die Autorin über die Gegenwart oder über eine Erfahrung in der Vergangenheit?
3. Hat der Autor, die Autorin die Information aus erster Hand? Ist es ein Augenzeugenbericht? Wie können Sie das beurteilen?
4. Für welche Zielgruppe schreibt der Autor, die Autorin? Wie können Sie das beurteilen? Wurde das Dokument mündlich übermittelt? An wen? Bei welcher Gelegenheit?
5. Welche Beziehung hat der Autor, die Autorin zu seinem oder ihrem Material? Welche Haltung nimmt er oder sie ein? Welche Hinweise können Sie finden?
6. Warum bewahrt die Bibliothek dieses Dokument oder diesen Text auf und warum macht sie das Dokument, den Text zugänglich? Für wen ist dieses Dokument heute interessant oder wichtig? Warum?

Das sind eher allgemeine Fragen, die aber immer gestellt werden können und sollen. Daneben bieten sich speziellere Fragestellungen an, die davon abhängen, ob Sie es mit einem Papyrus, einer Pergamenturkunde, einem Aktenschriftstück des 18. Jahrhunderts oder einem steiermärkischen Kalender für das Jahr 1900 zu tun haben. Anregungen zu spezielleren Frageformulierungen finden Sie zum Beispiel in dem Studienbuch „Grundlagen des Studiums der Geschichte. Eine Einführung", verfaßt von Egon Boshof, Kurt Düwell und Hans Kloft (Köln u. a.: Böhlau, 4. überarbeitete Auflage, 1994).

Stellen Sie jetzt Fragen zu dem von Ihnen ausgewählten Dokument oder Text. Sie fragen und finden Anworten, die so gewonnenen Informationen helfen Ihnen vielleicht, eine These auszubauen und zu vertiefen. Wieder interpretieren und analysieren Sie historische Zeugnisse.

Der Student David Jamieson entschied sich für die Interpretation eines Textes aus einer Sammlung von Lebensschilderungen von Sklaven. Er beantwortete die oben aufgelisteten Fragen in seinem Journal und informierte sich in Nachschlagewerken wie Enzyklopädien und „The Dictionary of American Biography". Wir bringen einen Ausschnitt aus dieser Arbeit.

In seinem einleitenden Absatz verbindet David Jamieson Frederick Douglass' Kampf um seine Identität mit Amerikas eigenem Kampf um eine nationale Identität.

```
Die Identität von Frederick Douglass.
„In eine freie Gesellschaft hineingeboren zu werden
und nicht frei zu sein, heißt, in eine Lüge hinein-
geboren zu werden. Von Mitbürgern und Mitchristen
gesagt zu bekommen, daß Du gar nichts bedeutest und
ohne Geschichte seist, daß Du nie etwas getan hät-
test, was menschliche Anerkennung verdienen würde,
zerstört Dich, weil Du am Anfang darauf hörst und
es glaubst."
(Quelle: Interview with James Baldwin During the
Summer of 1966. (Interview mit James Baldwin im
Sommer 1966), in: Black Voices. New York: New Ame-
rican Library, 1968, S  665.)
Im frühen 19. Jahrhundert war Amerika eine junge
Nation mit ungeklärter Identität. Es gab damals in
```

Amerika noch die Sklaverei, die „besondere Einrichtung", die mit Menschen Viehhandel betrieb und sie so ihrer Identität beraubte. In dieser Zeit waren nur wenige Verleger bereit, Texte schwarzer Amerikaner zur Publikation anzunehmen. Der Großteil dieser Texte erschien in der Form der Lebensschilderungen von Sklaven. „Narrative of the Life of Frederick Douglass. An American Slave" (Die Schilderung des Lebens von Frederick Douglass. Ein amerikanischer Sklave) wurde 1845 von der Anti-Sklavereigesellschaft des Staates Massachusetts in Boston herausgegeben. Ein Ausschnitt dieser Schilderung ist Teil einer Textsammlung mit dem Titel „Black Voices: An Anthology of Afro American Literature" (Schwarze Stimmen: Eine Anthologie Afro-Amerikanischer Literatur), die 1968 als Mentor-Taschenbuch herauskam. Durch seine schwere Kindheit fühlte sich Frederick Douglass dazu gezwungen, sich selbst eine Identität zu schaffen, die ihn dann so stark prägte, daß er sich später dafür einsetzte, daß schwarze Amerikaner denselben Schutz der Verfassung genießen sollten wie ihre weißen Landsleute.

Die Arbeit wird anhand von Textbelegen entwickelt: „Douglass' Herkunft blieb ungeklärt, und um das Fehlen eines Elternhauses auszugleichen, fühlte er das starke Bedürfnis, eine eigene Identität für sich zu schaffen." David Jamieson zitiert Passagen aus Douglass' Buch, die die These von seiner Identitätssuche belegen, so daß wir seine wachsende innere Stärke intensiv mitverfolgen können „Er war geradezu davon besessen, lesen und schreiben zu lernen". Der größte Teil der Arbeit zeigt, wie Douglass, nachdem er tatsächlich lesen und schreiben gelernt hatte, sich dadurch auch innerlich befreien konnte, und wie das Verlangen in ihm wuchs, in einer freien Gesellschaft für seine Individualität und seine

Fähigkeiten volle Anerkennung zu finden. Der letzte Absatz faßt diese
Gedanken zusammen:

Frederick Douglass verbrachte den Rest seines Lebens damit, öffentlich gegen Ungerechtigkeiten in
seinem geliebten Amerika die Stimme zu erheben. Die
Vereinigten Staaten haben Menschen aus der ganzen
Welt angezogen, auch das ist einer der Gründe,
warum dieses Land zu der beeindruckenden Weltmacht
von heute geworden ist. Die Versklavung der
schwarzen Bevölkerung gab Amerika einen Spiegel in
die Hand, in dem es sich selbstkritisch betrachten
konnte. Aber erst als Amerika sich für eine nationale Identität entschieden hatte, konnten seine
Bürger und Bürgerinnen mit Selbstsicherheit in den
Spiegel schauen. Frederick Douglass' humanitäre
Überzeugungen trugen dazu bei, dieses Amerika zu
formen und waren eine Quelle der Inspiration für
eine neue Generation von freien Schwarzen. Der
Kampf gegen die Sklaverei, den Douglass mit anderen
führte, hat den Schwarzen die Möglichkeit eröffnet,
an der amerikanischen Gesellschaft teilzuhaben.

Der Schluß der Arbeit ist erfüllt von Frederick Douglass' Leistungen und
von den Leistungen einer jungen Nation. Der angehende amerikanische
Historiker hat seine Analyse nach amerikanischen Maßstäben wirkungsvoll zu Ende geführt. Man könnte aber auch andere Maßstäbe anlegen
und von dem Studenten mehr kritische Distanz gegenüber den „Leistungen der jungen Nation" verlangen. Den richtigen Weg zwischen notwen-
digem Einfühlungsvermögen einerseits und kritischer Distanz zum unter-
suchten Thema andererseits zu finden, gehört sicher zu den schwierigen
Teilen des Geschichte Schreibens.

Schreibübung 4.3: Sie analysieren ein Dokument. Wählen Sie ein
Dokument aus der Periode, die in Ihrem Geschichtsseminar behandelt wird, und eines, das sich auf das Objekt bezieht, das Sie in der
Schreibübung 4.2. beschrieben haben. Arbeiten Sie in Ihrem Journal
und benutzen Sie wieder Fragen, um beim Lesen und Untersuchen
so viel Aufschluß wie nur möglich über das Dokument zu gewinnen;
schreiben Sie eine Eintragung, in der Sie eine Leitidee entwickeln,
vergleichbar etwa der These, die David Jamieson vertritt, daß die
Lebensschilderungen der Sklaven eng mit Amerikas Streben nach nationaler Identität zusammenhingen. Lesen Sie Texte von Ihrer Literaturliste und konsultieren Sie alle möglichen Nachschlagewerke in
der Bibliothek, damit Sie noch zusätzliches Material für den Kontext
bekommen. Um zu überprüfen, wie der Text funktioniert, geben Sie
ihn dann anderen SeminarteilnehmerInnen zu lesen; überarbeiten
und redigieren Sie den Text so lange, bis Sie zufrieden sind und
das Gefühl haben, eine Beziehung zwischen dem Dokument und der
historischen Epoche, aus der es stammt, aufgezeigt zu haben.

Geschichte anhand des Ortes: Schauplatz und Gebäude

Wir werden uns der Bedeutung und des Einflusses von Umwelt und Ort
auf unsere Lebensqualität immer bewußter, und wir werden auch immer
empfänglicher für die geschichtliche Bedeutung von Orten und Gebäuden, in denen wir über unsere Vergangenheit fast so lesen können, wie in
einem literarischen Text. Auf lokaler und bundesstaatlicher Ebene nehmen immer mehr historische Gesellschaften ihre Arbeit auf und immer
häufiger werden Gebäude, sowohl private wie öffentliche, oder ganze Gemeinden zu Kulturdenkmälern erklärt. All das hat uns bewußter werden
lassen, daß Geschichte Teil unseres täglichen Lebens ist. Jetzt, da Aus-
landsstudium oder wenigstens Auslandsreisen selbstverständlich sind, ergeben sich auch mehr Gelegenheiten, Schauplätze und Gebäude „lesen"
zu lernen, die über das, was in heimischen Geschichtsseminaren bereits
angeboten wird, hinausgehen.
    Um dieses „Lesen" in die Praxis umzusetzen, sollten Sie im Univer-

sitätsviertel oder auf dem Campus ein Gebäude aussuchen. Einige neuere Universitäten sind das Resultat einheitlicher Planung oder Bebauung, die meisten aber sind über einen längeren Zeitraum, Stück für Stück, entstanden. Oder Sie wählen in der unmittelbaren Umgebung einen Schauplatz aus, der aus irgendeinem Grund wichtig ist – der Ort zum Beispiel, an dem eine Schlacht in den Türkenkriegen oder im Dreißigjährigen Krieg stattgefunden hat, die älteste Mühle in Ihrer Umgebung oder ihrem Bundesland, der Geburtsort einer wichtigen Persönlichkeit.

Die folgenden Richtlinien schlagen wieder vor, wie man an Informationen über einen Schauplatz oder ein Gebäude gelangen kann, um über sie zu schreiben:

1. Bevor Sie den Ort aufsuchen, schreiben Sie auf, was Sie möglicherweise bereits über ihn von einem früheren Besuch oder aus einer Sekundärquelle wissen. Nehmen wir an, daß Sie in Wien wohnen und den Kahlenberg bearbeiten wollen, der 1683 Schauplatz einer entscheidenden Schlacht zwischen dem Heiligen Römischen Reich deutscher Nation und dem Osmanischen Reich war. Da der Kahlenberg als Ausflugziel sehr beliebt ist, kennen Sie ihn gut und können ihn in Ihrem Journal beschreiben.

2. Begeben Sie sich dann an den Ort selbst und machen Sie Bekanntschaft mit ihm – oder erneuern Sie eine alte Bekanntschaft. Suchen Sie sich, noch bevor Sie die historischen Erklärungen vor Ort oder den Reiseführer lesen, einen bequemen Aussichtspunkt. Schauen Sie sich um und nehmen Sie alles auf, was Sie sehen, hören, riechen oder fühlen. Wechseln Sie dann den Standort und registrieren Sie weiter, was sie von den verschiedenen Punkten aus beobachten. Sie befinden sich also auf dem Kahlenberg. Notieren Sie, wie der Ort heute aussieht, mit Ausflüglern aus Wien und Touristen aus der Slowakei, Eltern, die Kinderwagen anschieben, mit alten Herren, die nach Bier und Würstchen Ausschau halten, ein heruntergekommenes, geschlossenes Hotel, ein großer Parkplatz und die Haltestelle der Linienbusse. Schreiben Sie auch auf, was den Kahlenberg heute noch als historischen Schauplatz ausweist – Bauten, Denkmäler, Hinweisschilder, Fernrohre mit Erläuterungstafeln.

3. Gehen Sie dann in eine wissenschaftliche Bibliothek, zum Beispiel die Nationalbibliothek, um zusätzliche Informationen über den Schauplatz zu suchen. Oft finden Sie solche Informationen in Spezialsammlungen von Büchern oder Dokumenten oder in Grafischen Sammlungen der Kunstmuseen und der Bibliotheken. Vielleicht stoßen Sie auf einen Kupferstich, der Ihnen einen so lebhaften Eindruck vermittelt, als ob Sie bei der Schlacht dabei gewesen wären.

4. Nach Ihren Notizen vor Ort und Ihrer Recherche in der Bibliothek oder in einer Sammlung beschreiben Sie den Ort jetzt aus der Perspektive eines Menschen, der zur Zeit des historischen Ereignisses gelebt hat. Wenn Sie zum Beispiel den Kahlenberg als Schauplatz der Schlacht von 1683 beschreiben, wählen Sie vielleicht die Perspektive eines reichischen oder osmanischen Offiziers, der an der Schlacht teilgenommen hat. Sie versuchen sich so in die Gedanken und in die Zeit einer anderen Person hineinzuversetzen – eine mentale Gymnastik, die Historikern und Historikerinnen oft sehr gut tut.

5. Benutzen Sie die Notizen, die Sie sich aus all den verschiedenen Quellen gemacht haben, sowie Ihre Beobachtungen und beschreiben Sie jetzt, was an diesem Ort passiert ist; berücksichtigen Sie dabei das Ereignis in seiner lokalen Bedeutung für Wien und in seiner Bedeutung für die Geschichte des Heiligen Römischen Reiches. Achten Sie darauf, daß Sie Ihre Quellen genau angeben, auch den Ort und die Zeit ihrer Beobachtungen.

Schreibübung 4.4: Über ein Gebäude schreiben. Gehen Sie zu dem Universitätsgebäude, das Ihnen am besten gefällt; nutzen Sie die obigen Vorschläge und finden Sie mit Ihrem Journal in der Hand so viel wie möglich über das Gebäude heraus; beschreiben Sie das Gebäude genau. Sieht es noch so aus wie früher? Ist seine Nutzung dieselbe geblieben? Gibt es Wissenswertes über seine Gestaltung, seinen Architekten, die Umstände seiner Errichtung? Gibt es im Universitätsarchiv irgendwelche Dokumente zu diesem Gebäude? Kennen Sie eine Person, deren Expertenwissen Sie in einem Gespräch oder in einem Interview anzapfen könnten? Sind noch Restbestände der Originaleinrichtung vorhanden? Was kann man aus ihnen ersehen? Schreiben Sie einen Text, in dem Sie das Gebäude als Teil der Universitätsgeschichte vorstellen – von seiner Erbauung bis zu seiner heutigen äußeren Erscheinung und Nutzung. Vielleicht sollten Sie beim Schreiben an die AbsolventInnen der Universität denken und den Text für eine Publikation der „Ehemaligen" zur Verfügung stellen.

Geschichte mit Hilfe von Menschen: „oral history"

Je näher wir in unseren Geschichtsstudien unserem eigenen Jahrhundert kommen, desto wahrscheinlicher wird es, daß der Historiker, die Historikerin Menschen als Ressourcen benutzen kann. Menschen liefern oft Informationen, die in schriftlichen Dokumenten oder Texten nicht enthalten sind, weil Geschichte von einfachen Menschen gemacht und gelebt wird, deren Namen oder Gesichter nie in Büchern oder Filmen vorkommen würden. Überall kann über eine Art von Primärquelle verfügt werden, die die HistorikerInnen „oral history" (mündlich überlieferte und durch Befragung lebender Personen erforschte Geschichte) nennen. Die „Federal Writer's Projects" aus den 30er Jahren in den USA sind zum Beispiel solche oral history-Quellen, wobei das interessanteste Einzelprojekt dieser Zusammenstellung vielleicht die von 1936 bis 1938 gesammelten „Slave Narratives" sind (die Lebensschilderungen von Sklaven) – trotz einiger Kontroversen bei ihrer Interpretation. Seitdem wurden mit der oral history-Methode das Leben jüdischer Frauen und Männer, die den Holocaust überlebt haben, die Erfahrungen schwarzer Soldaten in Vietnam und vieles andere mehr aufgezeichnet. Diese Aufzeichnungen vermitteln das, was in Lehrbüchern oft ausgelassen wird – persönliche Erfahrungen und Sichtweisen.

„Oral history", die auf der Grundlage sorgfältiger Interview-Techniken und äußerster Detailgenauigkeit ‚entsteht', wird meistens in schriftlicher Form wiedergegeben; manchmal bleibt sie aber auch in der mündlichen Form – wie zum Beispiel bei den von Alan Lomax aufgezeichneten Tonband-Interviews mit Jelly Roll Morton: man hört, wie Jelly Roll am Klavier seine Musik spielt, während er über seine Anfänge in New Orleans erzählt. Es gibt zwei schriftliche Formen der „oral history": Bei der einen werden die Schilderungen von mehreren Personen oder die Schilderung einer Einzelperson mit minimalen Einmischungen von seiten des Interviewers, der Interviewerin wiedergegeben, wie etwa in „All God's Dangers: The Life of Nate Shaw" von Theodore Rosengarten oder in Studs Terkels „Working"; in diesen beiden Werken dominieren und kontrollieren die Stimmen mehrerer Personen oder die Stimme einer Person die einzelnen Erzählungen. Oft werden aber oral history-Berichte, sorgfältig zitiert und dokumentiert, in einen größeren Rahmen eingebettet, wie in „World Of Our Fathers: The Journey of the East European Jews to America and the Life They Found and Made" von Irwing Howe. Durch Howes gesamte Studie ziehen sich Anmerkungen mit Verweisen wie: „aus Gesprächen mit …", „in einem Interview mit …" Da Nate Shaw uns so anschaulich vom Leben der schwarzen Kleinpächter im Süden der Vereinigten Staaten erzählen konnte und weil Terkels Arbeiter so ungeschminkt die mühseligen Arbeitsbedingungen und die miserable Bezahlung schilderten, lassen diese Autoren die Leute ihre eigenen Geschichten im Rhythmus ihrer Umgangssprache erzählen. Rosengarten sagt über Nate Shaw: „seine Geschichten gehören zur Erzähltradition der Farmer." (farmer-storyteller) Diese und ähnliche Bücher erzählen die Lebensgeschichte von Menschen, die normalerweise selbst nichts schriftlich festhalten. Menschen wie Nate Shaw in Alabama oder ältere amerikanische Juden aus Osteuropa in New York sind das, was Rosengarten „eine nationale Ressource" nennt.

Wenn Sie jetzt ihrem historischen Impuls nicht länger widerstehen können, die Ressourcen einer solchen Person auszuschöpfen, sind hier einige Richtlinien für Interviews, mit denen Sie präzises und brauchbares Material sammeln können:

– Verabreden Sie mit dem Menschen, den Sie interviewen wollen, rechtzeitig einen Termin – mindestens eine Woche im voraus. Erklären Sie am Telefon oder in einem Brief sehr genau, wer Sie sind und um was es in Ihrem Projekt geht. Für Ihr Geschichtsseminar mit dem Thema: „Die deutschen Schwulenbewegungen nach dem Zweiten Weltkrieg" führen Sie zum Beispiel ein Projekt durch, in dem Sie sich mit Männern beschäftigen, die in München nach 1968 eine Schwulenbewegung aufzubauen versuchten. Ein ehemaliger Student Ihrer Universität war daran direkt beteiligt gewesen, über den ASTA der Uni ist sein Name präsent geblieben. Dieser Mann könnte also viel über seine eigenen Erfahrungen und die anderer Männer zu erzählen haben. Wenn Sie ihrem Interviewpartner die Themen, zu denen Sie Ihre Fragen stellen werden, genau angeben, ist es wahrscheinlicher, daß er die betreffenden Informationen in der verabredeten Sitzung für Sie parat hat. Sollten Sie das Interview zusätzlich zu Ihren schriftlichen Aufzeichnungen mit dem Tonband aufnehmen wollen, bitten Sie schon beim ersten Telefonat um die Erlaubnis dazu. Wenn diese Dinge im voraus verabredet werden, ist das sowohl höflich wie professionell.

– Bereiten Sie eine Startliste mit fünf oder sechs Fragen vor, um sicherzustellen, daß Sie bestimmte wichtige Informationen auf jeden Fall bekommen werden. So werden Sie auf jeden Fall Ihr Interview mit der nötigen Energie zu beginnen wissen. Die meisten Menschen erzählen gern von sich und sprechen, wenn sich die Gelegenheit dazu bietet, ungezwungen über ihre Lebensgeschichte. Sagen Sie selbst so wenig wie möglich, außer wenn Sie mehr Details oder über ein einzelnes Detail genauere Informationen brauchen. Sollte die von Ihnen interviewte Person Sie darum bitten, daß eine bestimmte Information nicht aufgezeichnet wird, werden Sie diesem Wunsch selbstverständlich entsprechen.

– Achten Sie während des Interviews darauf, ob Sie genaue Informationen erhalten. Bitten Sie gegebenenfalls um einen zweiten Termin, wenn Sie nicht alles erfahren haben, was Sie brauchen. Geben Sie der Person, die Sie befragen, eine Fassung Ihrer Arbeit zu lesen. Er oder sie kann sich dann möglicherweise noch an andere Dinge erinnern, um Lücken in Ihrem Text aufzufüllen.

Hier sind einige Beispiele von möglichen Startfragen, die sich auf die Münchner Schwulenbewegung beziehen und die der Münchner Student Florian Mildenberger ehemaligen und gegenwärtigen Aktivisten der Bewegung stellte:

- Wann bist Du / sind Sie nach München gekommen und wann zur Schwulenbewegung?
- Was gab es damals an Schwulenbewegung in München?
- Welche Rolle spielten Studenten?
- Was war die HAG (Homosexuelle Aktionsgemeinschaft), welche Aktionen führte sie durch?
- Wie war das Verhältnis der Schwulenbewegung zur schwulen Subkultur?
- Was war die „Teestube", welchen Zweck erfüllte sie?

Beachten Sie, wie genau die Fragen für dieses Interview vorbereitet wurden.

Einige dieser Techniken sind auch anwendbar, wenn man es mit historischen Persönlichkeiten zu tun hat, also nicht nur, wenn man über noch lebende Menschen schreibt. Nehmen wir an, Sie sollen eine Arbeit über einen Aspekt aus Martin Luthers Leben schreiben und zeigen, wie dieser Aspekt, dieses Ereignis oder diese Beziehung die Leistungen Luthers als wichtigsten Führer der Reformation beeinflußt haben. Die Studentin Eva-Marie Goy hatte als einen solchen Aspekt Luthers Entschluß, Mönch zu werden, ausgewählt (vgl. Kapitel 3). Sie könnten nun zum Beispiel Luthers Ansichten zum Familienleben auswählen und zeigen, wie sie Luthers Vorstellungen über die Reformation beeinflußten. Stellen Sie Ihre Fragen so, als ob Sie Luther selbst interviewen würden. Beschränken Sie sich dabei auf Fragen, die sie aufgrund der Informationen aus einer Biographie oder einem Lehrbuch entwickeln konnten. Natürlich beruht ein solcher biographischer Aufsatz nicht wirklich auf einer Primärquelle.

Schreibübung 4.5: Über einen Menschen mit der oral history-Methode schreiben. Die Aufgabe ist, einen älteren Menschen zu einem historischen Ereignis zu befragen, das er oder sie miterlebt hat. Finden Sie heraus, über welches Ereignis er oder sie am liebsten sprechen würde und bereiten Sie sich auf das Gespräch vor, indem Sie sich über dieses Ereignis in ihren Büchern oder auch in der Bibliothek informie-

ren. Stellen Sie in Ihrem Journal eine Liste von mindestens fünf
Startfragen zusammen.
Das schriftliche Interview sollte folgendermaßen aufgebaut sein:

1. Einführung – Schreiben Sie mindestens einen Absatz, in dem Sie
   Ihr Thema und die Person, die Sie interviewt haben, vorstellen.
   Beschreiben Sie, in welcher Beziehung diese Person zu Ihrer Forschung steht.
2. Sie können den Hauptteil des Interviews im Frage und Antwort-
   Format schreiben (die Antworten werden redigiert, damit sie klar
   und flüssig zu lesen sind). Vielleicht wollen Sie aber auch einen
   Teil des Materials in Form eines durchgehenden Textes schreiben
   und die wörtliche Rede nur an besonders interessanten Stellen
   oder dann, wenn die Stimme dem Text besonderes Gewicht verleiht, vorkommen lassen.
3. Schlußfolgerung – Schreiben Sie ein, zwei Absätze über den Eindruck, den diese Person auf Sie gemacht hat und über die Bedeutung und die Implikationen der gewonnenen Informationen für
   Ihre Forschung.

Überarbeiten und redigieren Sie die Arbeit sorgfältig, so daß Ihren
Lesern und Leserinnen klar verständlich wird, um was es Ihnen geht.
Es soll für die anderen nachvollziehbar sein, daß Sie zur Erhärtung
Ihrer These eigenes Primärmaterial zum Thema entwickelt haben.
Um Ihre InterviewpartnerInnen in den Anmerkungen zu dokumen-
tieren, genügt es zu schreiben: „Interview mit (Name) am 16. Okto-
ber 1996 in (Ort und Lokalität)".

4. Prüfungsklausuren schreiben

Eine gute Arbeit, die unter Zeitdruck in einer Prüfungssituation gelingen
soll, muß während des ganzen Semesters und besonders in der letzten
Woche vor der Prüfung sehr sorgfältig vorbereitet werden. Bekanntlich

besteht die geschickteste Methode sich vorzubereiten nicht unbedingt darin, erst in der Nacht vor der Prüfung mit dem Büffeln anzufangen. In Geschichtsprüfungen wird von Ihnen Verschiedenes erwartet: einmal natürlich sollen Sie Ihr Wissen zeigen (können), zum anderen sollen Sie fähig sein, Probleme zu erkennen und zu formulieren, Sie sollen beweisen, daß Sie die Forschung zu einem bestimmten Thema kennen und sich damit kritisch auseinandergesetzt haben. Sie sollen Verknüpfungen zwischen Problemen, Themen, Methoden und Theorien herstellen können. Als guter Student, gute Studentin, werden Sie Ihre Denk- und Schreibfähigkeiten von der besten Seite zeigen wollen. Mit der Zahl der Semester steigen auch die Anforderungen. Spätestens in der Diplom- oder Magisterprüfung werden Sie allen aufgezählten Erwartungen entsprechen müssen.

Auch wenn man hoch motiviert ist, gut abzuschneiden, und hart dafür gearbeitet hat, garantiert das noch lange nicht, daß man unter großem Zeitdruck Hervorragendes zu leisten vermag. Sie brauchen für Ihre Prüfungsarbeit / Klausur einen Plan, und der beginnt bereits mit der Einführungsvorlesung im ersten Semester und dem ersten Titel auf Ihrer Leseliste. Um sich auf eine Prüfung optimal vorzubereiten, sollte man vom Beginn jedes Semesters an aktiv lesen und aktiv zuhören, denn entweder steht die Prüfung am Ende einer ganz bestimmten Lehrveranstaltung oder sie baut auf Lehrveranstaltungen auf, die Sie einmal besucht haben und an die Sie sich in dem Moment erinnern, wo Sie beim Dozenten, der Dozentin in der Sprechstunde sitzen und über die kommende Prüfung sprechen.

1. Formulieren Sie regelmäßig anhand des Vorlesungsmaterials mögliche Fragen für eine Klausur. Schreiben Sie die Fragen inklusive Ihrer Testantworten in Ihr Journal. Wenn Sie an Ihren Stoff mit Fragen herangehen, ihn strukturieren und ihm eine Zielrichtung geben, werden Sie einen Überblick über den Lernstoff der Vorlesungen und Seminare bekommen und Zusammenhänge sowie Implikationen besser verstehen. Fakten, und das gilt besonders für Daten, müssen, um etwas auszusagen und um erinnert werden zu können, in einen Erklärungszusammenhang gestellt werden.

2. Sie sollten wichtige Kapitel oder Passagen aus Ihrer Lektüre in Ihren eigenen Worten zusammenfassen. Das wird Ihnen nicht nur helfen, den Stoff zu verstehen, sondern liefert Ihnen auch eine leicht zugängliche Informationsquelle, die deswegen eine besondere Bedeutung für Sie hat, weil Sie sie selber geschrieben haben. Denken Sie sich gute Prüfungsfragen aus, die sich aus der Seminarlektüre ergeben. Fragen Sie sich, wie Literaturlisten und Vorlesungen aufeinander bezogen sind. Nichts verleiht Ihrer Prüfungsarbeit mehr Tiefe als ein themenbezogener Vergleich zwischen Vorlesungen und Lektüre.

3. Sprechen wir auch kurz vom Ablauf einer solchen Prüfung: FANGEN SIE AUF KEINEN FALL SOFORT MIT DEM SCHREIBEN AN! Lesen Sie die Frage zuerst einmal sehr sorgfältig durch und zerlegen Sie sie in ihre einzelnen Bestandteile. Achten Sie darauf, daß Sie wirklich auf jeden einzelnen Teil der Frage Bezug nehmen. Schreiben Sie eine kurze Gliederung oder eine Liste mit den Punkten, die Sie unbedingt behandeln wollen. Beginnen Sie dabei mit dem wichtigsten Punkt, so daß Sie auf jeden Fall Ihr wichtigstes Argument vorgestellt haben, auch wenn die Zeit knapp werden sollte.

Schreibübung 4.6: Eine Klausur schreiben. Schreiben Sie die für Sie wichtigste Frage aus ihrer Seminarlektüre der vergangenen Woche auf. Geben Sie sich die Hälfte der Zeit, die Ihnen in der wirklichen Prüfung zur Verfügung stehen wird. Folgen Sie den oben gegebenen Ratschlägen und verfassen Sie einen Probeaufsatz mit einer möglichst schlüssigen Antwort, Beispielen und einer Schlußfolgerung. Wie gut haben Sie Ihrer Meinung nach die Frage beantwortet? Wenn Sie in Ihrem Journal pro Woche eine dieser Übungen absolvieren, werden Sie für Ihre nächste Prüfung besser vorbereitet sein. In der Prüfung haben Sie mehr Zeit. In Kapitel 2 finden Sie Ratschläge, wie Sie in Ihrem Seminarjournal üben und sich auf Prüfungen vorbereiten können.

5. Weiterführende Gedanken über das Ausüben der Geschichtswissenschaft

Barbara Tuchman über die Aufgabe der Historikerin

Barbara Tuchman hat immer wieder mit außerordentlicher Sensibilität über die Aufgabe des Historikers, der Historikerin geschrieben: In Ihrer Essaysammlung „In Geschichte denken" schreibt sie: „Ereignisse finden statt; um indessen Geschichte zu werden, müssen sie mitgeteilt und verstanden werden." In Kapitel 4 ist es uns um dieses Bedürfnis, mitzuteilen und zu verstehen, gegangen. Auch eine andere Aussage von Barbara Tuchman drückt aus, was wir hier zeigen wollten: „Letzten Endes ist der, der am besten schreibt, auch der beste Historiker." Die Fähigkeit des „besten Historikers", die Fakten zu beurteilen „schlägt sich in ihrer Auswahl nieder, seine Kunst besteht in ihrer Anordnung. Seine Methode ist die des erzählenden Berichts. Sein Gegenstand ist die Geschichte der menschlichen Vergangenheit. Seine Funktion ist es, sie bekanntzumachen." Wir schulen unser Urteilsvermögen bei der Auswahl von dem, was wir lesen, hören und sehen; wir lernen Zeugnisse aus Primärquellen zusammenzufassen. All das hilft uns, Geschichte „bekanntzumachen".

(aus: Barbara Tuchman: In Geschichte denken. Essays. Düsseldorf: Claassen, 1982, S. 76, 47, 39. Aus dem Amerikanischen übersetzt von Rudolf Schultz und Eugen Schwarz, zitiert nach der Linzenzausgabe des Fischer Taschenbuch Verlags GmbH, Frankfurt am Main, 1984. Titel der amerikanischen Originalausgabe: Practicing History. New York: Alfred A. Knopf Inc., 1981, S. 64, 39, 32.)

5. Die Seminararbeit

Kapitelvorschau: Wenn Sie Geschichte aufgrund der Zeugnisse schreiben, die Sie in Primär- und Sekundärquellen erforscht haben, stärken Sie das Ineinandergreifen von Lesen und Schreiben; in dieser Weise Geschichte zu schreiben, ist die intensivste und beste Strategie, sich selbst die Interna der Geschichtswissenschaft beizubringen – den Prozeß, Material zu suchen, zu lesen, auszuwählen, zu klassifizieren, zu strukturieren, zusammenzufassen und zu dokumentieren –, um auf diese Weise zu zeigen, wie eine Idee Gestalt annimmt und uns etwas aus der Vergangenheit verständlich macht. Wenn wir über unsere Forschung schreiben, zeigen wir damit auch, daß Geschichte mehr ist als eine Ansammlung von Fakten. In diesem Kapitel geht es um das Wesen historischer Quellen und wie sie Ihnen beim wissenschaftlichen Arbeiten helfen.

1. Historische Quellen: ihr Wesen
   Primär- und Sekundärquellen
   Objektivität und Subjektivität
2. Ihr Thema: auswählen und weiterentwickeln
   Gehen Sie auf Ihre Interessen ein
   Material sammeln und die Interessen zentrieren
3. Ihre Forschung: organisieren und durchführen
   Bibliographie- und Lektüre-Karten
   Wie kommen Sie zu Material?
   Sie schaffen einen Kontext
4. Ihre Arbeit: schreiben
   Die Planung
   Die Vorschreibphase
   Die erste Fassung, um das Thema zu entdecken – das Überarbeiten, um das Thema zu verdeutlichen
   Die Arbeit „hören"
   Das Redigieren: Sie besprechen Ihre Arbeit mit anderen

5. Weiterführende Gedanken zum Geschichte Schreiben – Marguerite
Yourcenars „Notizen zu ‚Erinnerungen des Hadrian'".

Was ist Forschung?
Forschung ist das bewußte Streben nach Wissen – wir forschen, um Antworten für das zu finden, was wir nicht wissen. Unser Wissen über die
Vergangenheit aufzufüllen, ist eine der wichtigsten Strategien, um die
fragmentarischen Spuren menschlicher Existenz in eine Form zu bringen
– in eine Geschichte, die aus anderen Geschichten gemacht ist.

1. Historische Quellen: ihr Wesen

Historische Forschung erweitert unseren Erfahrungshorizont ständig, so
daß wir Geschichte schließlich mit größerer Gewißheit und einer gewissen Sachkompetenz schreiben können. Und wenn wir erst so weit sind,
wird es wirklich aufregend! Eine Studentin stöberte zum Beispiel Zei-
tungsartikel aus den 50er Jahren des 19. Jahrhunderts auf, aus denen her-
vorgeht, wie aktiv die Geistlichkeit der unitaristischen Kirche Neu-Eng-
lands am Kampf gegen die Sklaverei beteiligt war. Sie fand heraus, daß es
sogar ein unitaristischer Priester war, der gegen den Willen seiner Ge-
meindemitglieder die berühmt gewordene Predigt bei John Browns Beerdigung hielt. Diese Ergebnisse veranlaßten sie weiterzuforschen, und sie
schrieb schließlich Ihre Arbeit über einen Aspekt der Anti-Sklavereibewe-
gung in Vermont: Es ging dabei im einzelnen um Auseinandersetzungen
innerhalb der unitaristischen Kirche; Geistliche, die an der Organisation
der „underground railroad" mitarbeiteten, hatten mit Schwierigkeiten in
ihren eigenen Kongregationen und Gemeinden zu kämpfen – ein Thema,
das bisher niemand so ausführlich erforscht hatte wie diese Studentin.
Eine andere Studentin fand Briefe, in denen zwei Schwestern zu Beginn
des 19. Jahrhunderts von den harten Lebensbedingungen für Frauen erzählen, die mit ihren Männern und Kindern nach Westen zogen. Wieder
entwickelte sich aus der Forschung eine interessante Arbeit, die unser Wissen über das Pionierleben an der amerikanischen Frontier erweitert. Wir

erfahren, wie die Frauen lernen mußten, unter widrigsten Umständen ein
Familienleben aufrechtzuerhalten.

Das Forschen selbst kann viele Formen annehmen. Meistens besteht es
im Lesen von publizierten oder als Manuskript vorliegenden Dokumenten. In Kapitel 4 haben wir gesehen, daß in der historischen Forschung
auch Interviews geführt werden, in denen Menschen ihre persönliche Erfahrung zu einem Thema beisteuern – „oral history", die zusammen mit
Formen schriftlicher Überlieferung verwendet wird, um der Forschung zusätzliche Authentizität zu verleihen. Martina Kliner-Lintzen und Siegfried
Pape kombinierten diese beiden Methoden für ihr Buch „»... Vergessen
kann man das nicht«. Wittener Jüdinnen und Juden unter dem Nationalsozialismus" (Bochum: Dr. Winkler, 1991). Oder die Forschung kann sich
auf Untersuchungen von Schauplätzen, Gebäuden und Sachquellen aus-
weiten – es handelt sich dann wirklich um physisch vorhandene Zeugnisse
aus der jeweiligen Epoche, an der Sie interessiert sind (vgl. Kapitel 4.3:
„Schreiben auf der Grundlage von Primärquellen"). Und schließlich ergeben sich im 19. und 20. Jahrhundert zunehmend visuelle und akustische
Zeugnisse, die den Fundus historischer Forschungsmaterialien noch weiter ergänzen. Diesen Zeugnissen – also Sachquellen, Fotografien, Filmen
und anderen Beispielen grafischer oder gestaltender Kunst – begegnen HistorikerInnen häufig in Vorführungen und Ausstellungen, die helfen, den
Kontext und die Bedeutung der physischen Überreste besser zu verstehen,
unabhängig davon, ob sie aus einer Zeit und von einem Ort kommen, die
von uns sehr weit entfernt sind, oder aus der jüngsten Vergangenheit stam-
men. Schriftliche, mündliche, akustische und visuelle Quellen und diverse
Objektpräsentationen haben das Forschungsmaterial der HistorikerInnen
weiter bereichert; im Interesse einer gründlichen Forschung sind wir dazu
verpflichtet, alle Quellen, die uns zur Verfügung stehen, zu benutzen –
Primärquellen genauso wie Sekundärquellen.

Primär- und Sekundärquellen

In der historischen Forschung gibt es zwischen primären und sekundären
Quellen einen wesentlichen Unterschied. Das Material der Primärquelle

ist unmittelbar mit dem Thema und der erforschten Periode verbunden. Die Holzfigur „Jim Crow Dancer", über die David Jamieson in Kapitel 4 geschrieben hat, ist eine Primärquelle, weil die Figur 1835 als Werbemaßnahme für den Holzschuhtänzer T. D. Rice gefertigt wurde, dessen blackface-Darbietungen zum Programm einer Minstrel-Wandershow gehörten.

Sekundärquellen sind Beschreibungen oder Erklärungen, die jemand anderes zu einem späteren Zeitpunkt und häufig an einem anderen Ort über das Thema oder das Ereignis verfaßt hat. David Jamiesons Beschreibung und Interpretation der Figur „Jim Crow Dancer" ist für uns eine Sekundärquelle, weil wir beim Lesen durch die Augen von jemand anderem sehen. David hat die geschnitzte Figur jedoch mit seinen eigenen Augen gesehen.

Sekundärquellen sind von dem historischen Ereignis zeitlich und räumlich entfernt, so wie wir. Die AutorInnen von Texten, die für unsere historische Forschung Sekundärquellen sind, befinden sich beim Schreiben in derselben Situation wie wir, sie wollen etwas über die Vergangenheit herausfinden. Genau wie wir müssen sie dabei versuchen, über die Darstellungen eines Ereignisses aus zweiter Hand hinauszukommen, um direkt zu den vorhandenen Primärquellen vorzustoßen. Der Historiker Herbert G. Gutman schrieb zum Beispiel seine Studie über die schwarze Familie „The Black Family in Slavery and Freedom 1750–1925", weil er dazu „von der erbittert geführten, öffentlichen und akademischen Kontroverse stimuliert wurde, die Daniel P. Moynihans Buch ‚The Negro Family in America: The Case for National Action' begleitet hatte." Hier ist der Fall eines Historikers, der sekundäre Quellen liest (das Buch von Moynihan und andere einflußreiche historische Studien von E. Franklin Frazier und Stanley M. Elkins), und dann wieder auf die Primärquellen zurückgreift – auf alle möglichen Dokumente, die sich auf die Struktur und das Verhalten der schwarzen Familie beziehen –, um sich in der Kontroverse sein eigenes Bild zu machen. Er fand dabei Quellen, wie die umfangreichen Akten des „Freedman's Bureau", die „eine intensive affektive Verbindlichkeit im Zusammengehörigkeitsgefühl der afro-amerikanischen Familie und in deren Verhalten in der Zeit vor dem Krieg und unmittelbar danach …" belegten und nicht die herkömmliche Meinung unterstützten, daß die Sklaverei die Struktur der afro-amerikanischen Familie in Frage gestellt und zerstört habe und als Grund für die gegenwärtigen Schwierigkeiten anzusehen sei. (Herbert G. Gutman: The Black Family in Slavery and Freedom, 1750–1925. New York: Random House, 1976, xx.) Historiker und Historikerinnen untersuchen die Primärquellen immer wieder neu und ändern historische Interpretationen oder bestätigen sie. Wie Herbert G. Gutman verlassen wir uns für unsere Schlußfolgerungen über die Vergangenheit lieber auf Primärquellen, also auf die Materialien, die unmittelbar mit der Periode und dem Thema verbunden sind, an dem wir gerade arbeiten. Primäres Quellenmaterial ist der Rohstoff, aus dem wir unsere eigene Darstellung vergangener historischer Ereignisse zusammenbauen.

Sekundärquellen berichten über ein bestimmtes historisches Ereignis, aber sie enthalten auch den Standpunkt ihrer AutorInnen, die historischen Hypothesen, die diese zu dem Ereignis aufgestellt haben, sie enthalten nur jene Fakten, die diese aus den ihnen zugänglichen Primärquellen ausgewählt haben. *Wenn wir Geschichte schreiben, schreiben wir Sekundärquellen für andere.* Darstellungen eigener Lebenserfahrungen, wie zum Beispiel die drei Autobiographien von Frederick Douglass, sind eine Möglichkeit, Primärquellen zu produzieren. Über eine dieser Lebensschilderungen „Narrative of the Life of Frederick Douglass" hat David Jamieson seine Arbeit „Die Identität von Frederick Douglass" geschrieben (Kapitel 4). Aber auch die Geschichte, die wir als Sekundärmaterial schreiben, könnte unter Umständen eine Primärquelle werden, wenn etwa jemand in der Zukunft untersuchen wollte, wie Geschichte in den 90er Jahren des 20. Jahrhunderts geschrieben wurde. Aber unabhängig davon, ob wir nun Sekundärquellen oder Primärquellen produzieren, immer müssen wir Geschichte aufgrund gesicherter Zeugnisse schreiben.

Objektivität und Subjektivität

Was sind historische Fakten?
Selbst wenn uns Material aus Primärquellen zur Verfügung steht, garantiert das noch nicht automatisch, daß wir Geschichte so darstellen kön-

nen, wie sie tatsächlich stattgefunden hat. Der Begriff „Objektivität" impliziert, daß uns eine rigorose Methode zur Verfügung steht, mit Hilfe derer wir „Fakten" aus primärem Quellenmaterial in historisch wahre Berichte über die Ereignisse der Vergangenheit verwandeln können. Man denkt bei diesem Objektivitätsmodell üblicherweise an die naturwissenschaftliche Methode.

Seit dem späten 19. Jahrhundert ist die Annahme weitverbreitet, daß die Naturwissenschaften von einer Sammlung „harter Fakten" über die physischen Erscheinungen der belebten und unbelebten Natur direkt zu wahren und eindeutigen Allgemeinaussagen kommen könnten. Der Wissenschaftler würde so zu einem alchimistischen „Wahr-Sager", der die Methode beherrscht, im Experiment gewonnene „harte Fakten" in wahre Aussagen über die Welt zu verwandeln.

Aber das Problem, das dieser Auffassung innewohnt, kann gerade an der Geschichte der Naturwissenschaften demonstriert werden. Es stimmt, die „Fakten" über die physische Welt verändern sich nicht, vorausgesetzt sie werden sorgfältig gesammelt. Allerdings haben sich von seiten der Naturwissenschaft die „wahren und eindeutigen Aussagen über die Natur" über die Jahre radikal verändert. Die Menschen zeichnen zum Beispiel seit Jahrtausenden die von ihnen beobachteten Bahnen der Sterne, Planeten und Kometen auf. Aber die Interpretationen dieser von der Naturwissenschaft sorgfältig gesammelten Fakten haben mindestens drei verschiedene Weltsysteme hervorgebracht: das Ptolemäische, das Kopernikanische und das Newtonsche. Die Fakten bleiben dieselben, aber die Interpretationen dieser Fakten ändern sich. Da also „Objektivität" offensichtlich schon nicht erschöpfend beschreibt, was vor sich geht, wenn NaturwissenschaftlerInnen wissenschaftlich arbeiten, können wir nicht erwarten, daß wir es ausschließlich mit „Objektivität" zu tun haben, wenn wir versuchen, Geschichte zu schreiben. Beim Prozeß der Fakteninterpretation ist Objektivität nur eines der angewandten Kriterien; auch Subjektivität – und das ist all das, was wir als eigenständige Individuen in das, was wir lesen oder schreiben, einbringen – hilft uns, zu beschreiben, was geschieht, wenn wir Geschichtswissenschaft ausüben.

Subjektivität ist ein positiver und notwendiger Aspekt des Geschichte Schreibens und Garant dafür, daß die Geschichte, die wir schreiben, für uns selbst und für unsere ZeitgenossInnen von Interesse ist. Denn unser Interesse für die Vergangenheit entsteht in unserer Gegenwart. Wir beginnen uns für die Suffragetten oder die Napoleonischen Kriege aus Gründen zu interessieren, die direkt mit diesem Moment in unserem gegenwärtigen Leben zu tun haben. Wir vertreten bei wichtigen Themen unseren eigenen Standpunkt; wir bilden uns über Ereignisse in der Vergangenheit unsere eigenen Hypothesen und wir belegen diese Hypothesen nicht mit „den Fakten", sondern mit Fakten, die wir zur Unterstützung unseres Standpunkts und unserer Hypothesen ausgewählt haben. Wir wenden uns Primärquellen zu, um nach Fakten zu schürfen, kleinen Informationsbruchstücken, die für uns zu Zeugnissen werden. Aber sie werden nicht zu Zeugnissen, weil wir sie in irgendeiner Weise verändern, sondern weil wir sie zur Unterstützung der Thesen verwenden, die wir aufgrund unserer eigenen Einschätzungen formuliert haben. So wie NaturwissenschaftlerInnen die unveränderlichen Fakten über die Natur benutzt haben und zu unterschiedlichen Interpretationen des Universums gekommen sind, so sammeln HistorikerInnen Fakten über die historische Vergangenheit und benutzen sie als Zeugnisse zur Unterstützung ihrer eigenen, sich verändernden Interpretationen. Natürlich müssen HistorikerInnen Sorge tragen, beim Sammeln der Fakten unvoreingenommen zu sein, alle zur Verfügung stehenden Quellen zu benutzen und alle vorhandenen Informationen zusammenzutragen. Aber es muß uns auch klar sein, daß der Prozeß des Geschichte Schreibens subjektive Faktoren mit sich bringt, die die Geschichte aber gerade interessant und unverwechselbar machen. Wir werden in diesem Kapitel sehen, daß alle Schritte, die wir nach dem Sammeln der „objektiven" Fakten unternehmen, „subjektive" Faktoren miteinschließen; diese Schritte sind: unser Interesse auf ein bestimmtes Gebiet richten, ein Thema auswählen und entwickeln, das Material strukturieren und einen ersten Entwurf schreiben. Barbara Tuchman bringt die objektive und die subjektive Seite so zusammen: „Die Aufgabe des Historikers besteht ... darin, anhand der Tatsachen diszipliniert zu erzählen, was sich zugetragen hat." Aber nach diesem Beste-

hen auf Objektivität schreibt sie weiter: „Was die Phantasie für den Dichter ist, sind für den Historiker die Tatsachen. Seine Beurteilung schlägt sich in ihrer Auswahl nieder, seine Kunst besteht in ihrer Anordnung."
Der Historiker ist eher mit einem Romanautor zu vergleichen als mit einem staubtrockenen Chronisten, obwohl im späten 19. Jahrhundert und in den 1950er Jahren einige HistorikerInnen behauptet haben, daß es möglich wäre, Geschichte objektiv zu interpretieren. Heute denken die meisten von ihnen anders darüber.
Lesen Sie, was die Historikerin Nancy Partner ihren Kollegen und Kolleginnen zu diesen Problemen beim Geschichte Schreiben zu sagen hat:

„Alle HistorikerInnen wissen, daß die Geschichtswissenschaft längst nicht mehr die Fachdisziplin ist, die eilfertig ihr positivistisches Versprechen einhält, alles so zu erzählen, wie es wirklich gewesen ist. Im übrigen waren die blauäugigen Behauptungen, daß man die ganze unanzweifelbare Vergangenheit objektiv, genau wie sie stattgefunden hat, einfach wieder zusammenkleben könnte, nur eine sehr kurze Abschweifung in der Geistesgeschichte. Viel langlebiger und kompromißreicher ist ein Geschichtsverständnis, für das Geschichte ein ausdrucksstarker Überrest aus Tradition, Kultur und all dem ist, was die Menschen der Zeit abgetrotzt haben – befrachtet mit dem ganzen kulturellen Gepäck, das abwechselnd oder gemeinsam von Religion, Literatur, Kunst und Geschichte getragen wird. Irgendwo in diesem Gepäck befinden sich auch Wahrheit, Objektivität und leidenschaftslose Vernunft, aber nur als Teile der jeweiligen Kultur und nicht außerhalb in irgendeiner vorverbalen höheren Realität."
(aus: Nancy Partner. Making Up Lost Time: Writing on the Writing of History, in: Speculum 61/1 (1986), 117.)

Es muß uns also klar sein, was es bedeutet, wenn wir Geschichte als Teilnehmende an einer bestimmten Kultur und von unserem Standpunkt aus schreiben. Wir wissen heute, daß es auch deswegen unmöglich ist, alles so zu erzählen, „wie es eigentlich gewesen" (Leopold von Ranke), weil unsere Zeugnisse das Vergangene nie vollständig enthalten. Wenn wir versuchen, die Vergangenheit wieder erstehen zu lassen oder sie zu rekonstruieren, müssen wir diese Dimension des endgültig „Vergangenseins", diesen Verlust, zur Kenntnis nehmen. Es bleibt uns nichts anderes übrig, als zu versuchen, „die verlorene Zeit wieder aufzuholen." („making up lost time"; Nancy Partner.)

Schreibübung 5.1: Über Fakten schreiben. Benutzen Sie die folgende Liste von Fakten und schreiben Sie einen kurzen Text über das, was Ihrer Meinung nach passiert ist.
- 2 Männer
- eine junge Frau
- Zigarren
- eine Krawatte
- 40 Kisten mit Akten
- Videoübertragung
- Flecken auf dem Kleid
- Sekretärin
- Leibwächter
- ein Meineid
- ein Sonderermittler
- Oval Office, White House
- Washington, D. C.
- 1998

Vergleichen Sie den Text, den Sie geschrieben haben, mit dem von jemand anderem in Ihrem Seminar. Haben Sie einen ähnlichen Text geschrieben? Wie unterscheiden sich die Texte voneinander? Warum unterscheiden sie sich voneinander?

2. Ihr Thema: auswählen und weiterentwickeln

Carl Becker gab HistorikerInnen einmal den guten Rat, daß sie Bücher schreiben sollten, „für die sie sich selbst interessieren." Diese Maxime klingt einfach und direkt, aber wie so oft bei sprichwörtlichen Weisheiten täuscht die Einfachheit. Es ist weder einfach, ein interessantes und wichtiges Thema zu finden, noch sind die Wege dorthin direkt.

Roger Shattuck schildert, wie er auf das Thema und den Titel für seine

Pariser Kulturgeschichte der Jahrhundertwende gekommen ist: „The Banquet Years: The Origins of the Avant-Garde in France 1885 to World War I" („Die Belle Epoque. Kultur und Gesellschaft in Frankreich 1885–1918")*. Im Vorwort zur deutschen Ausgabe 1967 schreibt er:

> „Die Idee zu diesem Buch kam mir in einer kalten Märznacht in Piana auf Korsika. Ich hatte mich ein Jahr lang mit Apollinaire-Übersetzungen beschäftigt und dabei einen außerordentlichen Menschen und durch ihn eine unwiderstehlich fesselnde Epoche kennengelernt. … Dann kam mir der Gedanke, oder besser der Verdacht, daß das Trio Rousseau-Satie-Apollinaire bedeutsame Aspekte der Zeit repräsentiere und diese besser verdeutlichen könne als eine einzelne Figur. Der Gedanke ließ mich nicht los."

Shattuck sagt weiter, daß er zu diesem Trio dann den Schriftsteller Alfred Jarry dazugenommen habe. „Er trug dazu bei, daß ich mir Klarheit über das zugrundeliegende Thema verschaffte: wie der als Boheme bekannte, ungeformte Zustand, ein kultureller Untergrund mit dem Beigeschmack des Scheiterns und des Betrugs, einige wenige Dekaden lang die Gestalt einer selbstbewußten Avantgarde annahm, die für die Künste eine Periode erstaunlich vielfältiger Erneuerung und Vollendung heraufführte." Shattuck betont, daß bei diesem Werk zwei Dinge von Anfang an feststanden, „die komparative Methode" und sein „vielseitiges Thema". Und über den Titel „The Banquet Years" heißt es in der amerikanischen Ausgabe „Der Titel ergab sich ziemlich früh beim Lesen irgendeines Textes von selbst. Und bei diesem Titel bin ich dann geblieben."

Es ist interessant, daß Shattuck beim Beschreiben der Anfänge und der Entwicklung von „The Banquet Years" eine Empfängnismetapher benutzt. (Der Anfangssatz des Vorworts im Original lautet: „This book was conceived": Die Idee zu diesem Buch wurde empfangen.) Es kommt uns Lesenden zugute, daß sich Shattuck bei seinen ersten Überlegungen und

---

* Roger Shattuck: Die Belle Epoque. Kultur und Gesellschaft in Frankreich 1885–1918. München: Piper, 1967. Deutsche Erstausgabe übersetzt von Erich Krois. Englisch: The Banquet Years: The Origins of the Avant-Garde in France 1885 to World War I. New York: Harcourt, Brace & World Inc., 1955.

der Formulierung seines Themas ausschließlich auf seine eigenen Interessen und sein noch bruchstückhaftes Wissen berief. Während der „Schwangerschaft", um bei der Methapher zu bleiben, als er Apollinaire übersetzte, wuchs sein Interesse an dem Thema ständig, und er setzte sich immer intensiver mit dem Pariser Kulturleben der Belle Epoque auseinander. Außerdem begann er sich auch Gedanken darüber zu machen, was er nach Beendigung der Übersetzung tun würde. So war das neue Thema aufgetaucht und entwickelte bald ein Eigenleben.

Sobald Shattuck die eigentliche Forschung in Angriff genommen hatte, wirkten sich neue Ergebnisse auf seine ursprünglichen Vorstellungen zum Thema aus und veränderten es. So war ihm zum Beispiel die Bedeutung des Bühnenwerks von Alfred Jarry vorher nicht bewußt gewesen. Der Titel hatte sich einfach beim Lesen ergeben. Wenn Informations- und Wissensstand zu wachsen beginnen, passieren oft die überraschendsten Dinge. Themenentwicklung und Forschungsprozeß greifen dauernd ineinander, und dieser interaktive Prozeß setzt sich auch fort, wenn Sie mit dem Schreiben beginnen. Jetzt interagieren Forschen und Schreiben miteinander. Diese Wechselwirkung beeinflußt die Themenentwicklung positiv und verbessert damit das Endprodukt ihrer Forschung. Eine Studentin beschreibt dieses Interagieren in ihrem Forschungs-Logbuch (vgl. den Abschnitt „Ein Forschungs-Logbuch führen" in Kapitel 2 und „Das Forschungs-Logbuch" in Kapitel 6):

28. März. Seitdem ich mich umgestellt habe und mit dem Schreiben schon anfange, bevor ich mit dem Forschen fertig bin, interagiere ich beim Schreiben jetzt ständig mit dem, was ich gerade recherchiere. Mein Problem war immer, daß ich nie genug recherchiert hatte, auch wenn ich die Arbeit eigentlich schon hätte abgeben müssen (gibt es nicht immer noch eine ganz wichtige Quelle, die man überprüfen könnte?). Ein Vorteil dieser neuen Methode – also schon zu schreiben, während die Forschung noch weitergeht – ist, daß mir wichtiges Material jetzt

beim Lesen sofort auffällt und ich auch schneller
sehe, was ich nicht brauchen kann. Dadurch spare
ich beim Exzerpieren Zeit und Papier. Und außerdem
habe ich auf diese Weise das Material beim Überarbeiten noch ganz frisch im Kopf. Ich hatte eigentlich nie vor, gleichzeitig zu forschen und zu
schreiben, aber in den letzten zwei Jahren, in denen ich jetzt so arbeite, habe ich gemerkt, daß es
dafür viele gute Gründe gibt. Und nicht nur den,
der mich ursprünglich dazu gebracht hat: Ich wollte
mir abgewöhnen, immer alles auf die lange Bank zu
schieben.

Schreibübung 5.2: Über den Schreib- und Forschungsprozeß schreiben.
Schreiben Sie in ihrem Journal oder Notizbuch einen Abschnitt, in
dem Sie über eine Erfahrung beim Forschen und Schreiben berichten. Können Sie aus dieser Beschreibung Schlüsse ziehen? Gibt es für
Sie Arbeitsstrategien, die Ihnen mehr helfen als andere? Welche ist
am besten für Sie? Und welche ist am wenigsten produktiv?

Gehen Sie auf Ihre Interessen ein

Nathalie Zemon Davis beginnt das Vorwort zu „Die wahrhaftige Geschichte von der Wiederkehr des Martin Guerre" folgendermaßen: „Dieses Buch entstand aus der Erfahrung einer Historikerin mit einer anderen Art, Geschichten zu erzählen." Ihr Buch handelt vom Leben eines
legendären Betrügers im Frankreich des 16. Jahrhunderts. Davis hatte an
dem Film „Le Retour de Martin Guerre" (Daniel Vigne, F 1982) mitge-
arbeitet, und je mehr sie in dieses Projekt involviert wurde, desto mehr
reizte es sie, „Informationen aus den Tiefen der Vergangenheit ans Tages-
licht zu befördern ..." Sie schreibt, daß eigentlich die Kraft des Mediums
Film sie dazu gebracht hätte, für ein Buch zu forschen: „Mir schien, ich
hätte in dieser imaginierten Vergangenheit, die in Sequenzen von wenigen Sekunden zerschnitten und von Scheinwerfern erhellt wurde, wo et-

was gesprochen, dann wiederholt, dann wieder in einer anderen Einstellung aufgenommen wurde, ein richtiges historiographisches Labor vor mir, in dem die Experimente keine Beweise erbrachten, sondern geschichtliche Möglichkeiten durchspielten." Aber wie sehr filmische Sehweisen ihre Kreativität als Historikerin auch anregten, wurde doch auch deutlich, daß der Film zu einigen Wissensbereichen einen weniger leichten Zugang hat.

„... wir wollten ... eine spannende Geschichte zeigen, deren Ausgang das Publikum ebensowenig kannte wie einst die Dorfbewohner und die Richter. Und wo war schließlich der Ort, wo man über die Entstehung von Identität im 16. Jahrhundert hätte reflektieren können?"
(aus: Natalie Zemon Davis: Die wahrhaftige Geschichte von der Wiederkehr des Martin Guerre. Frankfurt am Main: Fischer Taschenbuch Verlag, 1989; übersetzt von Ute und Wolf Heinrich Leube, S. 9, 10, 11. Titel der Originalausgabe: Le Retour de Martin Guerre. Paris: Laffont, 1985.)

Für Sie stellt sich das Problem anders dar als für Shattuck oder Davis: Themen für Seminararbeiten sind oft vorgegeben oder die Wahlmöglichkeiten begrenzt. Manchmal können Sie Ihr Thema aber auch aus dem Gesamtrahmen des Seminarprogramms auswählen. Aber egal, wie einengend die Auflagen der Aufgabenstellung sein mögen, Sie müssen das Projekt immer auf Ihre akademische Erfahrung und Interessen beziehen. Erinnern Sie sich an den Studenten, der seine Vorfahren mit der Marneschlacht im Ersten Weltkrieg in Verbindung brachte und der sich dann ein Thema suchte, das mit dieser Schlacht zu tun hatte? Die folgende Journaleintragung half einer Studentin, ihr Thema für eine Arbeit im Seminar „Die Geschichte der Europäischen Zivilisation seit 1815" zu finden:

Nr. 19 / 4. März 1986: Die Beziehung zwischen Technologie und Imperialismus.
In Headricks Einleitung zu „The Tools of Empire"
wurde mir die Bedeutung des technologischen Faktors
für den Imperialismus klar. Er betont, daß die Hi-

storikerInnen diesen Faktor bisher weitgehend ver-
nachlässigt haben. Das finde ich interessant und,
soweit ich das bisher in meinem Studium überblicken
kann, hat er recht. Alles was ich bisher über den
europäischen Imperialismus gelernt habe, war
hauptsächlich auf politische und ökonomische Faktoren bezogen. Headrick schreibt in seiner Einleitung
völlig richtig: „Ein so komplexer Prozeß wie der
Imperialismus ist das Resultat von Motivation und
adäquaten Mitteln". Und ich stimme auch damit überein, daß in den europäischen Kolonien schließlich
eher die Technologie siegte und nicht eine bestimmte Ideologie. Er schreibt dazu total plausi-
bel: „Die westliche Technologie hat die Welt mehr
verändert als irgendein Führer, eine Religion, eine
Revolution oder ein Krieg." Das klingt alles sehr
interessant, und ich bin gespannt darauf, das Buch
zu lesen und die Argumente zu verstehen, die er für
die Beziehung zwischen neuer Technologie und europäischem Imperialismus vorbringt.

Sie sollten von Anfang an den Kontext für Ihre Arbeit definieren. In der
Journaleintragung oben beginnt Patricia Tursi damit, daß sie zunächst
einmal ein Interessensgebiet innerhalb des großen Rahmens „Die Geschichte der Europäischen Zivilisation seit 1815" absteckt. Um sicher zu
gehen, daß Sie über die Grenzen und Möglichkeiten der Seminararbeit
Bescheid wissen, sollten Sie sich das Seminarprogramm noch einmal anschauen. Ein Seminar mit dem Thema „Europäische Kulturgeschichte
von 1880 bis 1930" legt zum Beispiel die inhaltlichen und zeitlichen
Grenzen ziemlich genau fest. Außerdem sollte eine Arbeit zu diesem Seminar auf die spezielle Disziplin „Kulturgeschichte" ausgerichtet sein. Es
ergibt sich also die Frage: Wie ist Kulturgeschichte in Inhalt und Forschungsinteresse auf andere Disziplinen der Geschichtswissenschaft bezogen? Sie müssen sich immer ein Thema aussuchen, das in der Epoche,

die durch den Titel des Seminars festgelegt ist, besonders wichtig oder
ausgeprägt ist. Überlegen Sie, was Sie über das Seminarthema bereits wissen; denken Sie an Ihre früheren Seminare, an Bücher oder Artikel, die
Sie gelesen haben, und auch an andere Seminararbeiten, die Sie geschrieben haben. Blättern Sie im Journal und studieren Sie die Eintragungen,
in denen Sie über für Sie besonders interessante im Seminar besprochene
Themengebiete und Ideen geschrieben haben. Patricia Tursi zeigt in ihrer Eintragung oben besonderes Interesse für die Beziehung zwischen
Technologie und Imperialismus.

Eine Studentin, die über ein Thema recherchiert und geschrieben hat,
das den Kriterien für das Seminar „Europäische Kulturgeschichte, 1880
bis 1930" nicht entsprochen hatte, schreibt:

```
Ich habe meine Erwartungen an dieses Seminar inzwi-
schen völlig heruntergeschraubt und bin ziemlich
desillusioniert - aber das ist meine eigene Schuld.
Ich hätte rechtzeitig wissen können, um was es in
diesem Seminar eigentlich geht. Aber ich hatte ja
meine eigenen festen Vorstellungen, was das für ein
Seminar sein sollte und hatte es deswegen auch
nicht nötig, mich genau zu informieren. Ich habe
erst aufgehört, mir etwas vorzumachen, als es schon
zu spät war. Die nackten Tatsachen haben mich erst
beim Überarbeiten meines Textes eingeholt. Ich habe
klar und deutlich formulierte Kriterien für die Se-
minararbeit einfach nicht akzeptieren wollen. Viel-
leicht kommt diese Erfahrung jemand anderem zugute,
obwohl ich da skeptisch bin; wir Dickschädel sind
gegen gute Ratschläge immun und lernen lieber auf
die harte Tour.
```

Das Thema, das die Studentin gewählt hatte, „Die Mazedonische Frage",
befaßte sich mit den politischen und militärischen Ereignissen, die zu den
Balkankriegen von 1912 und 1913 geführt hatten – ein Thema also, das

von den Belangen der Kulturgeschichte sehr weit entfernt war und vielleicht noch weiter von den Ereignissen in Paris und Wien, die den Schwerpunkt der Seminardiskussionen und Literaturliste ausgemacht hatten. Und obwohl die Arbeit gut recherchiert und auch gut geschrieben war, hatte diese Schreiberfahrung wenig zum Wissen der Studentin über Kulturgeschichte beigetragen.

Wenn Sie wollen, daß der Forschungs- und Schreibprozeß Ihrer Arbeit Ihren historischen Horizont auch wirklich erweitert, müssen Sie bei der Themenwahl genau und konzentriert vorgehen. Zunächst sollten Sie sich die Titel und Inhaltsverzeichnisse auf der Literaturliste des Seminars noch einmal vornehmen. Denken Sie darüber nach, wie sie auf das Seminar bezogen sind und welches die wichtigsten Themen sein könnten. Die besten Themen sind immer die, die sich in irgendeiner Form direkt auf das Seminar beziehen und in der Literaturliste behandelt oder zumindest angesprochen werden. Bei der Suche nach einem Thema für Ihre Arbeit sind Ihre akademische Erfahrung, das Seminarprogramm, Ihre Seminarmitschriften, Journaleintragungen und die Literaturliste die wichtigsten Inspirationsquellen für vernünftige Ideen; und wenn Sie ein Thema aus diesen Quellen nehmen, können Sie ganz beruhigt sein, daß es den Themenanforderungen entspricht.

Schreibübung 5.3: Ein Thema wählen und auf eigene Interessen eingehen. Stellen Sie eine Liste möglicher Themen auf, die sich auf das Seminar beziehen. Gehen Sie dabei von folgenden Quellen aus: vom Seminarprogramm, der Literaturliste, Ihren Seminarmitschriften und Journaleintragungen, Ihren Interessensgebieten und Ihrem akademischen Hintergrund. Wählen Sie von dieser Liste die interessanteste Idee für ein Thema aus und machen Sie eine Liste von allem, was sie bereits über dieses Thema wissen – diese Liste sollte so umfassend und vollständig wie möglich werden; Sie schreiben Sie am besten in Ihr Journal.

Material sammeln und die Interessen zentrieren

Sie haben Ihr Seminarprogramm, die Literaturliste, Ihre Notizen, Eintragungen und persönlichen Interessen durchforstet und sollten nun einige Themenideen oder vielleicht auch schon ein bestimmtes Thema ausgewählt haben, die für Sie funktionieren könnten. Nachdem Sie die Liste mit allen Notizen zu möglichen Themenideen durchgegangen sind, wählen Sie das vielversprechendste Thema aus. Lesen Sie zu diesem Thema alles, was Sie auf der Literaturliste finden können. Kommt Ihnen das Thema jetzt immer noch interessant vor? Ist es zu breit angelegt? Können Sie das Thema auf einen Aspekt reduzieren, den Sie in der erforderlichen Kürze gut bearbeiten könnten? Sollten Sie das Thema anders formulieren, um die Idee genauer herauszuarbeiten?

Es gibt jetzt allgemeines Material, einige eher vage Ideen zu einem bestimmten Thema und eine Liste möglicher anderer Themen. Nun ist der richtige Zeitpunkt, mit den LehrveranstaltungsleiterInnen einen Termin zum Durchsprechen Ihrer Ideen auszumachen. Diskutieren Sie Ihr Projekt auch mit Ihren StudienkollegInnen und in Ihrem Freundeskreis. Was halten die anderen von Ihrem Thema und von Ihrem vorläufigen Forschungsplan? Was ist Ihr eigener Standpunkt? Welche Erwartungen haben Sie an Ihr Forschungsprojekt? Was würden Sie gerne herausfinden? Was interessiert Ihre GesprächspartnerInnen an diesem Thema besonders? Denken Sie wieder schriftlich über diese Fragen nach. (Vgl. die Abschnitte zum Forschungslogbuch in Kapitel 2 und 6.)

In Lehrveranstaltungen des letzten Studienabschnittes sind Ihre Professoren und Professorinnen an Ihrem Forschungsprojekt möglicherweise sehr interessiert, weil sie etwas über ein Thema erfahren können, für dessen gründliche Untersuchung sie bisher keine Gelegenheit hatten. Es empfiehlt sich auch, Ihr Thema mit den Unterrichtenden und Ihren StudienkollegInnen zu besprechen, weil Sie so vielleicht zusätzliche Hinweise auf spezielle Forschungsmaterialien erhalten. Außerdem entwickeln Sie in solchen Diskussionen Ihr Thema und Ihre Ideen weiter, und wenn Sie merken, daß die anderen darauf anspringen, werden auch Sie noch enthusiastischer bei der Sache sein. Bestimmte Lehrveranstaltungen wie

Kolloquien für DiplomandInnen, Examens- und MagisterkandidatInnen oder Oberseminare sind auch für solche Zwecke geschaffen worden. Patricia Tursi reduzierte schließlich ihr breites Thema „Die Beziehungen zwischen Technologie und Europäischem Imperialismus" auf jenen Einfluß, den die Entdeckung des Chinins auf den europäischen Imperialismus in Afrika ausübte. Im Journal führte sie diese Idee aus. Ihre Aufgabe in dieser Journaleintragung bestand darin, ihr Thema – unter Verwendung der Lektüre von der Literaturliste – schriftlich zu diskutieren. Im folgenden Ausschnitt können wir sehen, wie sie erste Verbindungen knüpft und Zusammenhänge formuliert:

4. April 1986. Die Entdeckung des Chinins und das Eindringen in afrikanisches Territorium.

Vom 17. Jahrhundert bis zur Mitte des 19. Jahrhunderts scheiterten alle europäischen Versuche, Afrika zu kolonisieren, weil Krankheiten ein Leben für Europäer im tropischen Afrika unmöglich machten. Europäer wurden von Diphtherie, Gelbfieber, Typhus und anderen Krankheiten befallen. „Malaria war der größte Killer von Europäern in Afrika." (S. 64) Daniel R. Headrick liefert in seinem Buch „The Tools of Empire" detaillierte Darstellungen der Opferbilanz, die Malaria unter den Europäern verursachte; 1824 wurden zum Beispiel 224 britische Soldaten nach Afrika entsandt, 221 starben an der Seuche … im Durchschnitt kamen etwa 77% der weißen Soldaten, die nach Westafrika geschickt wurden, ums Leben. Aus diesem Grund wurde Afrika als „Grab des weißen Mannes" bezeichnet. (S.64)
Die Kolonisierung Afrikas war also weder möglich noch erwünscht. Die Europäer wandten daraufhin ihr Interesse anderen Gebieten, beispielsweise dem amerikanischen Kontinent, zu. Während des 17. und 18.

Jahrhunderts wurden die Handelsbeziehungen mit den Küstengebieten Afrikas aber aufrechterhalten. In diese Zeit fallen auch die ersten Experimente mit dem Cinchona-Baum, dessen Rinde das Alkaloid Chinin enthält. Aber es sollte noch bis 1820 dauern, bis zwei französische Wissenschaftler das Verfahren entdeckten, aus der sogenannten Chinarinde Chinin zu gewinnen. Erst ab diesem Zeitpunkt konnte Chinin in für den allgemeinen Gebrauch ausreichenden Mengen hergestellt werden . . .

Britische und französische Ärzte begannen, den Teilnehmern der Forschungsexpeditionen auf Dampfschiffen Chinin zu geben – Dampfschiffe waren übrigens auch ein Produkt der neuen Technologie. Die große Bedeutung von Chinin wurde aber erst voll erkannt, nachdem man mit dem Medikament bei der Malariabehandlung lange experimentiert hatte; besonders erwähnenswert ist in diesem Zusammenhang die Expedition von Macgregor Laird auf dem Pleid Fluß.

Mit der Chinin-Prophylaxis wurden die Grenzen des tropischen Afrikas für Europäer passierbar. Der Gebrauch des neuen Medikaments zog weitreichende Konsequenzen nach sich: In der Mitte des 19. Jahrhunderts war es Europäern nun endlich möglich, in das Innere Afrikas vorzudringen; dank des neuen Medikaments war Afrika nicht mehr das „Grab des weißen Mannes", sondern wurde nun zu den Teilen der Welt gerechnet, die Europäer für ihre Belange ausnutzen konnten.

Beachten Sie, wie viele Detailinformationen über die Notwendigkeit einer Malariatherapie und die Anfänge der Behandlung mit Chinin Patricia Tursi ihrer Lektüre auf der Grundlage der Literaturliste entnehmen konnte. Headricks Buch ist natürlich besonders wichtig. Tursi kann es sich hier leisten, frühe Experimente nur flüchtig zu erwähnen; sie weiß, daß sie diesen Teil später mit Details aus ihren Forschungsergebnissen vervollständigen wird. Wenn Sie aufschreiben, was Sie über Ihr Thema wissen und was Sie der Literatur entnehmen, werden Sie ein gutes „feeling" dafür bekommen, was Sie als erstes tun müssen.

Mit diesem Arbeitswissen als Basis für weitere Forschungen haben Sie Ihr Thema im Griff.

Schreibübung 5.4: Sie schreiben auf, was Sie bereits wissen. Schreiben Sie in einer Journaleintragung alles auf, was Sie über Ihr Thema bereits wissen und alle Informationen, die Sie in Ihrer Lektüre finden können. Es geht hierbei auch um die Quantität von Detailinformationen, die Ihnen einfallen. Vergessen Sie bei dieser Übung nicht, die verschiedenen Listen zu berücksichtigen, die Sie in früheren Journaleintragungen aufgestellt haben.

Bevor Sie in die Bibliothek gehen: Sie haben eine klare Vorstellung vom Kontext Ihrer Seminararbeit; Sie haben ein Thema gefunden, das sich für eine Bearbeitung gut eignet; Sie haben alle Bücher zu diesem Thema, die auf Ihrer Literaturliste aufgeführt sind und wahrscheinlich im Semesterapparat aufgestellt wurden, durchgesehen; Sie haben über Ihre Lektüre geschrieben; und Sie haben Ihre vorläufigen Pläne mit einer interessierten Person diskutiert. Jetzt Sind Sie so weit, mit Ihrer Recherche in der Bibliothek anzufangen. Aber vorher sollten Sie noch das Kapitel 6 „Literatursuche in der Bibliothek und grundlegende Bibliographien" lesen. Wir führen ihnen dort Forschungsstrategien vor, die Ihren Aufenthalt in der Bibliothek so effizient wie möglich machen.

Schreibübung 5.5: Das Erstellen einer Bibliographie. Schauen Sie sich Ihre Texte und Journaleintragungen an und machen Sie eine Liste aller nützlichen Verweise (in den Anmerkungen am jeweiligen Kapitelende oder am Schluß) auf Bücher und Artikel (nach AutorInnen und Titeln geordnet). Nehmen Sie diese Informationen mit in die Bibliothek. Das ist der Beginn einer Bibliographie.

3. Ihre Forschung: organisieren und durchführen

In den meisten Fällen wird Ihre Bibliothek mehr als genug Material zu dem von Ihnen gewählten Thema haben, vor allem wenn Sie bei der Literatursuche gute Strategien entwickeln. Wahrscheinlich werden Sie öfter das umgekehrte Problem haben: „Was soll ich nur mit diesem Wust von Material anfangen?" Hier hilft nur richtiges Organisieren.

Sollte Ihnen das systematische Arbeiten nicht liegen, ist jetzt der richtige Zeitpunkt, alte Gewohnheiten zu ändern – vielleicht nicht gleich für die Dauer Ihres ganzen Studiums, aber zumindest während dieses Forschungsprojektes. Sie müssen das Material, auf das Sie bei Ihren Recherchen stoßen, auch wirklich lesen; das ist das erste, daran führt kein Weg vorbei; Sie müssen sich beim Lesen Notizen machen. Es wird Ihnen bei all den Texten, die Sie für eine Seminararbeit lesen müssen, unmöglich sein, sich ohne Notizen vernünftig zu erinnern; Sie vergeuden nur Ihre Zeit, wenn Sie für eine wissenschaftliche Arbeit recherchieren, ohne sich Notizen zu machen. Es ist im übrigen produktiver, diese Arbeitsschritte in der Bibliothek zu erledigen, statt viel Zeit am Kopierer zu verbringen …

Vielleicht fragen Sie jetzt, wie soll ich mir Notizen machen? Woher weiß ich, was ich aufschreiben soll? Und was benutze ich am besten für meine Notizen?

Bibliographie- und Lektüre-Karten

Wenn Sie ein Buch oder einen Artikel im Katalog gefunden haben, das / der für Sie interessant klingt, legen Sie sich als erstes eine Bibliographie-Karte oder kurz „Bib"-Karte dieser Quelle an. Bib-Karten, auf denen alle Informationen *korrekt* aufgezeichnet sind, werden Ihnen später sehr viel Ärger und unnötigen Zeitverlust ersparen. Ihre Bib-Karten sind das Herz Ihrer Forschungsbemühungen, auch weil Sie später Ihre Lektüre-Karten nach den Bib-Karten organisieren werden. Die Bib-Karten enthalten die Informationen, die Sie später für akkurate, bibliographische Schlußanmerkungen brauchen.

Es spielt dabei keine Rolle, ob Sie grundsätzlich mit einem Computer /
Notebook in der Bibliothek arbeiten oder die Bibliotheksarbeit klassisch
mit Karteikarte, Papier und Stift erledigen. Für Computer gibt es Programme, die wie ein elektronischer Zettelkasten funktionieren. Näheres
dazu finden Sie in den Abschnitten 1 und 2 im Kapitel 7. Die Arbeitsgänge bleiben in allen Fällen dieselben. Für Bib-Karten aus Karton verwenden Sie am besten Karteikarten der Standardgröße Din-A 6. Auf diesen Karten (elektronisch oder aus Karton) werden die Bücher und
Artikel, die Sie benutzen, vermerkt sein. Sie benötigen dazu den Namen
des Autors, Titel, Publikationsinformation (Verlagsort, eventuell Verlag:
die Verlagsangabe ist in Frankreich üblich, während sie in der deutschsprachigen Geschichtswissenschaft unüblich ist) und Erscheinungsdatum
(vgl. Kapitel 8 „Dokumentationstechniken"). Schreiben Sie für die Bücher oder Zeitschriften die Signatur Ihrer Bibliothek auf. Notieren Sie
sich auch wichtige Merkmale dieser Quelle, wie zum Beispiel „gute Fotografien" oder „statistische Tabellen im Anhang" oder „ausgezeichnetes
Kartenmaterial". Das sind genau die Bemerkungen, die wichtig werden,
wenn von Ihnen in einer annotierten Bibliographie oder einem bibliographischen Essay eine Bewertung Ihrer Quellen verlangt wird (vgl. auch
zu annotierten Bibliographien und bibliographischen Essays Kapitel 8).
Für die weiteren Arbeitsgänge (s. u.) ist es nützlich, wenn Sie auf der
Karte eine Kurzzitierweise festhalten, die Sie bei Ihren Notizen im Journal
oder auf der Lektüre-Karte immer wieder verwenden wollen, zum Beispiel: „Headrick, Tools".

Diese Bib-Karten sind ganz wichtig für Ihr aktuelles Forschungsprojekt.
Sie sollten die Karten unbedingt auch für später aufheben, weil Sie noch
viele Seminararbeiten schreiben werden, vor allem, wenn Sie Geschichte
im Hauptfach studieren. Der geeignetste Aufbewahrungsort für Bib-Karten aus Karton ist ein metallener Karteikasten (feuerfest) mit alphabeti-
schem Register. Karteikästen aus Plastik sind billiger und leichter, Karteikästen aus Holz sind sehr schön, aber vielleicht etwas unhandlich und
teuer. Solche Karteikästen gibt es in den Normgrößen zu kaufen. ProfessorInnen, DissertantInnen oder sonstige Forschende nehmen, wenn sie

Headrick, Daniel, R.
The Tools of Empire: Technology and European Imperialism in the
Nineteenth Century.

New York: Oxford University Press, 1981
Signatur: Pp 05.63-1
(ausgezeichnete Bibliographie)
Kurzzitierweise: Headrick, Tools

Abb. 5.1: Beispiel einer Bibliographie-Karte, handschriftlich

zu anderen Fachbibliotheken fahren, ihre Bibliographiekartei mit auf die Reise. Eines schönen Tages werden Ihre Karten ganz abgenutzt ausschauen, mit mehreren Signaturen der verschiedenen Bibliotheken und Katalogisierungssysteme – wie ein Paß, der weit herumgekommen ist. Sie werden zu einem historischen Dokument Ihrer eigenen Geschichte. Ein elektronischer „Zettelkasten" bleibt hingegen immer aseptisch …

Sie sind also mit Ihren Bib-Karten und einigen Büchern und Artikeln ausgerüstet; jetzt ist es an der Zeit, mit dem Lesen und Notieren zu beginnen. Es gibt einige spezielle Techniken, die das Leseverständnis fördern und Ihnen dabei helfen, das zusammengetragene Material in sich aufzunehmen.

– Lesen Sie das Material zuerst diagonal, damit Sie erst einmal eine allgemeine Vorstellung davon bekommen, was es enthält. Achten Sie hierbei besonders auf die ersten Absätze, auf erste Sätze in Absätzen und auf die Schlußbemerkungen.
– Versuchen Sie so aufmerksam wie möglich zu lesen, so daß Sie, wenn Sie eine Argumentation verpaßt haben oder den Faden verlieren, sofort zurückgehen und den Anschluß wieder finden können.
– Wenn Sie nicht verstehen, um was es dem Autor, der Autorin geht, legen Sie eine kurze Lesepause ein und denken Sie über das Material

nach. Schreiben Sie auf, was Sie nicht verstanden haben. Formulieren Sie Fragen.

- Wenn das Material kompliziert ist, halten Sie die Hauptargumente und wichtigsten Ideen alle paar Seiten oder jeweils nach einigen Absätzen fest. Fassen Sie die Hauptideen zusammen. Schreiben Sie dann eine Notiz, in der Sie das Material in Ihren eigenen Worten zusammenfassen.

Um ein guter Forscher, eine gute Forscherin zu werden, müssen Sie immer erst ein aktiver Leser, eine aktive Leserin sein. Diese Techniken sollten Ihnen dabei helfen. Auf diese Weise haben Sie wichtige Informationen schon in Ihren eigenen Worten formuliert und können sie in Ihrer Seminararbeit verwenden.

Benutzen Sie *Lektüre-Karten* (elektronische oder solche aus Karton) für Ihre Notizen beim Lesen. Die Kartengröße spielt keine Rolle, aber sie sollten alle gleich groß sein. Din-A 5 scheint bei Lektüre-Karten am beliebtesten zu sein. Falls Sie nicht mit dem Computer arbeiten: Achten Sie darauf, daß auf jeder einzelnen Lektüre-Karte die Quelle und die Seitenangabe stehen. Sie sollten für jede Quelle eine Kurzidentifikation / Kurzzitierweise entwickeln, die auf der Bib-Karte basiert (s. Abb. 5.1). Der Trick besteht darin, Ihre Quelle auf der Lektüre-Karte so eindeutig zu bestimmen, daß Sie für die vollständige Information immer direkt auf Ihre Bib-Karte zurückgreifen können. Schreiben Sie die Kurzidentifikation mit Seitenangabe oben auf jede Lektüre-Karte. Wenn Sie mit einem elektronischen „Zettelkasten" arbeiten, also einer Datenbank, können Sie Bib- und Lektüre-Karte im selben File verwalten, was die spätere Zuordnung von Lesefrüchten sehr vereinfacht und Irrtümern vorbaut.

Abb. 5.2 zeigt, wie eine (handschriftliche) Lektüre-Karte aussehen könnte. Die Kurzidentifikation, die von Ihrer Lektüre-Karte eindeutig auf Ihre Bib-Karte verweist, ist besonders wichtig, wenn Sie Zitate herausschreiben oder Informationen aus der Quelle paraphrasieren. Nichts ist so frustrierend und vergeudet so viel Zeit, wie wenn Sie ein Zitat verwenden wollen und merken, daß Sie vergessen haben, die Quelle und die Seitenzahl zu notieren. Wenn Sie die Quelle nicht rekonstruieren kön-

---

Headrick, Tools, S. 58–59

*Kap. 3 beginnt mit einem Paradoxon: Als Columbus Amerika ent-
deckte, kannten die Portugiesen die Westküste Afrikas schon seit 60
Jahren. Aber Afrika blieb für die nächsten 3 1/2 Jahrhunderte der
unerforschte „dunkle Kontinent". Die Gründe waren Malaria,
Trypanosomiasis (Schlafkrankheit; tödlich für Lasttiere), die Geographie und primitive Transportmittel.
„Bevor die Europäer erfolgreich in das Innere Afrikas einbrechen
konnten, benötigten Sie einen weiteren technologischen Fortschritt,
den Triumph über die Seuchen." S. 59*

Abb. 5.2: Beispiel einer Lektüre-Karte

nen, müssen Sie das Zitat vergessen, Sie können es nicht verwenden, egal,
wie großartig es passen würde.

Seien Sie beim Herausschreiben der Zitate aus dem Quellenmaterial
sehr genau. Setzen Sie alle direkten Zitate in Anführungszeichen, so daß
Sie die Zitate auch nach einigen Tagen noch von Ihren eigenen Notizen
unterscheiden können. Schreiben Sie das Zitat exakt nach der Quelle ab,
einschließlich der Interpunktion und Orthographie. Wenn Sie eine Pas-
sage nur zum Teil zitieren wollen, machen Sie an der Stelle, an der Sie innerhalb eines Satzes etwas auslassen, drei Punkte. Auslassungen zwischen
zwei zitierten Sätzen werden durch drei Punkte in runden Klammern gekennzeichnet. Wenn Sie innerhalb des Zitats eigene Einfügungen machen, benutzen Sie eckige Klammern; oft wird das eigene Namenskürzel
dazugesetzt, um Mißverständnisse sicher auszuschließen.

Schreibübung 5.6: In der Bibliothek forschen. Wählen Sie sich ein
Übungsthema, suchen Sie mindestens eine ausführliche Primärquelle
und drei Sekundärquellen. Legen Sie Bib- und Lektüre-Karten an.
Wenn Sie die Texte gelesen und sich Notizen gemacht haben, schrei-

ben Sie einen Eintrag in Ihr Forschungs-Logbuch. Hat sich Ihre Hypothese verändert? Was ist das Interessanteste, das Sie bisher herausgefunden haben?

Wie kommen Sie zu Material?

Wenn man ein Thema von verschiedenen Gesichtspunkten aus betrachtet, ergeben sich neue und originelle Querverbindungen. (Vgl. auch den Abschnitt „Strukturierte Fragen" in Kapitel 3.) Für die folgende Journaleintragung lautete die Aufgabe, ein Thema im Zusammenhang mit einer anderen Fragestellung zu beleuchten. Patricia Tursi denkt darüber nach, wie wichtig die europäische Technologie für die Entdeckung des Chinins war:

Einige der europäischen Technologieinnovationen, die die Industrialisierung hervorgebracht hat, stehen mit der Entdeckung und dem Gebrauch von Chinin als präventivem Mittel gegen Malaria in einem engen Zusammenhang und sind deswegen besonders wichtig. Ich meine hier die Neuentwicklungen bei Dampfschiffen, insbesondere den Verbrennungsmotor und den Gebrauch von Stahl beim Schiffsbau. Ohne die Entwicklung von Dampfschiffen hätte die Anwendung von Chinin keine so weitreichenden Folgen gehabt. Mit dieser neuen Transportart konnten Europäer andere Erdteile, zum Beispiel Afrika, mit größerer Effizienz erforschen.
Dampfschiffe wurden schon vor dem Gebrauch von Chinin zur Erforschung afrikanischer Flüsse verwendet. Die beiden Entwicklungen sind eng miteinander verbunden, und ich muß versuchen, diesen Zusammenhang deutlich herauszuarbeiten. Ohne Dampfschiffe wären die Flüsse im Inneren von Afrika nicht erforscht worden. Die Schiffsexpeditionen zeigten dann, daß

solche Unternehmungen aufgrund der Seuchengefahr zum Scheitern verurteilt waren. Man begann also, auf den Dampfschiffen, die in diesem Gebiet unterwegs waren, mit verschiedenen Behandlungsmethoden gegen Tropenkrankheiten, insbesondere gegen Malaria, zu experimentieren. Versuch und Irrtum führten schließlich zu einer wirksamen Behandlungsmethode gegen die Krankheiten, die die Europäer von Afrika ferngehalten hatten. Erst dadurch wurde eine Kolonisierung möglich. Der Einsatz von Dampfschiffen und die Verabreichung von Chinin an die Mannschaften waren zwei technologische Entwicklungen, die den neuen Imperialismus förderten. Diese beiden technologischen Entwicklungen müssen im größeren Zusammenhang des neuen europäischen Imperialismus gesehen werden. Palmer schreibt: „Der Imperialismus entwickelte sich in Europa aus kommerziellen, industriellen, finanziellen, wissenschaftlichen, politischen, journalistischen, intellektuellen, religiösen und humanitären Impulsen, die alle zusammenflossen.“

Patricia Tursi schreibt hier ihre Assoziationen nieder und entwickelt einige wichtige Verbindungslinien, die für ihre Arbeit wichtig sein werden. Sie sieht ihr Thema jetzt in jenem größeren Zusammenhang, den sie auf jeden Fall mitberücksichtigen muß.

Schreibübung 5.7: alternative Sichtweisen. Schreiben Sie eine Journaleintragung, in der Sie Ihr Thema in einem anderen Zusammenhang als bisher untersuchen. Bringt Ihnen diese Schreibübung zusätzlichen Stoff oder neue Sichtweisen? Sehen Sie andere Möglichkeiten, mit Ihrem Thema umzugehen?

Sie schaffen einen Kontext

In diesem Stadium des Forschungsprozesses sollten Sie versuchen, Ihr Thema in einem größeren Kontext und aus einem anderen Blickwinkel zu überdenken. Vielleicht ergibt sich dadurch eine neue Perspektive. Patricia Tursis Professor gab den Studierenden die Aufgabe, in ihrem Journal über ihre Themen in einem entsprechend erweiterten Kontext zu schreiben; für Patricia bedeutete das: Chinin – im erweiterten Kontext des neuen Imperialismus.

Erst nachdem Chinin entdeckt und bei der Behandlung von Malaria angewendet worden war – auch als präventives Mittel gegen das Fieber – konnten Europäer das Tropenklima Afrikas vertragen. Folglich waren sie endlich in der Lage, in den afrikanischen Kontinent einzudringen und ihn zu erkunden. Aber noch während auf den Forschungsexpeditionen mit Chinin experimentiert wurde, hatten Europäer einen ersten Blick in das Innere Afrikas werfen können. Die Anwendung von Chinin gab auch missionarischen Bestrebungen in Afrika neuen Auftrieb. Ich will aber den neuen europäischen Imperialismus in meiner Arbeit nicht so ausführlich behandeln. Meine Hypothese ist, daß Chinin ihn zu einer Realität werden ließ. Ich werde auch argumentieren, daß die wissenschaftliche Entdeckung des Chinins charakteristisch für den neuen Imperialismus war, weil sie erst durch Veränderungen möglich wurde, die sich in Europa aufgrund der Industrialisierung vollzogen hatten. Wahrscheinlich muß ich auch erwähnen, warum die Europäer überhaupt expandieren wollten. (Was wollten sie dort?) Warum war Afrika attraktiv für sie? Afrika wurde erst durch die Entdeckung des Chinins attraktiv. So war also Chinin zum Teil eine

Folge des Industrialismus und des neuen Imperialismus und gleichzeitig ein Faktor, der die Entwicklung des neuen Imperialismus begünstigte. Die Entdeckung des Chinins ergab sich aus den europäischen
Expansionsbestrebungen, und es war Chinin, das es
den Europäern ermöglichte zu expandieren. Das ist
wirklich eine chaotische Journaleintragung geworden!

Je mehr sich Patricia Tursi bemüht, ihre These zu modifizieren und zu
verdeutlichen, desto komplizierter und verworrener werden ihre Sätze. In
dieser Arbeitsphase, in der Sie einzelne Quellen miteinander verarbeiten
und zusammenfassen, kann so ein An-sich-selbst-Schreiben sehr nützlich
sein. Die Eintragung klingt weniger flüssig als die vorhergehende, bei der
Patricia sich noch weniger auskannte und über weniger Material verfügte;
ein untrügliches Zeichen, daß sie jetzt mit größeren und komplizierteren
Stoffmengen zu kämpfen hat. Es wurde ihr klar, was sie alles nicht untersuchen wollte, aber auch, wohin sich ihre Arbeit nun bewegen sollte.

Schreibübung 5.8: weitere alternative Sichtweisen. Schreiben Sie eine
Journaleintragung, in der Sie Ihr Thema in einen größeren Kontext
stellen. Kommt dabei etwas in Bewegung? Was haben Sie herausgefunden? Zeichnet sich eine mögliche Hypothese ab?

4. Ihre Arbeit: schreiben

Die Planung

Sie haben inzwischen ein gutes Gespür für Ihr Material und Ihre Quellen und Sie sind an Ihr Thema von verschiedenen Seiten herangegangen.
Jetzt müßten Sie so weit sein, einen Arbeitsplan für die Argumentations-
abfolge und den Aufbau Ihrer Arbeit aufzustellen. Ein Plan wird Sie auch
auf Schwachstellen in Ihrer bisherigen Forschung aufmerksam machen.

Patricia Tursi schrieb ihren Arbeitsplan als Gliederung; es ist anzunehmen, daß es ihr gelang, gleich einen vernünftigen Arbeitsplan aufzuset-
zen, weil sie schon in der Vorbereitungsphase so viel geschrieben hatte.

```
Arbeitsplan
1 Einleitung - These
2 Frühe europäische Versuche, in Afrika vorzudringen
  2.1 Das Problem der Krankheiten
  2.2 Fallbeispiele
  2.3 Die Einstellung gegenüber Afrika
3 Industrialismus
  3.1 verändert Einstellungen
  3.2 liefert neue Beweggründe und Anreize,
      Afrika zu erforschen
  3.3 führt zu Neuem Imperialismus
4 Afrikaforschung: Versuche im 19. Jahrhundert
  4.1 Laird
  4.2 Trotter
  4.3 Die Franzosen
5 Die Entdeckung des Chinins
  5.1 Die Entwicklung der Entdeckung
  5.2 Experimentier- und Beobachtungsphase des
      neuen Medikaments
      5.2.1 Livingstone
      5.2.2 Meller
  5.3 Der Mangel an wissenschaftlichem
      Know-how
6 Schluß
7 Appendix
  7.1 4 Journaleintragungen
  7.2 Rohentwurf
  7.3 3 Artikel aus Fachzeitschriften des 19.
      Jahrhunderts (Primärquellen)
  7.4 Karte der afrikanischen Flüsse?
```

Schreibübung 5.9: Einen Plan schreiben. Ihr Plan kann aus einer Gliederung oder einer Serie von Sätzen oder Statements bestehen, was immer für Sie am besten funktioniert. Wenn Sie für Ihre Gliederung nur Stichworte benutzen, sollten Sie Ihre These in ein, zwei Sätzen ausführen. War es schwer, den Plan aufzustellen? Oder ist es Ihnen leicht gefallen?

Die Vorschreibphase

Eine der Voraussetzungen dieser Seminararbeit ist, daß Sie in der Vorschreibphase Journaleintragungen verwenden. Vielleicht kommen Sie auch später noch auf Ihr Journal zurück und probieren dort bestimmte Passagen aus, während Sie gleichzeitig an der Textfassung weiterschreiben. Aber selbst wenn Sie kein Seminarjournal geführt haben, empfehlen wir Ihnen dringend, jetzt für Ihre Seminararbeit Eintragungen im Stil informellen Schreibens zu machen, wie am obigen Beispiel der Studentin Patricia Tursi vorgeführt. Vielleicht fragen Sie sich, was all diese Vorschreibstufen vor der ersten Fassung der Arbeit eigentlich sollen. Patricia Tursi schreibt in ihrem Forschungs-Logbuch zur Vorschreibphase:

```
24/2/86 NR. 13 NOTIZ ÜBER DIE ARBEIT
Ich habe eine Arbeit noch nie so geschrieben. Aber
ich finde, daß die Journaleintragungen, die ich
schon vorher gemacht habe, meine Gedanken und Ideen
zum Thema haben klarer werden lassen. Diese Methode
hat mir zu einem guten Start verholfen; normaler-
weise habe ich große Schwierigkeiten beim Start.
Aber so konnte ich mich mit meinem Thema erstmal
beschäftigen, ohne mir Sorgen um Form oder Wortwahl
zu machen, und deswegen ist es mir auch leichter
gefallen, eine brauchbare Gliederung aufzusetzen.
Und das Schreiben der Arbeit hat mir viel mehr Spaß
gemacht, weil ich wußte, daß ich auf meine Journal-
eintragungen zurückgreifen könnte, sollte mir
```

plötzlich nichts mehr einfallen. Irgendeine Idee,
die mir einen Kick zum weiterschreiben gebracht
hat, habe ich im Journal immer gefunden. Ich finde,
so zu schreiben, ist gerade für den Anfang einer
Seminararbeit eine ziemlich wirkungsvolle Technik.
Ich habe mir vorgenommen, auch meine anderen Seminararbeiten auf diese Weise zu schreiben.

Die erste Fassung, um das Thema zu entdecken – das Überarbeiten, um das Thema zu verdeutlichen

Nicht einmal erfahrene AutorInnen finden ihren ersten Entwurf auf An-
hieb hundertprozentig zufriedenstellend. Und sollte das doch einmal gelingen, dann ist das außergewöhnlich. Dem Historiker Karl Bosl, der ein
riesiges Œuvre hinterlassen hat, wurde nachgesagt, daß er seine Texte sofort in der endgültigen Druckfassung herunterschreiben bzw. diktieren
konnte. In der Regel ist der Wundertext, den man in einem Wurf herun-
tergeschrieben hat, aber entweder sehr vereinfachend oder unvollständig
– oder beides.

Manchmal muß der Autor, die Autorin erst einmal mit dem Schreiben anfangen, um zu sehen, wie der Text aussieht und wohin er führt –
so wie es der am Ende von Kapitel 3 zitierte E. H. Carr schildert: der Anreiz wurde so stark, daß er anfangen mußte zu schreiben „nicht unbedingt am Anfang, sondern einfach irgendwo." Sie sollten sich, bevor Sie
anfangen, noch ein paar Gedanken zum Aufbau Ihres Textes machen:
Sind die Ideen gut entwickelt? Sind sie logisch miteinander verbunden?
Belege ich die einzelnen Punkte gut genug? Geht meine Argumentation
auf? Muß ich mehr sagen? oder eher weniger?

Im Entwurf greifen Forschen und Schreiben ineinander. Wir haben
bei E. H. Carr in Kapitel 3 gelesen, daß sie Hand in Hand gehen, und
auch Patricia Tursi spricht von dieser gegenseitigen Beziehung. Im Entwurf geben Sie Ihrer Arbeit als Ganzes eine bestimmte Form und gewinnen eine Vorstellung davon, wie sie in etwa aussehen wird. Gliederung
oder Plan werden beim Schreiben notwendigerweise Veränderungen und

Verbesserungen über sich ergehen lassen müssen. Wenn man eine genaue Gliederung von uns verlangen würde, die dem endgültigen Aufbau entspricht, müßten wir sie nach der Fertigstellung der Endversion verfassen und nicht vorher. Auch das Inhaltsverzeichnis eines Buches wird erst zusammengestellt, wenn das Manuskript seine endgültige Form angenommen hat.

Es spielt keine Rolle, ob Sie einen Arbeitsplan im Journal aufsetzen oder ob Ihre Gliederung detailliert oder zunächst nur provisorisch ist; die Hauptsache bleibt, daß Sie für den Einstieg in Ihr Material erst einmal eine grobe Struktur haben, an die Sie sich halten können. Diese Grobstruktur, in welcher Form auch immer, macht es Ihnen möglich, Ihre Lektüre-Karten in eine gewisse Ordnung zu bringen. Am besten legen Sie dafür die Karten auf einer großen sauberen Fläche aus – auf Ihrem Schreibtisch oder auf dem Küchentisch. Die jeweiligen Kartengruppierungen liefern Belegmaterial und Zitate für jeden Teil Ihres Entwurfs. Mit einem elektronischen Zettelkasten verfahren Sie sinngemäß, indem Sie die elektronischen Zettel, die denselben Punkt Ihrer Gliederung betreffen, mit derselben Kennung/Markierung versehen und damit elektronisch bündeln. Sie sollten Ihren Entwurf mit dreifachem Zeilenabstand schreiben, dadurch wird das Überarbeiten auf Papier einfacher. Wenn Sie ausschließlich am Bildschirm arbeiten, also auch überarbeiten, erübrigt sich der große Zeilenabstand, aber wenn Sie Ihren Text für die Überarbeitung ausdrucken, was die meisten Computeranwender immer noch praktizieren, stellen Sie am besten einen dreifachen Zeilenabstand ein. Die vielen Formatierungsmöglichkeiten, die die Datenbank- und Textprogramme bieten, sollten erst zum Einsatz kommen, wenn nichts mehr zu korrigieren und zu überarbeiten ist.

Da „Revision" bedeutet, daß man „etwas wieder oder in einer anderen Art und Weise sieht"(„revidere"), müssen Sie zur Überarbeitung einen ausgeschriebenen Entwurf ihrer Arbeit vor sich liegen haben. Beim Überarbeiten können Sie ganz wichtige Lernerfahrungen machen. Erst jetzt sehen Sie so richtig, was Sie da nach langen Stunden der Lektüre und Recherche geschrieben haben; Sie stellen fest, daß es Ihnen gefällt, aber Sie wollen den Text noch verbessern. Dabei können Sie die Feinheiten immer noch vernachlässigen; Ihr Augenmerk ist auf Ideen, Struktur und Wirkung gerichtet. Wäre ein anderer Anfang nicht besser? Finden Sie eine präzisere Formulierung für die Einleitung? Gibt es für den Schluß vielleicht eine bessere Lösung als die Zusammenfassung der Hauptpunkte? Haben Sie noch ein besonders starkes Zitat, das Ihre Ideen am Ende der Arbeit wirkungsvoll zusammenfassen könnte? Oder nehmen Sie sich die dritte und vierte Seite noch einmal besonders vor? Schließlich ist diese Arbeit eine Art Selbstdarstellung, die Ihren Leistungen gerecht werden soll.

Die Arbeit „hören"

Der überarbeitete Entwurf bildet nun die Textgrundlage für einen Lesedurchlauf mit Ihren StudienkollegInnen (vgl. „Über das Schreiben sprechen" in Kapitel 3). Patricia Tursi bat eine Freundin, ihre Arbeit zu lesen, und obwohl sie ihre Überarbeitung schon fast abgeschlossen hatte, machte diese Leserin noch sehr treffende Verbesserungsvorschläge, wie zum Beispiel: „mich würden detailliertere Beschreibungen der Krankheiten und eine genauere Klärung der Begriffe Sozialdarwinismus und „white man's burden" interessieren."
Ihre Vorschlagsliste für Verbesserungen ging dann noch mehr ins Detail:

1. Seite 3, zweiter Absatz: „Eine der Technologien ..."; beziehe es direkter auf die Entdeckung von Chinin als Behandlungsmethode.
2. Vielleicht solltest du den Absatz mit den Statistiken an den Anfang der Arbeit stellen – damit erreichst du eine Schockwirkung und hast sofort die Aufmerksamkeit der LeserInnen.
3. Führe die Auswirkungen noch weiter aus. (Headrick).

Ob Sie alle Vorschläge annehmen oder nicht, spielt dabei keine Rolle. Es ist einfach wichtig, Ihren Text durch die Reaktionen von anderen noch einmal aus einer gewissen Distanz zu sehen; und während Ihre Arbeit gelesen wird, können Sie selbst einmal an etwas anderes denken; außerdem kann es nie schaden, „a little help from your friends" zu bekommen. Um den anderen die Überarbeitung zu erleichtern, geben Sie Ihnen natürlich nur eine sauber getippte oder ausgedruckte Version. Mit entsprechenden Computerprogrammen lernen Sie, nebenbei erwähnt, im Handumdrehen, mit zehn Fingern zu schreiben!

Patricia Tursi beschreibt in einer Journaleintragung, wie wichtig es für sie selbst war, die Arbeit eines Studienkollegen zu lesen:

```
„Es war sehr gut für mich, diese Arbeit durchzule-
sen. Auf diese Weise habe ich mich mit dem Schrei-
ben von jemand anderem intensiv auseinandersetzen
können, und es hat mir Spaß gemacht, Verbesserungs-
vorschläge zu machen."
```

Bei der Überarbeitung sehen Sie Ihre Arbeit vor sich; es hilft aber auch, wenn Sie Ihre Arbeit hören; lesen Sie sich selbst Ihren Text laut vor oder bitten Sie jemand anderen darum. Bei allen möglichen Veranstaltungen wird ohnehin eine Präsentation vor Publikum erwartet. Wenn Sie Ihre Arbeit einem Freund oder einer Freundin laut vorlesen oder sie sich vorlesen lassen, können Sie überprüfen, wie Ihre Sprache klingt und sie dann so verändern, daß sie sich noch besser und überzeugender anhört.

Schreibübung 5.10: Der erste Entwurf und die Überarbeitung. Schreiben Sie einen Entwurf Ihrer Arbeit; benutzen Sie dafür die Arbeitspläne, die Sie in der Schreibübung 5.9 aufgesetzt haben, zusammen mit dem Material, das Sie in den Schreibübungen 5.5–5.8 gesammelt haben. Überarbeiten Sie diesen Entwurf, so oft sie es für nötig halten, wenn möglich über den Zeitraum von mindestens einer Woche. Geben Sie Ihre Arbeit einer Person in Ihrem Seminar zum Lesen; bitten Sie sie, besonders auf Passagen zu achten, mit denen Sie noch Schwierigkeiten haben.

Das Redigieren: Sie besprechen Ihre Arbeit mit anderen

Immer häufiger wird in der Öffentlichkeit, zum Beispiel von Arbeitgebervertretern, beklagt, daß viele junge Leute kein korrektes Deutsch schreiben könnten. In Ihrer Arbeit stellen Sie sich als Historiker, als Historikerin vor. Redigieren bedeutet, dem Manuskript den letzten Feinschliff zu geben, Fehler in der Wortwahl, grammatische und Rechtschreibfehler sowie die Interpunktion zu verbessern. Diese letzten Verbesserungen sind sehr wichtig.

Ihr Text soll vor allem deswegen so gut wie möglich sein, weil er selbst ein Stück Geschichte ist. Wie Sie Ihre Quellen interpretiert haben, Ihre Haltung zu Ihrem Thema, die Schwerpunkte, die Sie setzen und die Hypothesen, die Sie vertreten, all das macht Ihre Arbeit einzigartig. Eine historische Darstellung genau in dieser Form hat es noch nie gegeben und wird es auch nie wieder geben. Sie haben allein dadurch einen wichtigen Beitrag geleistet, daß Sie ein Stück Geschichte geschrieben haben (selbst wenn Sie aufgrund von finanziellen oder zeitlichen Einschränkungen vielleicht keine neuen Primärquellen finden konnten). Sie haben das Thema zu Ihrem Thema gemacht und es auf Ihre Weise interpretiert. Mit diesem Manuskript stellen Sie auch sich selber dar, und es sollte für Ihre Leser und Leserinnen, für Ihre StudienkollegInnen, für Ihre Professoren und Professorinnen und für Ihren ganzen Freundeskreis so perfekt wie möglich sein.

Schreibübung 5.11: Redigieren. Bevor Sie die letzte Version Ihrer Seminararbeit ausdrucken, prüfen Sie Ihren Text noch einmal auf Formulierungs- oder andere Oberflächenfehler. Überprüfen Sie Anmerkungen und Bibliographie auf Genauigkeit von Form und Inhalt. Lesen Sie den Text vor und zurück, damit Ihnen kein Fehler entgeht. Lassen Sie jemand anderen die Arbeit laut vorlesen. Und sollten Sie am Tag der Abgabe plötzlich bemerken, daß es in einem Satz doch noch einen Begriff gibt, der nicht paßt, so können Sie die notwendigen Änderungen immer noch einfügen (in Druckbuchstaben mit schwarzem Kuli oder als

Randkorrektur unter Beachtung der gängigen Korrekturzeichen gemäß Duden).

Lesen Sie nun die Endfassung von Patricia Tursis Arbeit, die einer nach Thema und Seitenzahl begrenzten kleinen Hausarbeit im Proseminar Geschichte entspricht:

DAS CHININ UND DER NEUE EUROPÄISCHE IMPERIALISMUS. RESULTAT UND URSACHE

Patricia Tursi
Seminar „Geschichte 6" – Professor Steffens
18. April 1986

Inhalt

1.Einleitung

Am Ende des 19. Jahrhunderts begannen die europäischen Mächte, in das Innere von Afrika einzudringen. Die europäischen Großmächte, besonders Großbritannien und Frankreich, verfolgten in dieser Epoche eine aggressive Expansionspolitik, die von Historikern als neuer europäischer Imperialismus

bezeichnet wurde. Eine Vielfalt von Faktoren, die
sich aus Entwicklungen in der europäischen Zivilisation herleiten lassen, trugen zum Aufkommen des
neuen Imperialismus bei. Der Historiker R. R. Palmer beschreibt den neuen europäischen Imperialismus
so: „Der Imperialismus entwickelte sich in Europa
aus kommerziellen, industriellen, finanziellen, wissenschaftlichen, politischen, journalistischen,
intellektuellen, religiösen und humanitären Impulsen, die alle zusammenflossen". (1) Innerhalb dieses
breiten Spektrums von Motiven für die europäische
Expansion in Afrika konzentriert sich die vorliegende Arbeit auf ein entscheidendes Detail in der
Technologiegeschichte, das die Entdeckung des Chinins als Medikament zur Folge hatte. Chinin kann
ebenso als eine der Ursachen für Europas neuen Imperialismus wie auch als eines seiner Resultate an-
gesehen werden. (2)

2.Frühe europäische Versuche, in Afrika vorzudringen, und das Problem der Krankheiten

Die von Europäern vor der Mitte des 19. Jahrhunderts unternommenen Versuche, den abgelegenen afrikanischen Kontinent zu durchdringen, waren alle zum
Scheitern verurteilt, weil europäische Entdeckungs-
reisende das ganze 17. und 18. Jahrhundert hindurch
und bis zur Mitte des 19. Jahrhunderts in Afrika
von gefährlichen Tropenkrankheiten befallen wurden.
So blieb Afrika der weiße Fleck auf der Landkarte
der Welt. Die Europäer fielen der Diphtherie, dem
Gelbfieber, dem Typhus und anderen ansteckenden tropischen Krankheiten zum Opfer. Eine ganz bestimmte

Krankheit aber bildete das Haupthindernis für alle
europäischen Unternehmungen in Afrika: Malaria. Malaria erkennt man an periodisch auftretendem Schüt-
telfrost und Fieberschüben, Anämie, einem schlech-
ten gesundheitlichen Allgemeinzustand und an einer
vergrößerten Milz. Malaria bedeutete für Europäer
in Afrika die häufigste Todesursache und machte den
Kontinent für sie praktisch unbetretbar. (3) Daniel
Headrick führt in seinem Buch „The Tools of Empire"
die entsetzlichen Todesstatistiken einiger früher
europäischer Expeditionen auf:

„(...) Während der Expedition von William Bolt in der Delagoa Bay
1777–79 starben 132 von 152 Europäern. Die Mungo Parks-Expedi-
tion von 1805 zum oberen Lauf des Nils endete mit dem Tod von allen Europäern, die an ihr teilgenommen hatten." (4)

Aufgrund dieser katastrophalen Folgen für die
frühen Expeditionen galt Afrika den Europäern als
der „dunkle Kontinent" und wurde als „Grab des
weißen Mannes" bezeichnet. (5) Europa verlor zwi-
schenzeitlich sein Interesse an Afrika; die erste
Phase des Imperialismus bestand daraufhin in der
Kolonisierung des amerikanischen Kontinents, Asiens
und Australiens. (6)

3. Industrialismus

Im 19. Jahrhundert setzte sich in Europa der Industrialismus durch, der von tiefgreifenden Veränderungen in den gesellschaftlichen Einstellungen gegenüber Afrika begleitet war; das Bedürfnis, den
„dunklen Kontinent" zu erforschen, war wieder ge-

weckt. (7) Die weitere Entwicklung der europäischen
Kultur schuf neue Gründe für die Expansion nach
Übersee, die von missionarischen, ökonomischen, na-
tionalistischen und strategischen Rechtfertigungen
getragen wurden. Schon vor dem 19. Jahrhundert
hatte es missionarische Anstrengungen in Afrika gegeben, aber aufgrund der durch den Industrialismus
verursachten Veränderungen nährten Begriffe wie Sozialdarwinismus und „White Man's Burden" den missionarischen Eifer der Europäer im 19. Jahrhundert.
Sowohl der Sozialdarwinismus als auch „White Man's
Burden" waren rassistische Ideologien, die im 19.
Jahrhundert in Europa vertreten wurden; sie wurden
als Rechtfertigung für den neuen Imperialismus
benutzt und somit auch als Rechtfertigung der ver-
heerenden Folgen, die er über indigene Völker her-
einbrechen ließ. Auch die hinter den Expansionsbestrebungen stehenden ökonomischen Motive in den
Industrienationen hatten sich verschoben: Der
Handel benötigte sowohl neue Absatzmärkte für seine
Waren als auch neue Rohstofflieferanten. In dieser
Periode entscheidender ideologischer Veränderungen
begannen die Europäer nationale Ehre mit einem
möglichst großen Kolonialbesitz gleichzusetzen.
Durch den verstärkten Einsatz von dampfbetriebenen
Kriegsschiffen wurden die Kolonien auch strategisch
wichtig. Der abgelegene afrikanische Kontinent,
wie ein einziger großer weißer Fleck auf der Welt-
karte, war zum Hauptkandidaten für den neuen
europäischen Imperialismus geworden. In der Mitte
des 19. Jahrhunderts verfügten die Europäer dann
auch über die Technologie, diese Expansionsbestrebungen durchzuführen.

4.Die Erforschung Afrikas: Versuche im 19. Jahrhundert

Eine für die Erforschung Afrikas unerläßliche technologische Entwicklung war das Dampfschiff. In der Mitte des 19. Jahrhunderts wurden bei europäischen Unternehmungen in Afrika häufig Dampfschiffe eingesetzt. Aber obwohl deren Entwicklung die Transportschwierigkeiten gelöst hatte, konnten die Europäer aufgrund der Seuchengefahr nach wie vor nicht erfolgreich in das Innere des Kontinents eindringen. Headrick weist darauf hin, daß die Europäer „einen weiteren technologischen Fortschritt, den Triumph über die Seuchen" benötigten. (8)

1832 organisierte der Engländer Macgregor Laird, ein überzeugter Vertreter der neuen europäischen Einstellungen, eine Expedition nach Nigeria. Er benutzte die Dampfschiffe „Quorra" und „Albrukah". Die Besatzung der „Quorra" war 26 Mann, die der „Albrukah" 14 Mann stark. Beide Schiffe drangen ab dem 18. Oktober 1832 auf dem Nan-Arm des Niger vor. Unmittelbar nachdem sie ihre Fahrt auf dem Fluß begonnen hatten, erkrankten Besatzungsmitglieder beider Schiffe an Malaria. Am 14. November 1832 gab es auf der „Quorra" nur noch einen Europäer, der in der Lage war, seinen Dienst an Bord zu verrichten. Bis zum 21. November 1832 starben dort 13 Männer, die „Albrukah" hatte zwei Männer verloren. 1833 zwangen die Auswirkungen der Malaria beide Schiffe, sich vom Fluß auf das offene Meer zurückzuziehen. Die Expedition war somit völlig fehlgeschlagen; auf der „Quorra" waren 24, auf der „Albrukah" 15 Männer gestorben. (9)

Dieses Szenario bildete keine Ausnahme: Während der
ersten Hälfte des 19. Jahrhunderts endeten viele
andere Expeditionen ähnlich. Die Expedition auf dem
Niger von Kapitän Trottler in den Jahren 1841-42
mit den Dampfschiffen „Albert", „Wilberforce" und
„Soudan" wurde durch Malaria praktisch lahmgelegt.
(10) Die Franzosen erlebten nach Ihrer Invasion in
Algerien in den 30er Jahren des 19. Jahrhunderts
ein ähnliches Desaster. (11)

5.Die Entdeckung des Chinins

Aber obwohl die Versuche, in das Innere Afrikas
vorzudringen, auf so erschreckende Weise scheiterten, hatten diese Fehlschläge in den Augen der Europäer durchaus auch ihre produktive Seite: Expedi-
tionsärzte hatten den Kampf aufgenommen, durch
Beobachtung und Experiment eine Therapie gegen Malaria zu finden – die Krankheit, die die europäische
Expansion blockierte. Headrick schreibt:

„Die Tatsache, daß der Verursacher von Malaria der Wissenschaft
bis zum Ende des Jahrhunderts unbekannt blieb, verhinderte
nicht, daß schon viel früher ein langer Versuchsprozeß auf ein
Heilmittel gegen die Krankheit führte. Vor unserem Jahrhundert
kam es häufiger vor, daß technologische Fortschritte einer wissenschaftlichen Erklärung des zugrundeliegenden Phänomens vor-
ausgingen." (12)

Man kann diesen aus „trial and error" bestehenden
Prozeß bei der Entdeckungsgeschichte eines wirksa-
men Malariamittels deutlich beobachten. Im 17.
Jahrhundert führten die Jesuiten den Gebrauch der

Rinde des Cinchona-Baums als Behandlungsmethode bei
Malaria tertiana (Erreger: Plasmodium vivax) ein.
Im 18. Jahrhundert begannen Mediziner damit, die
Rinde regelmäßig als Heilmittel gegen das Fieber zu
verordnen. Aber zu einem Durchbruch kam es erst,
als es um 1820 den beiden französischen Chemikern
Pierre Joseph Pelletier und Joseph Bienaimé Caven-
tour gelang, das Alkaloid Chinin aus der Cinchona-
Rinde zu extrahieren. Um 1827 begann man mit der
kommerziellen Produktion von Chinin, 1830 wurde das
Medikament bereits in für den allgemeinen Gebrauch
ausreichenden Mengen hergestellt. (13) Zu demselben
Zeitpunkt, als das Alkaloid Chinin entdeckt worden
war, wurde es bemerkenswerterweise auch technisch
möglich, das Medikament kommerziell herzustellen.
Es ist wichtig festzuhalten, daß eine wirkungsvolle
Therapie gegen Malaria entdeckt wurde, weil der
Wunsch bestand, Afrika zu kolonisieren. So gesehen
war die Entdeckung von Chinin eine direkte Konse-
quenz des neuen europäischen Imperialismus.
Chinin wurde zwar im 19. Jahrhundert entdeckt, aber
die Europäer waren damals noch nicht in der Lage,
den Übertragungsweg der Krankheit zu identifizieren
und zwischen zwei Varianten der Krankheit zu unterscheiden. Headrick bietet eine prägnante Beschreibung der beiden Erscheinungsformen der Krankheit:

„Malaria tertiana ist auf der ganzen Welt endemisch und wird
von dem Plasmodium vivax-Erreger verursacht. Die Krankheit
äußert sich in periodischen Fieberanfällen und einer
Schwächung des befallenen Gesamtorganismus. Eine andere Erschei-
nungsart, die von einem anderen Erreger, Plasmodium falciparum,
verursacht wird, ist nur im tropischen Afrika endemisch und
wesentlich gefährlicher." (14)

Da diese wissenschaftlichen Erkenntnisse im 19.
Jahrhundert noch nicht zur Verfügung standen,
konnte die wirkungsvolle Anwendung von Chinin als
Mittel gegen die beiden Malariavarianten nur in jeweils separaten Testserien erprobt werden.
Um 1845 begannen die Europäer, bei den ersten An-
zeichen des Fiebers Chinin einzunehmen. Diese Therapie war bei Malaria tertiana (Plasmodium vivax)
erfolgreich, wirkte bei Malaria tropica (Plasmodium
falciparum) jedoch nicht ausreichend. Um gegen die
letztere vorzugehen, mußte Chinin als Prophylakti-
kum verabreicht werden. (15)
Ab der Mitte des 19. Jahrhunderts war der Gebrauch
von Chinin dann weit verbreitet. Der Forscher David
Livingstone z. B. hatte von dem Medikament gehört
und benutzte Chinin von 1850 bis 1856 während seiner Landexpedition durch das südliche Afrika:

„Ab 1850 verwendete ich (D. Livingstone) die Methode, als erste
Behandlungsstufe Chinin zusammen mit einem Purgativ zu verab-
reichen, und hatte damit Erfolg. Ich war mit dieser Therapie bei
jedem auftretenden Fall erfolgreich." (16)

David Livingstones Rezept lautete folgendermaßen:

„Jalap und Colomel-Harz: Je acht Gramm; Chinin und Rhabarber: je
vier Gramm; gut vermischen; wenn erforderlich, mit Cardomon-Al-
kohol zu Pillen verarbeiten; Dosierung: 10 bis 20 Gramm." (17)

Dieses Rezept ist als „Livingstone-Pille" bekannt
geworden. Obwohl der Forscher mit seinen Chinin-Ex-
perimenten erfolgreich war, kam er zu dem Schluß,
daß das Medikament für die Krankheitsvorbeugung
nicht geeignet sei. (18)

Der Forschungsreisende Charles J. Meller, der an
mehreren Expeditionen an Afrikas südöstlicher Küste
und im östlichen Zentralafrika als „Naturforscher
und verantwortlicher Bordarzt" teilgenommen hatte,
experimentierte ebenfalls mit Chinin. (19) Nach
seiner Rückkehr nach Europa veröffentlichte Meller
im „British Medical Journal" Beobachtungen über
seine Erfahrungen mit Chinin auf einer Expedition
von 1861, die „auf den Flüssen Rovuma, Zambesi und
Shire durchgeführt wurde." (20) Auch diese Expedition sah sich mit der Krankheit konfrontiert.
Mellers Artikel gibt eine klare Beschreibung der
Seuchenproblematik an Bord und seiner Behandlungsmethoden mit Chinin. Wie Livingstone benutzte
Meller die Chinintherapie erst, nachdem die Symptome des Fiebers aufgetreten waren. Mellers Beobachtungen und Berichte lassen auf einen für die
Zeit beträchtlichen Einblick in die Krankheitspro-
blematik schließen. Seine Beobachtungen waren Teil
eines langen trial and error-Prozesses, aber es
fehlte auch ihm noch das letzte wissenschaftliche
Verständnis für Malaria. Auf seinen beiden Expeditionen hatte sich Chinin als unzureichendes Medikament gegen Malaria erwiesen.
Aus den Schriften Livingstones und Mellers geht
hervor, daß sie zwischen den beiden Erscheinungsformen von Malaria nicht unterscheiden konnten.
Livingstone beschreibt bei dem Fieber, mit dem er
es zu tun hatte, die Symptome der vivax-Form: Sie
tritt in cinem regelmäßigen Zweitage-Fieberzyklus
auf. Livingstone war bei seinen Beobachtungen zu
dem Schluß gekommen, daß Chinin ein erfolgreiches
Mittel gegen Malaria war. Aber das Fieber, das Meller beschreibt, entspricht den Symptomen der häufi-

ger tödlich verlaufenden falciparum-Variante. Sie
hat einen irregulären zyklischen Verlauf, und das
Fieber kann mit unregelmäßigen Schüttelfrost- und
Schweißausbrüchen mehr oder weniger kontinuierlich
anhalten. Mellers Beobachtungen führten ihn zu dem
Schluß, daß Chinin ein inadäquates Medikament gegen
Malaria sei. Weil die Europäer noch nicht zwischen
den beiden Varianten von Malaria unterscheiden
konnten, wurde bei der tödlichen falciparum-Variante die wirkungsvollste Therapie, die Chinin-Prophylaxis, noch nicht angewendet. Folglich litten
Europäer in Afrika weiterhin an dieser Form der Malaria. Eine Beobachtung von Meller ist dabei besonders interessant; er schreibt, daß „... eine über-
mäßige Irritation durch Moskitostiche das Fieber
trotz aller Therapien hoch hält."(21) Aber daß die
Moskitofliege die Krankheit überträgt, wurde erst am
Ende des 19. Jahrhunderts entdeckt. (22)

6.Schluß

Da die Europäer die Eigenschaften und Behandlungsmethoden von Malaria noch nicht völlig durchschaut
hatten, blieb Afrika für ihre Gesundheit weiterhin
feindliches Terrain. Aber mit der Entdeckung des
Chinins war es doch zu einer Verbesserung der Situation gekommen. Europäer, die an der vivax-Vari-
ante von Malaria erkrankten und mit Chinin behandelt wurden, überlebten; dadurch sank die
Sterblichkeitsrate. Als sich der Gebrauch von Chinin ausbreitete, fiel die Sterberate von 65 Promille
in den Jahren 1825-45 auf 22 Promille in den Jahren
1858-67. Im späten 19. Jahrhundert „sanken die

Sterbeziffern unter Europäern in ihrem ersten Jahr
in Westafrika von 250–770 Promille auf 50–100 Promille." (23) Als die Sterbeziffern immer niedriger
wurden, betrachteten die Europäer Afrika nicht länger als „Grab des weißen Mannes". Chinin hatte es
ihnen ermöglicht, in Afrikas Klima zu überleben.
„Flußdampfschiffe hatten das Hindernis schwieriger
Transportbedingungen überwunden – Chinin das der
Malaria. Beide zusammen öffneten einen Großteil von
Afrika für den Kolonialismus." (24)

ANMERKUNGEN

(1) R. R. Palmer und Joel Colton, A History of the Modern World
Since 1815. New York: Alfred A. Knopf, 1984, S. 615–16.

(2) Daniel R. Headrick, The Tools of Empire. New York: Oxford
University Press, 1981, S. 73.

(3) Headrick, S. 64.

(4) Headrick, S. 59–60.

(5) Headrick, S. 58 und 64.

(6) Headrick, S. 58.

(7) Headrick, S. 58.

(8) Headrick, S. 59.

(9) David Livingstone, On fever in the Zambesi: a note from Dr.
Livingstone to Dr. M'William, in: Lancet, 24. August 1861, zitiert nach Micheal Gelfand, Livingstone the Doctor. Oxford: Basil Blackwell, 1957, S. 300.

(10) Livingstone, S. 301.

(11) Headrick, S. 66.

(12) Headrick, S. 5.

(13) Headrick, S. 65-66.

(14) Headrick, S. 64.

(15) Headrick, S. 67.

(16) Livingstone, S. 297.

(17) Livingstone, S. 297.

(18) Livingstone, S. 297.

(19) Charles J. Meller, On the Fever of East Central Africa, in: Lancet, 22. Oktober 1864, zitiert nach Gelfand, Livingstone, S. 312.

(20) Charles James Meller, Fevers of the South-East Coast of Africa, in: British Medical Journal, 25. Oktober 1862, zitiert nach Gelfand, Livingstone, S. 304.

(21) Meller, in: British Medical Journal, S. 310.

(22) Headrick, S. 78.

(23) Headrick, S. 70.

(24) Headrick, S. 73.

ANNOTIERTE BIBLIOGRAPHIE

Headrick, Daniel R., The Tools of Empire. New York: Oxford University Press, 1981.
Sehr hilfreich. Liefert eine materialreiche Analyse zur Bedeutung des technologischen Fortschritts in Europa und zu der Frage, wie die Entwicklung der europäischen Technologie zum Aufstieg des neuen europäischen Imperialismus beitrug. Widmet der Entdeckung und dem Gebrauch von Chinin als Mittel gegen Malaria ein ausgezeichnet recherchiertes Kapitel.

Livingstone, David, On Fever in the Zambesi: A note from Dr. Livingstone to Dr. M'William, in: Lancet, 24. August 1861, abgedruckt in: Micheal Gelfand, Livingstone the Doctor. Oxford: Basil Blackwell, 1957.
Liefert einen Bericht aus erster Hand über die Verwendung von Chinin bei einer afrikanischen Expedition. Gibt eine detail-

lierte Beschreibung der Behandlungsmethode und des Krankheits-
verlaufes. Liefert Fallbeispiele von frühen europäischen Expan-
sionsversuchen in Afrika.

Meller, Charles James, Fevers of the South-East Coast of Africa,
in: British Medical Journal, 25. Oktober 1862, abgedruckt in:
Micheal Gelfand, Livingstone the Doctor. Oxford: Basil Blackwell, 1957.
Liefert über die Anwendung von Chinin gegen Malaria in Afrika Beobachtungen aus erster Hand. Betont die Unzulänglichkeit von
Chinin gegen den auftretenden Fiebertypus.

Meller, Charles J., On the Fever of East Central Africa, in: Lancet, 22. Oktober 1864, abgedruckt in: Micheal Gelfand, Livingstone the Doctor. Oxford: Basil Blackwell, 1957.
Bestärkt Schlußfolgerungen eines früheren Artikels im „British
Medical Journal" in Verbindung mit Fallstudien von Malariapati-
enten, die in Afrika unter anderem Chinin-Therapien unterzogen
wurden; Annahme, daß Stimulanzien als Prophylaxe besser geeignet
seien als Chinin.

Palmer, R. R. und Colton, Joel, A History of the Modern World
Since 1815. New York: Alfred A. Knopf, 1984.
Standardlehrbuch der europäischen Geschichte für Einführungskurse auf Universitätsniveau. Liefert die notwendige Hinter-
grundinformation zur europäischen Geschichte.

5. Weiterführende Gedanken zum Geschichte Schreiben

Marguerite Yourcenars „Notizen zu *Erinnerungen des Hadrian*"

Marguerite Yourcenar empfiehlt Menschen, die über Geschichte forschen, in
ihren Themen so intensiv aufzugehen, daß sie fast zu einer anderen Person in
einer anderen Zeit und an einem anderen Ort werden: „Die Spielregeln: sich
alles aneignen, alles lesen, alles zur Kenntnis nehmen ... [wie] der hinduisti-
sche Asket, der sich jahrelang abmühte, das Bild unter seinen geschlossenen
Lidern ein wenig zu schärfen, den eigenen Zwecken dienstbar zu machen."
Marguerite Yourcenar legt uns eindringlich nahe, intensiv zu forschen: „Hinter Tausenden von Karteikarten das Aktuelle der Geschehnisse ermitteln; ...
Bemüht sein, einen Text des II. Jahrhunderts mit den Augen, dem Geist und

den Sinnen des II. Jahrhunderts zu lesen." Und obwohl sie den Rat gibt „sich
die Schlagschatten untersagen; nicht erlauben, daß ein Atemhauch die Spie-
gelfläche beschlägt", empfiehlt sie uns doch auch: „Trotz allem Gebrauch machen – freilich klug, auf Vorstudien beschränkt – von den Möglichkeiten der
Annäherung und Absetzung, von den neuen Perspektiven, die nach und nach
durch so viele Jahrhunderte oder Ereignisse, die uns von diesem Text, diesem
Ereignis, diesem Menschen trennen, ertrotzt wurden."

Erst unser Einstieg in eine andere Zeit macht das Geschichte Schreiben
möglich, unser Einstieg in eine andere Kultur und in das Leben eines anderen Menschen oder, wie Yourcenar es ausdrückt, „unsere Brücke zu jenen
Menschen, die wie wir Oliven knabberten, Wein tranken, sich die Finger mit
Honig verklebten, … die genossen und dachten und alt wurden und starben."
Wenn wir Geschichte so erforschen und schreiben, fließen unsere Texte wie
die von Marguerite Yourcenar in den großen fortlaufenden Diskurs der Geschichte mit ein.

(aus: Marguerite Yourcenar: Erinnerungen des Hadrian. Notizen zu ‚Erinnerungen des Hadrian‘. Leipzig: Reclam, 1985, S. 267, 268. („Erinnerungen
des Hadrian", übersetzt von Fritz Jaffé, Text nach „Ich zähmte die Wölfin".
Stuttgart: Deutsche Verlags Anstalt, 1977; Notizen zu ‚Erinnerungen des Hadrian‘, übersetzt von Heidrun Werner. Leipzig: Reclam, 1985. Französische
Ausgabe: Mémoires d'Hadrien, ergänzt durch Carnets de notes à Mémoires
d'Hadrien. Paris: Librairie Plon, 1951 (für die erste Ausgabe) © M.Y. und
Editions Gallimard 1974).

6. Literatursuche in der Bibliothek und grundlegende Bibliographien

Kapitelvorschau: Es ist für den Erfolg Ihrer Forschung sehr wichtig, daß Sie sich in Ihrer Universitäts- und Institutsbibliothek wohl und zuhause fühlen. In diesem Kapitel werden wir Ihnen zeigen, wie Sie eine erfolgreiche Literatursuche in der Bibliothek bzw. am Computer durchführen und wie Sie die Bibliotheks- sowie Ihre eigenen Ressourcen optimal nutzen können.

Die wichtigste Lernerfahrung ist die, bei der Sie selbst die Initiative ergreifen.

Lesen Sie von der Studentin Molly Wickes über das Schreiben ihrer Seminarbeit in ihrem Forschungs-Logbuch:

Ich habe das Gefühl, daß ich eine Menge gelernt habe. Mein Thema stellte sich glücklicherweise als so spannend heraus, daß ich Interesse und Energie auch in den schwierigen Schreibphasen halten konnte. Schon allein das Lesen, das Durchblättern der Bücher und das Schreiben der Lektüre-Karten brachten mich auf ein paar neue Gedanken, die sich von der Meinung anderer zum gleichen Thema unterschieden. Schließlich dachte ich, daß ich genug gelesen hatte, um mich selbst intelligent und „historisch" dazu zu äußern. Alle möglichen Dinge und Meinungen, die ich vertrete, sind natürlich in mein Thema mit eingeflossen. Dadurch habe ich ein paar Zusammenhänge zwischen Ereignissen und Ideen geknüpft, die von anderen so noch nicht gesehen wurden. Ich glaube, ich habe meine Seminararbeit wirklich als „Historikerin" geschrieben; das ist mir erst so richtig bewußt geworden, als ich die Endfassung meines Textes noch einmal durchgelesen habe. Ich habe das Gefühl, daß ich noch weiter an diesem Text arbeiten müßte. Für jetzt soll es gut sein, aber ich weiß, daß ich irgendwann all diese Punkte weiterverfolgen muß, die ich jetzt in meiner Arbeit noch ausgelassen habe.

Es wäre schön, wenn auch Sie von dieser intellektuellen Arbeitswut angesteckt würden. Dazu müssen Sie die Bibliotheks- und ihre eigenen Ressourcen optimal kennen.

1. Die Bibliothek

Es ist für den Erfolg Ihrer Forschung sehr wichtig, daß Sie sich in den Bibliotheken, mit denen Sie arbeiten sollen wohl und zuhause fühlen. Neben der Universitätsbibliothek besteht oft eine eigene Institutsbibliothek. Studieren Sie in einer Hauptstadt, steht Ihnen eine National-, Staats- oder Landesbibliothek zusätzlich zur Verfügung. Stadtbibliotheken weisen nicht selten einen guten historischen Bestand aus, andere Spezialbibliotheken und solche weiterer Institute Ihrer Universität mögen hinzukommen. Die ersten Schritte absolvieren Sie in aller Regel jedoch in der Instituts- und / oder Universitätsbibliothek. Zur Vereinfachung ist im weiteren von Bibliothek im Singular die Rede. Sie sollten mit Ihrer Bibliothek so vertraut wie möglich sein und sich sehr gut auskennen; Sie sollten in der Bibliothek das Gefühl haben, daß alles nur darauf wartet, Ihnen zu helfen. Ihre erste Reaktion auf die Bibliothek war vermutlich alles andere als enthusiastisch. Vielleicht hatten Sie ein ähnliches Gefühl wie das erste Mal vor dem Computer: „Okay, jetzt sitze ich hier, und was jetzt?", „Wie funktioniert dieser Kasten überhaupt?", „Wo fange ich an?", „Eigentlich will ich gar nichts damit zu tun haben."

Die wirksamste Methode, „Bibliotheksphobie" und „Computerphobie" zu überwinden, ist sie zu BENUTZEN. Vielleicht brauchen Sie am Anfang noch nicht einmal eine Spezialführung durch die Bibliothek. Gehen Sie einfach in die verschiedenen Abteilungen und sehen Sie sich alles an. Nehmen Sie sich Zeit und gehen Sie überall hin; bleiben Sie vor einem Buchregal stehen und nehmen Sie vielleicht den Jahrgang einer Zeitschrift aus dem Regal, blättern Sie ihn durch; sie können jetzt schon sehen, wie viele internationale Zeitschriften Ihre Bibliothek abonniert hat; gehen Sie in jedes Stockwerk der Bibliothek und erkunden Sie es bis in den letzten Winkel. Wußten Sie, daß Ihre Bibliothek eine Kartensammlung hat? Kennen sie sich im Mikrofilmraum aus? Beachten Sie auch die Vitrinen oder die Kunstwerke an den Wänden. Oft stellt das Bibliothekspersonal sehr interessante kleine Ausstellungen zusammen. Nehmen Sie sich vor, zu den Vitrinen zurückzukommen, wenn Sie beim Lesen einmal eine Pause einlegen. Auf diese Weise lernen Sie die Bibliothek kennen, und vielleicht entdecken Sie auch irgendeinen besonderen Platz für sich, an den Sie sich zurückziehen können, wenn Sie einmal Ihre Ruhe brauchen.

Selbst wenn Ihre Bibliothek keine Freihandaufstellung praktiziert, gibt es genug zu entdecken und zu erforschen. Gehen Sie zur *Ausleihstelle,* wo die Bücher und andere Materialien aus der Bibliothek entliehen und zurückgebracht werden. Bei den *Reservierungen* stehen meistens die Hand- oder Semesterapparate, die von den Unterrichtenden zur Ergänzung der Literaturliste zusammengestellt wurden. Auf diese Materialien wird auch in Ihrem Seminarprogramm verwiesen. Im *Zeitschriftenlesesaal* finden Sie die aktuellen Ausgaben von Zeitungen und Illustrierten und die Fachzeitschriften. Zum Teil auch von großen Tages- und Wochenzeitungen sowie Nachrichtenmagazinen. Normalerweise liegen im Zeitschriftenlesesaal die Ausgaben des laufenden Jahres aus; Zeitschriften früherer Jahre sind zu Jahrgängen gebunden und befinden sich in den Magazinregalen; Tageszeitungen werden normalerweise auf Mikrofilmen archiviert.

Im *Mikrofilmraum* (oder direkt im Lesesaal) finden Sie die Lesegeräte für die Mikrofilme und die Mikrofilmsammlung. Da die Zahl der Periodika ständig weiter anwächst und der Platz in der Bibliothek begrenzt ist, werden immer mehr Zeitschriften auf Mikrofilm gespeichert. Früher oder später werden sie sicher den Mikrofilmraum Ihrer Bibliothek benutzen. Dasselbe gilt für Mikrofiche.

Im *Hauptlesesaal* werden Sie viele der Handbücher und Nachschlagewerke finden, in deren Benutzung wir Sie in diesem Kapitel einführen wollen: Abstracts, Atlanten, Bibliographien, Verzeichnisse der lieferbaren Bücher, Lexika, Enzyklopädien und Register. Im Lesesaal steht Ihnen übrigens immer ein Bibliothekar oder eine Bibliothekarin für Auskünfte zur Verfügung (in Institutsbibliotheken ist das nicht immer der Fall). Niemand kann Ihnen mehr Zeit und Frust ersparen. Nehmen Sie die Aufgabe, Ihre Bibliothek zu erkunden, ernst. Manche Menschen verbringen Jahre auf der Uni und kennen noch nicht einmal die Hälfte der Einrichtungen, die die Bibliothek anzubieten hat. Ihre Bibliothek wartet förmlich darauf, von Ihnen benutzt zu werden. Außerdem wird bei den meisten Berufen und vielen Jobs, die Sie nach dem Examen annehmen werden, vorausgesetzt, daß Sie über grundlegende Kenntnisse der Bibliotheksrecherche verfügen. Wenn Sie sich in der Bibliothek gut auskennen, wird Sie das auf jeden Fall weiterbringen, egal in welchem Job.

2. Ihre Literatursuche beginnt zu Hause

Sie sollten mit Ihrer Literatursuche schon ziemlich weit sein, bevor Sie in die Bibliothek gehen, um sich Bücher auszuleihen. In Kapitel 5 haben Sie sich die Bücher auf der Seminarliteraturliste durchgesehen, um ein Thema für Ihre Arbeit zu finden. All diese Bücher enthalten Bibliographien; genau dort beginnen Sie jetzt mit Ihrer Literatursuche. Diese Bibliographien sind vor allem für zwei Arten von Informationen brauchbar: 1. Sie führen Titel und Autoren von Büchern und Artikeln an, die mit Ihrem Thema in Bezug stehen; und 2. finden Sie hier auch schon einige Fachzeitschriften der Geschichtswissenschaft, die Artikel veröffentlichen, die mit Ihrem Thema zu tun haben. Zum Beispiel ist das „Archiv für Reformationsgeschichte" eine gute Quelle für Artikel über die Zeit der Reformation, aber keine gute Quelle für Artikel zur Militärgeschichte. Stellen Sie eine Liste von Zeitschriften zusammen, die Artikel enthalten könnten, die mit Ihrem Thema zu tun haben; das ist ein guter Start für Ihre Literatursuche.

Selbstverständlich werden sie für jede Quelle, die für Sie brauchbar sein könnte, eine Bibliographie-Karte ausfüllen – elektronisch oder per Hand. Ihre Bib-Karte sollte alle für Ihr späteres Literaturverzeichnis notwendigen Informationen enthalten (vgl. dazu Kapitel 5). Es ist besser, die Karte von vornherein richtig auszufüllen, anstatt Hinweise auf irgendeinen Zettel zu kritzeln. Nehmen Sie die Bib-Karten mit in die Bibliothek, finden sie Ihre Quellen im Katalog, notieren Sie die Signaturen auf der Bib-Karte; lassen Sie sich die Quellen bringen; Ihre Literatursuche ist in vollem Gang. Das klingt ganz einfach. Und es ist auch einfach.

Vielleicht fragen Sie sich, ob Sie das Bibliographieren nicht besser gleich in der Bibliothek durchführen, weil dort doch die Bücher von der Leseliste stehen? Sie sollten vom ersten Semester an darauf achten, eine kleine Handbibliothek zuhause aufzubauen. In England und den USA wird vorausgesetzt, daß Sie mindestens die „Textbooks", die auf der Leseliste stehen, selber kaufen. Die für Sie einschlägigen deutschsprachigen Verlage, insbesondere die Taschenbuchverlage, bieten Grundlagenwerke, Überblicksdarstellungen zu Epochen oder Themen, die den „Textbooks" ein wenig vergleichbar sind, preisgünstig an. Der Aufbau einer Handbibliothek ist auch dann sinnvoll, wenn Sie mit Ihrem Computer bereits online sind und vom Schreibtisch zuhause Bibliotheksdatenbanken anzapfen können (s. u.).

3. Der Katalog

Fast jede Literatursuche in der Bibliothek beginnt mit dem Katalog (auch wenn Ihre Bibliothek ihren Katalog auf Computer umgestellt hat, treffen die folgenden Erklärungen weiterhin zu). Sie suchen nach einem bestimmten Buch; jedes Buch in der Bibliothek ist auf zwei verschiedene Arten durch Karten ausgewiesen: durch den *Autor* (bei verfasserlosen Schriften durch den *Titel)* und durch das *Thema bzw. Schlagwort.* Da Sie den Autor und den Titel schon auf ihrer Bib-Karte notiert haben, suchen Sie jetzt im Verfasser- bzw. Titelkatalog nach dem Buch. Dieser Teil des Katalogs ist deutlich als Verfasser- bzw. Titelkatalog ausgezeichnet. Suchen Sie nach der Schublade mit dem Nachnamen des Autors (die Karten sind alphabetisch geordnet); sollte es mehrere AutorInnen mit demselben Nachnamen geben, gehen Sie die Karten nach den Vornamen durch; wenn Sie jetzt sehen, daß Ihr Autor mehrere Bücher geschrieben hat, benutzen Sie den Titel des Buches, um die richtige Katalogkarte für Ihre Quelle zu finden. Jedem Buch der Bibliothekssammlung ist eine eindeutige Signatur zugeordnet. Bücher, die sich mit ähnlichen Themen befassen, haben evtl. sogar ähnliche Signaturen; aber jedes Buch hat eine eigene Signatur, die es ermöglicht, das Buch im Magazin zu lokalisieren. Schreiben Sie die *Signatur* des Buches auf Ihre Bib-Karte.

Der Schlagwortkatalog hilft Ihnen weiter, wenn Sie wissen, welches Thema Sie interessiert, Sie aber noch keinen spezifischen Autor oder Buchtitel kennen. Die Sachbegriffe des Schlagwortkatalogs sind eher allgemein, Sie werden also Bücher finden, die einen unterschiedlichen Bezug zu Ihrem Thema haben. Gehen Sie die Karten des Schlagwortkatalogs (es gibt auch Schlagwortkataloge auf Mikrofiche; am elektronischen Katalog geben Sie ihre Schlagwörter ein und lassen die Datenbank durchsuchen) durch und legen Sie eine Bib-Karte für die Bücher an, die Ihnen am interessantesten vorkommen. Vergessen Sie nicht, die Signatur zu notieren. Der Schlagwortkatalog kann für Sie sehr brauchbar sein, es kann aber vorkommen, daß Ihr Thema nicht mit einem eigenen Schlagwort gekennzeichnet oder in einen Sachbegriff eher so allgemein eingebunden ist, daß die Buchtitel, die Sie dort finden, sich nicht wirklich auf Ihr Thema beziehen. Aber seien Sie unbesorgt, es gibt noch genug Wege, brauchbare Bücher für Ihr Thema zu finden.

Wenn Ihre Literatursuche zuhause den Autor und den Titel eines Zeitschriftenartikels ergeben hat, müssen Sie den Titel der Zeitschrift im Verfasser- bzw. Titelkatalog oder im Zeitschriftenkatalog suchen. Die Karte im Katalog führt die Daten und Jahrgänge auf, die die Bibliothek von dieser Zeitschrift in ihrer Sammlung hat. Bibliotheken versuchen, jede Zeitschrift in ihrem Besitz von der ersten bis zur aktuellen Ausgabe fortlaufend zu sammeln – man sagt dann, daß dieses Periodikum „lückenlos" vorhanden ist. Aber oft wird die Bibliothek nur über einen unvollständigen Bestand der Zeitschrift verfügen; sei es, daß erst einige Zeit nach Publikationsbeginn mit dem Sammeln begonnen oder daß das Abonnement aus irgendeinem Grund unterbrochen wurde. Prüfen Sie auf Ihrer Bib-Karte die Angaben über Jahrgang und Datum, unter denen Sie Ihren Artikel finden können. Wenn die Bibliothek diesen Jahrgang besitzt, schreiben Sie die Signatur für dieses Periodikum auf Ihre Bib-Karte. (Wenn Ihre Bibliothek den Jahrgang der Zeitschrift mit der Nummer, die Sie brauchen, nicht hat, können Sie sich überlegen, ob Sie die Zeitschrift per Fernleihe bestellen wollen. Aber zunächst sollten Sie sich auf die Quellen konzentrieren, die Ihnen direkt zugänglich sind).

In manchen kleineren Bibliotheken sind die Zeitschriften nicht im Katalog, sie werden auf einer Liste des Zeitschriftenbestands gesondert aufgeführt, die entweder im Lesesaal oder bei der Ausleihe für Sie ausliegt.

Jetzt haben sie die Signaturen der Bücher gefunden, die in Ihrer Literaturliste aufgeführt waren. Sie können nun direkt zu den Regalen gehen, um Ihr Material zu finden. Wenn Ihre Bibliothek keine Freihandaufstellung hat, füllen Sie einen Bestellschein aus und geben ihn bei der Ausleihstelle ab bzw. bestellen am Bildschirm. Die Bücher werden für Sie aus den Magazinen geholt.

4. Katalogisierungssysteme

Die Suche nach Büchern, die von einzelnen Autoren verfaßt wurden, stellt meist kein Problem dar: man sucht nach dem Nachnamen des Autors und findet alphabetisch geordnet dessen Publikationen. Komplizierter kann es werden, wenn es sich um Bücher ohne Verfasserangaben handelt, oder um Bücher, die von einer Einzelperson oder einer Gruppe von Personen herausgegeben wurden. Im deutschsprachigen Raum gibt es im wesentlichen zwei Systeme, die solche Fälle auf unterschiedliche Weise regeln: Zum einen die „Preußischen Instruktionen" (PI), zum anderen die „Regeln für die Alphabetische Katalogisierung" (RAK). Die für Neubestände dominierende Methode stellen heute die RAK dar, nach denen in den beiden oben erwähnten Fällen jeweils das erste Wort eines Titels gesucht werden sollte, unter Auslassung eventuell vorhandener unbestimmter oder bestimmter Artikel. Auf jeden Fall sollten Sie sich zunächst darüber informieren, welches Regelwerk dem jeweiligen Katalog zugrunde liegt, um den Suchweg danach einrichten zu können. Häufig gelten in größeren Bibliotheken mit Altbeständen – etwa der Berliner Staatsbibliothek oder der Wiener Nationalbibliothek – für die verschiedenen Teilkataloge unterschiedliche Katalogisierungssysteme. Zur Erleichterung der Benutzung gibt es in allen Bibliotheken Handzettel oder Informationen via Internet. Nach einer kurzen Gewöhnungsphase werden Sie mit den Katalogisierungsregeln erfahrungsgemäß keine Schwierigkeiten mehr haben. Wenn Sie nicht mit Hilfe von Karteikarten oder Mikrofichen recherchieren, sondern einen Online-Katalog benutzen, so läßt sich das Problem der unterschiedlichen Katalogisierungsregeln ohnehin durch die vielfältigen Kombinationsmöglichkeiten bei einzelnen Suchabfragen sehr einfach lösen.

Die Signaturen der Bücher und Zeitschriften folgen im deutschsprachigen Raum keinem einheitlichen System. Die in den USA häufig verwendete Dewey-Klassifikation hat sich nicht durchgesetzt, so daß es eine Vielzahl von unterschiedlichen Katalogisierungsschemata gibt. In Bibliotheken mit Altbeständen bestehen die Signaturen oft aus Abkürzungen lateinischer Begriffe sowie einer Ordnungsnummer. In der Bayerischen Staatsbibliothek in München verweist etwa der Signaturanfang „H.ref." auf einen Titel zur Reformationsgeschichte (Historia reformationis). Meist werden die Signaturen jedoch aus abstrakten Buchstaben- und Zahlenfolgen gebildet, über deren Bedeutung erst ein Informationsblatt der jeweiligen Bibliothek Auskunft gibt. Teilweise wird auch nur noch nach der Reihenfolge der Erwerbung eines Titels durch die katalogisierende Bibliothek signiert. Eine Signatur der Form 97.4325 wird also dem 4325. Buch zugeordnet, das im Jahr 1997 erworben wurde.

Die Bestände von Bibliotheken historischer Fakultäten, Institute oder Lehrstühle werden dagegen stets mit sachthematisch, geographisch oder chronologisch definierten Signaturen versehen. Diese Spezialbibliotheken bieten daher ein ideales Arbeitsfeld für das Bibliographieren nach dem Schneeballsystem. Durch die Sichtung einer größeren Zahl gemeinsam aufgestellter Bücher werden Sie leicht einen Grundbestand an „einschlägiger" Literatur finden, mit dem Sie gezielt weiterarbeiten können.

5. Periodika

Periodika sind Publikationen, die in regelmäßigen Abständen veröffentlicht werden. Sie werden deshalb auch als „periodisch veröffentlichte Druckwerke" bezeichnet. Periodika sind Tageszeitungen, Wochenmagazine, Monatszeitschriften, vierteljährlich erscheinende Fachzeitschriften,

Jahresberichte und Jahrbücher. Neuerdings können Periodika auch die Form regelmäßig erscheinender Materialzusammenstellungen auf Mikrofilm oder Mikrofiche annehmen. Die meisten Bibliotheken halten ihre Periodika an drei Stellen zur Benutzung bereit: die aktuellen Ausgaben des laufenden Jahres im Zeitschriftenlesesaal, die gebundenen Jahrgänge von früheren Ausgaben in den Magazinen und frühere Ausgaben auf Mikrofilm. Normalerweise können Sie die Zeitschriften nur in der Bibliothek einsehen. In manchen Bibliotheken ist es möglich, gebundene Jahrgänge für einen kurzen Zeitraum zu entlehnen. Zum Lesen der Mikrofilme benötigen Sie Lesegeräte, die sich im Mikrofilmraum befinden. Zeitschriften sind für die historische Forschung besonders wichtig, weil die Redaktionsteams der Zeitschriften aus den verschiedenen Disziplinen der Geschichtswissenschaft Artikel mit hohem wissenschaftlichem Anspruch auswählen. Jede Zeitschrift ist bemüht, eine besondere Nische für sich zu definieren, indem sie spezialisierte Artikel für eine spezialisierte Leserschaft zur Veröffentlichung aussucht. Oft sind Zeitschriftenartikel als Informationsquellen für eine kurze Seminararbeit nützlicher als ganze Bücher zu dem Thema, weil der Ansatz in Zeitschriftenartikeln häufig spezifischer und aktueller ausfällt.

Die im Folgenden genannten Titel stellen nur eine kleine Auswahl aus den mehreren tausend historischen Zeitschriften dar, die weltweit erscheinen. Sie sollten sich nicht auf die deutschsprachigen Titel beschränken, sondern unbedingt auch die wichtigsten englisch- und französischsprachigen Zeitschriften ansehen:

- American Historical Review (AHR)
- Annales (früher: Annales Économies, Sociétés, Civilisations; heute: Annales Histoire, Sciences Sociales)
- European History Quarterly (EHQ)
- English Historical Review (EHR)
- Geschichte und Gesellschaft (GG)
- Geschichte in Wissenschaft und Unterricht (GWU)
- Historisches Jahrbuch (HJb)

- Historische Zeitschrift (HZ)
- Journal of Modern History (JMH)
- Mitteilungen des Instituts für Österreichische Geschichtsforschung (MIÖG)
- Österreichische Zeitschrift für Geschichtswissenschaften (ÖZG)
- Past & Present (P&P)
- Vierteljahrschrift für Sozial- und Wirtschaftsgeschichte (VSWG)
- Zeitschrift für Geschichtswissenschaft (ZfG)
- Zeitschrift für Historische Forschung (ZHF)

Neben den forschungsorientierten Zeitschriften gibt es Publikationen, die sich der Vermittlung von Geschichte im Unterricht widmen oder die populär gehalten sind und ein breiteres Publikum ansprechen:

- Praxis Geschichte, Braunschweig (Westermann) 1987 ff.
- Geschichte lernen: Geschichtsunterricht heute, Velber (Friedrich) 1987 ff.
- Damals – das aktuelle Geschichtsmagazin, Stuttgart (DVA) 1969 ff.
- P. M. History, München (Gruner + Jahr) 1998 ff.

6. Zwei Strategien für die Literatursuche

Eine Studentin beschreibt in Ihrem Forschungs-Logbuch, wie sie mit dem Forschen angefangen hat:

```
Das Schwierigste an dieser Seminararbeit war zwei-
fellos der Anfang: Es kann verdammt schwierig sein,
ein interessantes, machbares Thema zu finden, wenn
man eigentlich über alles schreiben könnte. Aber
als ich mein Thema erst einmal gefunden hatte und
damit anfing, mir Bücher und Artikel herauszusuchen,
haben die Dinge irgendwie eine eigene Dynamik ent-
wickelt.
```

Literatursuche nach dem Schneeballsystem

Was ist zu tun, wenn die Dinge keine „eigene Dynamik" entwickeln? Es gibt in etwa so viele Forschungsstrategien wie es Forschende gibt. In diesem „Schreib-Guide" bemühen wir uns, Sie mit Hilfe einer Forschungsstrategie auf den richtigen Weg für die Literatursuche zu bringen, die man eigentlich sehr gut als „eigendynamisch" bezeichnen könnte. Lassen Sie uns rekapitulieren: Sie haben sich für ein bestimmtes Thema entschieden, nachdem Sie über Ihr Seminar, die Literaturlisten und weitere empfohlene Literatur nachgedacht haben. Sie haben schon einige der Bücher, die in Ihrem Lehrbuch erwähnt werden, Bücher von der Literaturliste oder Bücher, die Ihnen ProfessorInnen oder AssistentInnen empfohlen haben, auf ihrem Schreibtisch liegen. Alle diese Bücher und Artikel haben vermutlich Anmerkungen und Bibliographien. Wenn Sie also auf dem Material, das Ihnen bereits jetzt zur Verfügung steht, aufbauen, indem sie es nach weiteren bibliographischen Verweisen durchforsten, werden sie möglicherweise durchaus in der Lage sein, Ihre Literatursuche allein zu Ende zu führen, ohne die diversen Nachschlagewerke im Lesesaal Ihrer Bibliothek konsultieren zu müssen. Aus einem kleinen Schneeball kann schnell eine mittlere Informationslawine entstehen. Das ist ganz sicher NICHT die professionellste oder gründlichste Art der Literatursuche; aber mit Hilfe dieser Strategie fällt das Anfangen leichter, und wir probieren zuerst diese Strategie aus.

Gehen Sie zu einer bestimmten Abteilung der offen zugänglichen Regale Ihrer Bibliothek und suchen Sie dort Ihr erstes Buch. Das von Ihrer Bibliothek benutzte Katalogisierungssystem arbeitet von nun an ganz für Sie. Finden Sie das Buch mit Hilfe der Signatur; nehmen Sie Ihr Buch aus dem Regal und BEWEGEN SIE SICH NICHT VON DER STELLE. Sehen Sie auch die Bücher durch, die im Umfeld des gerade herausgenommenen Buches stehen. Die Chancen stehen ziemlich gut, daß es in der Nähe Ihres Buches weitere Bücher gibt, in denen sich Teile oder Kapitel auf Ihr Thema beziehen. Nehmen Sie die Bücher aus den Regalen, die Ihnen am interessantesten erscheinen; schauen Sie sich die Inhaltsverzeichnisse an und blättern Sie diese Bücher durch. Wenn sie Ihnen brauchbar vorkommen, legen Sie sofort eine Bib-Karte an.

Sie haben jetzt das Buch, nach dem Sie zuerst gesucht haben und ein, zwei zusätzliche Bücher. Suchen Sie in diesen Büchern nach Bezügen zu Ihrem Thema, indem Sie das Inhaltsverzeichnis oder das Register am Schluß des Buches verwenden. Sollten die Informationen, die dort stehen, brauchbar für Sie sein, wenden Sie sich den Bibliographien in den Büchern zu und versuchen Sie, andere Bücher und vor allem Artikel zu finden, die Ihnen passend erscheinen. Überprüfen Sie auch die Anmerkungen am Ende des Buches bzw. die Fußnoten unten auf den Seiten, um zu sehen, ob dort weitere relevante Artikel erwähnt werden. Legen Sie für jedes Buch, das Ihnen brauchbar vorkommt, eine Bib-Karte an; es ist sehr frustrierend, wenn man gute Spuren zu weiterführendem Quellenmaterial wieder verliert.

Sie besitzen jetzt einige zusätzliche Bib-Karten zu Ihrem Thema. Nehmen Sie die Karten zum Katalog mit und suchen Sie sich die Signaturen aller gefundenen Bücher heraus. Gehen Sie zu den Regalen zurück, um die Bücher zu finden und wiederholen Sie den ganzen Prozeß. Wenn Sie die Regale auf diese Art und Weise durchsuchen, werden Sie in den Büchern einen wahren Schatz an Informationen ausheben.

Als nächstes sollten Sie sich auf Zeitschriftenartikel konzentrieren. Wenn Sie schon einen Artikel aus einer Zeitschrift inklusive Signatur auf einer Bib-Karte notiert haben, suchen Sie die gebundenen Jahrgänge dieser Zeitschrift in den Regalen und finden Sie den Band, der Ihren Artikel enthält. Setzen Sie sich an irgendeinen Tisch gleich in der Nähe und überfliegen Sie den Artikel. Achten Sie besonders auf die Verweise in den Anmerkungen. Wenn sich der Artikel auf Ihr Thema bezieht, stehen die Chancen gut, daß der Autor oder die Autorin sich auf andere Artikel beruft, die auch für Sie brauchbar sein könnten. Stellen Sie für jeden Verweis, der Ihnen interessant erscheint, sofort eine Bib-Karte aus. Überprüfen Sie, ob irgendeiner der neuen Verweise Sie zu Artikeln führt, die in derselben Zeitschrift wie Ihr ursprünglicher Artikel erschienen sind. Wenn das der Fall ist, gehen Sie direkt zu dem Regal zurück und holen Sie sich den Band mit dem neuen Artikel. Wiederholen Sie den ganzen Vorgang anhand dieses neuen Artikels, schauen Sie nach zusätzlichen Quellen und legen Sie Bib-Karten an.

Wahrscheinlich werden sich neue Verweise auch auf Artikel beziehen, die in verschiedenen anderen Zeitschriften veröffentlicht wurden. Nehmen Sie also Ihre Bib-Karten zum Katalog und schauen Sie diese Zeitschriften unter Ihren Titeln nach. Schreiben Sie die Signaturen ab, finden Sie die Zeitschriften und den Artikel, den Sie suchen und wiederholen Sie dann diese Art der Literatursuche.

Wenn Sie bei dieser Verweissuche in Ihren ersten Quellen aufmerksam vorgehen, werden Sie mehr als genug gutes Material finden, um Ihre Forschungsaufgabe durchzuführen. Diese Methode funktioniert besonders gut bei kurzen Seminararbeiten, für die Sie nur eine begrenzte Anzahl von Primär und Sekundärquellen brauchen.

Die einzelnen Schritte dieser Strategie nach dem Schneeballsystem sind einfach zu rekapitulieren:

- Finden Sie Verweise für neue Quellen in den Materialien, die Ihnen bereits zuhause zur Verfügung stehen oder die Ihnen im Seminar empfohlen wurden.
- Legen Sie für diese Quellen Bib-Karten an, schauen Sie diese Quellen im Katalog nach, finden Sie diese Quellen in den Regalen und durchforsten Sie die neu gefundenen Quellen nach weiteren Quellen.
- Legen Sie für die neuen Quellen, die sich beim Durchforsten der ersten Quellen ergeben, Bib-Karten an und benutzen Sie auch deren Anmerkungen und Bibliographien für weitere Quellen.
- Hören Sie auf, wenn Sie genug Material haben, um die Ihnen gestellte Aufgabe zu erfüllen.

Literatursuche mit bibliographischen Hilfsmitteln

Die Strategie mit bibliographischen Hilfsmitteln ist die eigentlich RICHTIGE Strategie für die Literatursuche. Das Schneeballsystem funktioniert am besten, wenn Sie sich schon vertraut und sicher in der Bibliothek fühlen und wenn Sie die zugänglichen Ressourcen für eine angemessene Bearbeitung Ihres Themas nicht völlig ausschöpfen müssen.

Dieser Abschnitt wird Sie mit vielen Hilfsmitteln der Literatursuche in Kontakt bringen, einige davon sind eher kompliziert. Wenn Sie aber alle Forschungshilfen im Lesesaal Ihrer Bibliothek souverän beherrschen, werden Sie schließlich ALLES über Ihr Thema finden können. Der Rest dieses Kapitels ist mit der Beschreibung der Ressourcen befaßt, die für GeschichtsstudentInnen aller Semester bei der Forschung besonders hilfreich sind. Alle diese Ressourcen sind vermutlich im Lesesaal Ihrer Bibliothek zugänglich.

Hilfe im Lesesaal

Sollte das Ihre erste Begegnung mit den bibliographischen Hilfsmitteln im Lesesaal sein, HOLEN SIE HILFE!

Wenn man die Handbücher und Nachschlagewerke im Lesesaal zum ersten Mal benutzt, ist das in etwa so, wie wenn man segeln lernt: Sie haben den ganzen langen Winter die Segelanleitungen in Ihrem Lehrbuch studiert; aber wenn Sie dann zum ersten Mal tatsächlich mit dem Boot im Wasser sind, ist es gut, einen Freund an Ihrer Seite zu wissen, der sich auskennt. Wenn Sie sich vorbereitet haben und über Ihr Thema ein bißchen nachgedacht haben, wird Ihnen das Bibliothekspersonal im Lesesaal oder bei der Bibliotheksauskunft helfen können. Nehmen Sie, so vorhanden, das Blatt mit der genauen Aufgabenstellung mit in die Bibliothek und zeigen Sie es dort dem Bibliothekar oder der Bibliothekarin; Sie werden von nun ab Partner und Partnerinnen bei Ihren Forschungsbemühungen sein.

Arbeitshilfen für das Auffinden von Literatur

Ein wichtiges Instrument bei der Suche nach Büchern und Zeitschriften stellt die in jeder Bibliothek vorhandene Abteilung mit allgemeinen und bibliographischen Nachschlagewerken dar. Einen ersten Überblick über das für historische Fragestellungen grundlegende Instrumentarium einer Hochschulbibliothek bietet:

Baumgart, Winfried: Bücherverzeichnis zur deutschen Geschichte. Hilfsmittel – Handbücher – Quellen, 12. durchgesehene und erweiterte Auflage 1997.

Ebenfalls hilfreich für das Auffinden von wissenschaftlicher Literatur sind die beiden folgenden Titel:

Feldmann, Reinhard / Schultze, Klaus: Wie finde ich Literatur zur Geschichte, 3. Auflage Berlin 1995

Burschel, Peter / Schwendemann, Heinrich / Steiner, Kirsten / Wirbelauer, Eckhard (Hg.): Geschichte. Ein Tutorium, Freiburg 1997

Am Beginn des Studiums erscheint die Fülle der angebotenen Hilfsmittel häufig unüberschaubar und verwirrend. Sobald Sie sich jedoch etwas eingehender mit einer bestimmten historischen Themenstellung befassen, werden Sie den Nutzen dieses bibliographischen Instrumentariums zu schätzen wissen. Die im Folgenden vorgestellten historischen Bibliographien, Abstracts und Register werden für Sie von Anfang an sehr nützlich sein.

Historische Bibliographien

Für die systematische Suche nach Literatur zur Geschichte des deutschsprachigen Raumes ist eine Reihe von laufend erweiterten Bibliographien unverzichtbar, die wissenschaftliche Publikationen zu allen Epochen und Themenfeldern der Geschichte erfassen.

Die seit 1926 veröffentlichten „Jahresberichte für Deutsche Geschichte" werden an der Berlin-Brandenburgischen Akademie der Wissenschaften erstellt und erfassen Publikationen aus allen Sprachbereichen. Da jeder aufgenommene Titel von den Bearbeitern gesichtet wird, ist die Präzision der bibliographischen Aufnahme und die Einheitlichkeit der Schlagwortvergabe sehr groß.

Die „Historische Bibliographie" wird jährlich von der Arbeitsgemeinschaft außeruniversitärer historischer Forschungseinrichtungen in der Bundesrepublik Deutschland (AHF) publiziert. In enger Verbindung mit der Bibliographie steht das „Jahrbuch der Historischen Forschung", in dem alle wichtigen universitären wie außeruniversitären Forschungsstätten ihre laufenden Projekte melden. Mit Hilfe dieser letzteren Publika-

tion können Sie sich beispielsweise über aktuelle Forschungstrends informieren. Abgeschlossene und zur Publikation gelangte Arbeiten werden
vom Herausgeber in die „Historische Bibliographie" übernommen.
Während die „Jahresberichte" auch außerdeutsche Veröffentlichungen
zur deutschen Geschichte nachweisen, finden Sie in der „Historischen Bibliographie" umgekehrt auch Literatur zu außerdeutschen Themen, die
von im deutschsprachigen Raum forschenden Autoren – allerdings
durchaus in anderen Sprachen – publiziert wurden. Aufgrund dieser unterschiedlichen Grundausrichtung ergänzen sich die beiden Bibliographien. Zur Zeit beläuft sich die Zahl der Jahr für Jahr aufgenommenen
Einträge auf etwa 10.000 Titel. Für eine gründliche Recherche sollten Sie
stets beide Werke heranziehen.

Die „Österreichische Historische Bibliographie" (ÖHB) wird am Institut für Geschichte der Universität Klagenfurt erstellt. Sie beinhaltet die
wissenschaftlichen Publikationen der österreichischen Geschichtsforschung über alle Epochen hinweg. Die von der Schweizerischen Landesbibliothek geführte „Bibliographie der Schweizergeschichte" erscheint seit
1913 und erfaßt auch Veröffentlichungen des Auslands zur Geschichte
der Eidgenossenschaft.

Bis auf die letztere werden alle erwähnten Bibliographien auch in digitaler Form angeboten. Sollten Sie Zugang zu dieser Publikationsform
haben, so sollten Sie ihr gegenüber der gedruckten Fassung den Vorzug
geben, um die zahlreichen Vorteile einer Datenbankrecherche nutzen zu
können.

Abstracts

Dieses vor allem im angelsächsischen Raum verbreitete Hilfsmittel bietet
Ihnen neben den bibliographischen Angaben über wissenschaftliche Publikationen kurze Inhaltsbeschreibungen, die sogenannten „Abstracts".
Der Katalog hat ihnen geholfen, an Bücher heranzukommen. Und er informierte Sie auch darüber, wo Sie die gebundenen Bände der Periodika
finden können. Aber der Katolog enthält keine Information über die einzelnen Artikel, die „unselbständig" in den Periodika erscheinen. Das gleiche gilt für die historischen Bibliographien. Sie müssen sich auf verschie-

denen Wegen Zugang zu den Artikeln verschaffen; die Benutzung der „Abstracts" ist dafür eine der besten Strategien. Hier sind zwei „Abstracts", die für HistorikerInnen besonders nützlich sind:

Historical Abstracts. Bibliography of the World's Periodical Literature
Part A: Modern History Abstracts 1450–1914
Part B: Twentieth Century Abstracts 1914– heute

America. History and life (1–10:) A guide to periodical literature. (Bibliographische Verweise ausschließlich auf die Geschichte der Vereinigten Staaten von Amerika und Kanada).

Wir werden jetzt die „Historical Abstracts" von 1980 verwenden, um Daniel R. Headrick herauszusuchen, den Autor, der immer wieder vorgekommen ist (Kapitel 5). Wir wissen aus der Bibliographie seines Buches, daß er auch einen Artikel über ein verwandtes Thema verfaßt hat. Dieser Artikel wurde 1979 veröffentlicht; wir müssen einberechnen, daß der Abstract-Dienst einige Zeit braucht, den Artikel in die Abstracts aufzunehmen. In den Abstracts aus dem Jahr 1980 finden wir Folgendes:

31A:292.   19c
Headrick, Daniel R. THE TOOLS OF IMPERIALISM: TECHNOLOGY AND THE EXPANSION OF EUROPEAN COLONIAL EMPIRES IN THE NINETEENTH CENTURY. *J. of Modern Hist. 1979 51(2): 231–263.* Considers the technological advances that allowed or facilitated the European advance into Asia and Africa during the 19th century. The first of these was the river steamboat. The British used the *Diana* during the Burmese War of 1824–26. In 1832–34 Macgregor Laird, son of a shipbuilder, explored the Niger on two steamers. Other Lairdbuilt iron steamers played a crucial role in the Opium War of 1840–42. After this, steamboats were an essential tool of European dominance in countries with navigable rivers. Until the mid-19th century, the European penetration of Africa was impeded by diseases which decimated exploratory and military missions. It was the prophylactic use of quinine against falciparum malaria, beginning in the 1850's, which opened the continent to large-scale European invasions. The power of European in-

dustrial technology was also directed at indigenous societies in the form of quick-firing rifles. The overwhelming superiority of European over non-Western weapons only came after the 1860's, however, with the introduction of breechloaders, repeating rifles, and finally machine guns. These innovations led to one-sided massacres of attacking indigenous warriors by handfuls of European or European-led soldiers with modern weapons. Cheap victories in strategic offensives against Asians and Africans blinded European military thinkers to the defensive nature of the new rifles on the battlefield and led to overconfidence in World War I offensives.

112 notes.   J/S

Aufgrund der Lektüre der Abstracts im Lesesaal der Bibliothek können Sie entscheiden, ob der Artikel für Ihre Forschung von Nutzen sein kann. Sie stellen also fest, daß Sie den Artikel gebrauchen können; Sie füllen eine Bib-Karte aus, gehen dann zum Katalog, um die Signatur des „Journal of Modern History" herauszusuchen, schreiben die Signatur auf Ihre Bib-Karte, gehen zu den Regalen und holen sich von den gebundenen Jahrgängen dieser Zeitschrift den Band, der Ihren Artikel enthält (Bd. 51, Heft oder Nr. 2). Die Abstracts haben Sie mit der notwendigen Information versorgt, um den Artikel zu finden.

Zitatregister

Die Zitatregister werden zusammengestellt, um den Forschenden Informationen darüber zu geben, wo ein Werk zitiert worden ist, oder wo sich Forschende auf ein Werk bezogen haben. Sie können im Zitatregister herausfinden, wo und wie andere HistorikerInnen das Werk verwendet haben, über das Sie gerade arbeiten. In unseren Beispielen werden Sie gleich sehen, wie die Zitatregister gemeinsam mit den Abstracts benutzt werden. Zwei Hauptquellen für Zitate sind für HistorikerInnen nützlich:

Arts and Humanities Citation Index
Social Sciences Citation Index

Beide Indizes werten jeweils mehrere tausend Zeitschriften aus, zum größten Teil jedoch nur selektiv, je nach Akzentsetzung des Indexwerkes. Schauen wir jetzt Daniel R. Headricks „The Tools of Empire" im „Arts and Humanities Citation Index" unter „Citation Index" für 1982 und 1983 nach. Wir wissen, daß das Buch 1981 herausgekommen ist. Die Bände des „Citation Index" geben Ihnen den Autor, der Sie interessiert, und die verschiedenen Autoren, die sich in ihren *Zeitschriftenartikeln* auf Ihren Autor bezogen haben. Zitiert finden Sie also den Autor (der Headrick zitiert), die Zeitschrift, die den Artikel enthält, den Band, die Seite und das Jahr.

Wenn wir uns nun dem „Source Index" zuwenden, finden wir mehr Informationen über die Quelle des Verweises auf Headricks Buch. Wir sehen, daß die Quelle des Zitats eine Buchbesprechung ist, die in der Zeitschrift „Historian" veröffentlicht wurde und die von J. Steffens an der University of Vermont geschrieben wurde.

Der „Arts and Humanities Citation Index" kann auch zusammen mit den verschiedenen „Abstracts" – zum Beispiel den „Historical Abstracts" – verwendet werden. Suchen Sie nach AutorInnen, die sich auf das Buch beziehen, das Sie gerade benutzen. Die Abstracts werden Sie über ihre Artikel informieren. Sollte ein Artikel interessant aussehen, stellen Sie eine Bib-Karte aus, gehen Sie zum Katalog und finden Sie die Zeitschrift mit dem Artikel. Das Zitatregister ist also eine gute Quelle für Artikel, die mit Ihrem Thema zu tun haben. Die AutorInnen, die sich auf das Buch beziehen, das Sie benutzen, schreiben in Ihren Artikeln auch meistens über Themen, die mit ihrem Thema zu tun haben.

Das andere Zitatregister, das von HistorikerInnen benutzt wird, ist der „Social Sciences Citation Index". Der Grund, daß es zwei Zitatregister für Geschichte gibt, ist der, daß Geschichte manchmal zu den Geistes- und manchmal zu den Sozialwissenschaften gezählt wird. HistorikerInnen sollten beide Zitatregister benutzen.

Weitere hilfreiche Register: Es gibt noch viele andere Register, aber hier seien nur drei weitere erwähnt, die für HistorikerInnen besonders nützlich sind:

„Humanities Index" (indexiert in erster Linie nach dem Thema des Artikels; enthält eine nützliche Abteilung mit Buchrezensionen).

„Social Sciences Index" (indexiert in erster Linie nach dem Thema des Artikels; enthält eine nützliche Abteilung mit Buchrezensionen).

„British Humanities Index" (indexiert etwa 300 Zeitschriften, darunter viele britische Zeitschriften, die von den anderen Registern nicht erfaßt sind).

Zeitschriftenaufsätze suchen

Auch die oben vorgestellten, häufig sehr umfangreichen Abstractsammlungen und Indexwerke sind keineswegs lückenlos, zumal im Hinblick auf deutschsprachige Veröffentlichungen. Daher muß man bei der Suche nach Zeitschriftenaufsätzen unbedingt auf weitere Hilfsmittel zurückgreifen.

An erster Stelle sind hier die von größeren historischen Zeitschriften von Zeit zu Zeit publizierten, mehrere Jahrzehnte erfassenden Inhaltsverzeichnisse zu nennen. Dieses Findmittel bieten Publikationen aller Sprachbereiche, etwa die „Historische Zeitschrift" oder das „Journal of the History of Ideas". In zunehmendem Maße lassen sich ältere Aufsätze auch über die Internet-Seiten der publizierenden Verlage recherchieren. Der Nachteil dieser Suche besteht darin, daß Sie viele Einzelverzeichnisse durchsuchen müssen. Außerdem ist häufig nicht leicht erkennbar, ob bestimmte Zeitschriften überhaupt Aufsätze aus dem für Sie interessanten Themenbereich enthalten. Als Vorteil ist die Genauigkeit und Vollständigkeit dieser Verzeichnisse zu nennen.

Eine sachthematische Suche nach Aufsätzen in einer sehr großen Zahl von ausgewerteten Zeitschriften ermöglicht die „Internationale Bibliographie der Zeitschriftenliteratur" (IBZ). Hier kann sowohl nach Themenbereichen als auch nach Autoren gesucht werden, und da die Zahl der ausgewerteten historischen Zeitschriften relativ groß ist, sollten Sie die IBZ für Ihre Fragestellungen unbedingt nutzen. Neben diesem allgemeinen Hilfsmittel sind auch die oben bereits erwähnten historischen Bibliographien sehr hilfreich.

Da der Grad der Aktualität der erwähnten Hilfsmittel schwankt, soll-

ten Sie sich bei der Suche nach den neuesten Veröffentlichungen nicht
auf einen einzigen Rechercheweg beschränken, sondern verschiedene
Hilfsmittel miteinander kombinieren. Allmählich werden Sie herausfinden, welche Instrumente für Ihre eigenen Fragestellungen und Suchme-
thoden am nützlichsten sind.

Um die bei den einzelnen Suchvorgängen gefundenen Zeitschriften
genau identifizieren und ihre Bibliotheksstandorte samt Signaturen feststellen zu können, steht für die Bundesrepublik Deutschland die „Zeit-
schriftendatenbank" (ZDB), für Österreich das Pendant namens ÖZDB
zur Verfügung. In der Schweiz wird das „Verzeichnis der Zeitschriften
und Serien in Schweizer Bibliotheken" (VZ) angeboten.

Umfassender angelegt ist „Ulrich's International Periodicals Directory",
das seit 1997 auch in einer CD-ROM-Version erscheint. Hier werden die
Zeitschriften aller Fachgruppen nach Themenbereichen klassifiziert. Sie
können die Kosten eines Abonnements, die Post- und WWW-Adressen
der Verlage sowie häufig auch die Auflagenhöhe der Zeitschriften recherchieren. Außerdem wird festgehalten, für welche Indexwerke die jeweiligen Periodica ausgewertet werden. Näheres über Möglichkeiten zur Online-Recherche in diesen Datenbanken erfahren Sie weiter unten im
Abschnitt über den Computer als Hilfsmittel bei der Bibliotheksarbeit.

Zeitungsindizes

Vor allem für Fragen der Zeitgeschichte sind Zeitungen und politische
Journale oft ein wichtiges ergänzendes Informationsmittel. Für die wichtigeren Publikationen werden Indizes angeboten, mit deren Hilfe zu bestimmten Themen recherchiert werden kann. Für den deutschsprachigen
Bereich ist nützlich:

Zeitungs-Index, Pullach bei München 1974 ff.

Einzelne Publikationen bieten eigene Recherchemöglichkeiten an. So
kann mittlerweile in digitalen Datenbanken nach Themen des „Spiegels",
der „Süddeutschen Zeitung", der „Neuen Zürcher Zeitung" oder des Wiener „Standards" gesucht werden. Teilweise werden dazu CD-ROMs oder

direkte Online-Zugänge angeboten (direkten Archivzugriff erreichen Sie
etwa via http://DerStandard.at), teilweise muß für einen Rechercheauf-
trag an die jeweiligen Dokumentationsstellen ein Entgelt bezahlt werden.

Rezensionsverzeichnisse

Häufig ist es sehr nützlich, die Stellungnahme anderer Historiker zu denjenigen Büchern zu kennen, die Sie selbst für Ihre Arbeit verwenden. Um
solche Besprechungen finden zu können, kann man zum einen die Jahrgänge einschlägiger historischer Zeitschriften durchsehen, die auf die Publikation der betreffenden Titel folgten. Da diese Suchmethode sehr zeit-
aufwendig ist, sollte man jedoch nur bei Veröffentlichungen der letzten
drei bis vier Jahre darauf zurückgreifen. Als Hilfsmittel für Rezensionen
von mindestens drei Jahre zurückliegenden Büchern steht die Internationale Bibliographie der Rezensionen (IBR) zur Verfügung. Sie ist ähnlich
umfassend angelegt wie die IBZ und ist daher wesentlich ergiebiger als
etwa englischsprachige Hilfsmittel wie der Book Review Index (BRI).
Leider ist die Aktualität solcher Rezensionsverzeichnisse nicht so beschaffen, daß Sie auf die weiter oben erwähnte Methode des Durchsehens aktueller Zeitschriftenbestände ganz verzichten könnten.

Atlanten und chronologische Überblickswerke

Für die Orientierung in Raum und Zeit sind Hilfsmittel wichtig, wie sie
in Form historischer Atlanten und chronologischer Überblicksdarstellungen angeboten werden. Im folgenden handelt es sich nur um eine
kleine Auswahl nützlicher und leicht zugänglicher Hilfsmittel:

- Kinder, Hermann / Hilgemann, Werner: dtv-Atlas zur Weltgeschichte.
  Karten und chronologischer Abriß. 2 Bde., München 1992.
- Großer Historischer Weltatlas, hrsg. v. Bayerischen Schulbuch-Verlag.
  4 Bde., München 1957 ff.
- Großer Atlas zur Weltgeschichte, erweiterte Ausgabe des Standard-
  werks von 1956. Braunschweig 1997.
- Putzger, Friedrich W.: Historischer Weltatlas zur allgemeinen und
  österreichischen Geschichte, bearb. von Egon Lendl. Wien 1981.

- Deutsche Geschichte in Daten. 2 Bde., München 1979/1981.
- Der große Ploetz: Die Daten-Enzyklopädie der Weltgeschichte. 32., neu bearbeitete Auflage, Würzburg 1998.
- Archiv der Gegenwart. Dokumentation der Zeitgeschichte [CD-ROM-Ausgabe]. Sankt Augustin 1993 ff.

Fernleihe und Dokumentenlieferungssysteme

Zur Erstellung von kürzeren Referaten oder kleinen Beiträgen für die Seminardiskussion ist es oftmals nicht nötig, mehr als die in einer Instituts- oder Universitätsbibliothek vorhandenen Bücher und Zeitschriften zu benutzen. Geht es jedoch um größere Ausarbeitungen oder um Abschlußarbeiten, so werden Sie häufig feststellen, daß nicht alle wichtigen Publikationen an Ihrem Universitätsstandort greifbar sind. Sollte sogar fast die gesamte benötigte Literatur nicht vor Ort vorhanden sein, so sollten Sie eine Änderung des von Ihnen bearbeiteten Themas in Erwägung ziehen und dementsprechend mit Ihrem Dozenten Rücksprache halten. Im Normalfall wird es sich jedoch nur um eine überschaubare Zahl von wirklich wichtigen Büchern oder Aufsätzen handeln. In einem solchen Fall gibt es zwei Wege, um die fehlende Literatur zu beschaffen.
- Die traditionelle Methode ist die der Fernleihe. An den meisten Universitätsbibliotheken müssen Sie dafür mit Hilfe von Verbundkatalogen – zugänglich über Mikrofiche-Kataloge oder mit Hilfe eines Computers über das Internet – eine Bibliothek finden, an der das von Ihnen gesuchte Buch oder die Zeitschrift gehalten wird. Unter Angabe dieses bibliographischen Nachweises können Sie dann Ihre Universitätsbibliothek beauftragen, den von Ihnen gewünschten Titel für Sie auf dem Weg der Fernleihe zur Verfügung zu stellen. Der Nachteil dieses Verfahrens besteht darin, daß Sie teilweise recht lange auf die Lieferung der Bücher warten müssen. Sollten Sie nicht unter Zeitdruck stehen, so spricht für die Fernleihe die Tatsache, daß nur mäßige Gebühren pro bestelltem Titel entrichtet werden müssen.
- Als Alternative zur Fernleihe sind in letzter Zeit Dokumentenliefersysteme entstanden, die über das Internet angeboten werden. Im Bereich der Bundesrepublik Deutschland ist vor allem der Subito-Dienst zu

nennen (http://www.subito-doc.de). Sie können online recherchieren, welche Bibliothek den von Ihnen gewünschten Titel führt, und bei einer der Einrichtungen, die dem Subito-Dienst angeschlossen sind, Reproduktionen von Teilen der für Sie interessanten Bücher oder Zeitschriften bestellen. Da bei diesem Verfahren die gewünschten Texte mit Hilfe eines Scanners in digitale Form gebracht werden, können sie per Telefax oder per E-Mail zugesandt werden. Der aus dieser Lieferform resultierende Vorteil der schnelleren Verfügbarkeit der Texte (meist innerhalb von 48 Stunden) liegt auf der Hand. Andererseits werden bei diesem Verfahren deutlich höhere Gebührensätze fällig. Für nähere Informationen zur Fernleihe und zu den Dokumentenliefersystemen wenden Sie sich am besten an die Auskunft Ihrer Universitätsbibliothek. Dort können Sie auch erfragen, welche weiteren Möglichkeiten der Besorgung von Literatur angeboten werden, die vor Ort nicht vorhanden ist. Zur Zeit befindet sich dieses Tätigkeitsfeld der Bibliotheken in einem grundlegenden und raschen Umbruchprozeß, so daß es sinnvoll ist, sich von Zeit zu Zeit über neue Entwicklungen informieren.

Auf alle Fälle sollten Sie sich vor einer größeren Bestellaktion per Fernleihe oder Lieferdienst darüber klar werden, welche Titel für Sie wirklich unerläßlich sind. Der zeitliche und teilweise auch finanzielle Aufwand, der für die Fernleihe und die Inanspruchnahme der Dokumentenlieferdienste notwendig ist, sollte in einem angemessenen Verhältnis zu dem erwartbaren Nutzen stehen.

7. Das Forschungs-Logbuch

Reflexionen über das Forschen und Schreiben von Studierenden in ihren Forschungs-Logbüchern sind aufschlußreich:

```
Nachdem ich gelesen, gelesen und wieder gelesen und
jede Menge Lektüre-Karten geschrieben hatte, habe
```

ich dann an dem Punkt mit dem Schreiben begonnen, als ich irgendwie glaubte, genug über das Thema zu wissen, um anfangen zu können, ohne ununterbrochen etwas nachschauen zu müssen. Ich wurde bei meiner Forschungsarbeit das Gefühl nicht los, daß sich die Dinge ein wenig zu wiederholen begannen, oder daß ich nur noch persönliche Interpretationen las. Ich dachte, daß ich jetzt vielleicht etwas halbwegs Eigenständiges schreiben könnte. In der ersten Version habe ich die Informationen lediglich in eine gewisse Ordnung gebracht, die mir für eine Seminararbeit angemessen erschien. Nachdem ich dann eine grobe Gliederung aufgestellt und meine Lektüre-Karten in Kategorien aufgeteilt hatte, begann sich aus meiner ganzen Forschungsarbeit eine gewisse Grundstruktur zu entwickeln. Beim Schreiben, als diese abstrakte „Seminararbeit" eine konkrete Form annahm, deren Entwicklung ich auf dem Papier verfolgen konnte, kamen mir noch neue Ideen und Verbindungen, und ich konnte auch besser sehen, an welchen Stellen ich noch mehr Fakten brauchte oder welche Passagen ich besser komplett auslassen sollte. Die große Frustration setzte dann erst beim Erstellen der letzten Version ein. Plötzlich wurde mir klar, daß ich viel zu viel Stoff hatte. Erst zögerte ich noch, so viele Dinge auszulassen, weil ich befürchtete, meinem Thema nicht gerecht zu werden – nicht alles „so zu erzählen, wie es gewesen ist" (das war jedenfalls mein Eindruck). Dann merkte ich aber, daß die Arbeit, im Gegenteil, klarer, eigenständiger und konzentrierter wurde, gerade weil ich sie auf 25 Seiten beschränken mußte. Ich würde immer noch gern einmal eine längere Arbeit über dasselbe Thema schreiben und dabei einige

Dinge vertiefen, aber ich bin trotzdem jetzt überzeugt davon, daß meine Endfassung Kontur gewonnen
hat, weil ich sie genauer auf den Punkt bringen
mußte.

* * *

Es scheint zu funktionieren, wenn man von zwei oder
drei relevanten Quellen ausgeht und sich dann von
diesen Quellen zu anderen Quellen durcharbeitet.
Die andere Technik – also von einer guten Quelle,
die man in den Nachschlagewerken im Lesesaal gefunden hat, zu anderen guten Quellen zu kommen – ist
als Methode, an Bücher heranzukommen, auch okay;
bei Büchern bringt es auf jeden Fall etwas, sich
einfach in den Regalen der Abteilung umzuschauen,
in der man schon einmal eine brauchbare Quelle gefunden hat; oder selbst dort, wo man ein Buch gefunden hat, mit dem man wenig anfangen konnte.

Sicherlich schreibt man eine Forschungsarbeit, um etwas über das Thema
zu erfahren. Ein anderer Grund ist, und dieser ist vielleicht genau so
wichtig wie der erste, daß man durch das Schreiben von Geschichte lernen will, ein Historiker, eine Historikerin zu werden. Geschichte ist eine
aktive Disziplin. Um ein Historiker, eine Historikerin zu werden, müssen Sie forschen und Geschichte schreiben. Und mehr noch: Sie müssen
über das, was sie machen, nachdenken. Es passiert zu oft, daß der Druck,
der hinter der Forschung steht – damit ist auch der Termindruck gemeint
– Sie von grundsätzlichen Gedanken abhält, von Gedanken darüber, was
während Ihrer Forschungsarbeit eigentlich vor sich geht. Deswegen ist es
so wichtig, daß Sie ein Logbuch über Ihre Forschungen führen.

Wenn Sie ein Forschungs-Logbuch führen, während Sie sich im Forschungsprozeß befinden und während Sie schreiben, produzieren Sie
wertvolle Aufzeichnungen, auf die Sie zurückgreifen können, wenn Sie
Ihre Seminararbeit abgeschlossen haben. Ihr Forschungs-Logbuch ist die
Aufzeichnung von dem, was Sie beobachten, wenn Sie sich selbst als Hi-

storiker, als Historikerin beim Arbeiten über die Schulter schauen. Durch Ihre Eintragungen im Logbuch wird Ihnen bewußter, was Sie eigentlich tun, wenn Sie Geschichte schreiben.

Ihr Forschungs-Logbuch sollte ganz zwanglos geschrieben sein, vielleicht als Teil Ihres Journals (vgl. die Vorschläge dazu in Kapitel 2). Sie sollten regelmäßig kurze Eintragungen machen, während Sie an Ihrem Text arbeiten; jede Eintragung sollte mit einem Datum versehen sein. Notieren Sie zum Beispiel Dinge wie:

– Wie fange ich an?
– Was wußte ich über mein Thema, bevor ich angefangen habe?
– Ein Thema finden.
– Einen zentralen Punkt finden.
– Wo habe ich mit meiner Forschung begonnen?
– Wie habe ich entschieden, welche Materialien ich benutzen und welche ich weglassen wollte?
– Wann habe ich mit dem Schreiben begonnen?
– Wie hat sich das Ineinandergreifen von Schreiben und Lesen für mich abgespielt?
– Wie habe ich meinen ersten Entwurf verfaßt?
– Was war beim Überarbeitungsprozeß des ersten Entwurfs für mich am nützlichsten?
– Habe ich mich beim Forschen und Schreiben wie ein Historiker, eine Historikerin gefühlt?

Sie haben also Ihr Forschungs-Logbuch geführt, und Sie haben Ihre Seminararbeit beendet. Setzen Sie sich jetzt mit ihrem Logbuch hin und lesen Sie Ihre Einträge noch einmal durch. Verstehen Sie jetzt besser, was sich für Sie abgespielt hat, während Sie geforscht und geschrieben haben? Schreiben Sie jetzt einen langen Eintrag in Ihr Journal: eine Zusammenfassung aller Ihrer Aktivitäten beim Schreiben von Geschichte. Denken Sie beim Schreiben dieser Zusammenfassung an Fragen wie die folgenden:

1. Was habe ich gemacht, um mit meiner Seminararbeit anzufangen?
2. Wie haben sich das Lesen des Forschungsmaterials und das Schreiben der einzelnen Entwürfe gegenseitig beeinflußt?
3. Was habe ich gemacht, um den ersten vollständigen Entwurf meiner Arbeit zu erstellen?
4. Was war beim Überarbeitungsprozeß, der schließlich zur Endfassung geführt hat, für mich am nützlichsten?

In der Bibliothek forschen, Geschichte schreiben und in Ihrem Forschungs-Logbuch in einer Zusammenfassung darüber nachdenken, was Sie überhaupt machen – all das wird zusammenkommen und aus Ihnen einen besseren Historiker, eine bessere Historikerin machen.

8. Der Computer als Hilfsmittel in der Bibliothek

In den letzten zwei Jahrzehnten hat die fortschreitende Computerisierung die Arbeitsweise der Bibliotheken geradezu revolutioniert. Die großen Universitätsbibliotheken mit ihrem Auftrag, in möglichst kurzer Zeit die Literatur mit den neuesten Forschungsergebnissen und wissenschaftlichen Diskussionen zur Verfügung zu stellen, gehörten dabei zu den Vorreitern. Nicht nur die Bestände der für alle Fächer zuständigen Universitätsbibliotheken, sondern häufig auch die Bücher und Zeitschriften der einzelnen Fakultäts- oder Institutsbibliotheken sind in den letzten Jahren ganz oder teilweise in digitaler Form verfügbar gemacht worden. Vielfach wird jedoch weiterhin die Benutzung von Mikrofiche- oder Karteikartenkatalogen notwendig sein, da die Bestände häufig noch nicht vollständig in digitaler Form erfaßt sind. An einigen Bibliotheken wird für bestimmte Teilbestände eine Mischform aus Kartenkatalog und digitaler Abfrage angeboten (etwa in der Österreichischen Nationalbibliothek oder der Münchner Staatsbibliothek). In solchen Fällen wurden die alten Karteikarten eingescannt und zu digitalen Bilddateien verarbeitet, in denen man meist nach den herkömmlichen Regeln der Titelaufnahme suchen und online blättern kann.

Die Neuerwerbungen wissenschaftlicher Bibliotheken werden jedoch seit längerem automatisch in komplex strukturierte Katalog-Datenbanken aufgenommen, so daß Titel, die seit Anfang der 1980er Jahre erschienen sind, meist per Computer recherchiert werden können. Die Gestaltung des sogenannten OPAC (Online Public Access Catalogue) kann von Bibliothek zu Bibliothek unterschiedlich ausfallen. Durch den Einsatz von graphischen Benutzeroberflächen ist die Benutzung dieser Kataloge jedoch sehr schnell zu erlernen, ohne daß Sie per Tastatur komplizierte Befehlsfolgen eingeben müßten. Genaue Angaben über die Funktionsweise des jeweiligen OPAC und über den Umfang des per Computer abfragbaren Bestandes wird Ihnen ein Informationsblatt der jeweiligen Bibliothek liefern.

Die Literatursuche per Computer bietet eine ganze Reihe von Vorteilen. Zum einen werden Sie bei einer Such-Sitzung nicht mehr genötigt, zwischen langen Reihen von Karteikästen hin und her zu laufen oder aus einem Mikrofiche-Ständer die jeweils notwendigen Fiches herauszufingern. Die Geschwindigkeit des Zugriffs auf die bibliographischen Datenbanken ist meistens so hoch, daß Sie wesentlich weniger Zeit benötigen, um die gesuchten Titel zu finden.

Zweitens bietet Ihnen die Recherchemaske eines online-Katalogs wesentlich komplexere Suchmöglichkeiten, als einfache Karteikarten oder Mikrofiche-Einträge. Mit Hilfe der traditionellen Methoden werden Sie meistens nach Autorennamen suchen, bei Werken ohne Verfasser nach den Sachtiteln. Diese Suchmethode ist sicherlich auch bei der Recherche am Computer die meistverwendete. Im Gegensatz zu den bislang üblichen Katalogen können Sie am Computer jedoch zusätzlich nach Publikationsjahren und -orten, nach Verlagen oder ISBN-Nummern recherchieren. Durch die Kombination mehrerer Suchkriterien läßt sich das jeweilige Suchergebnis gezielt eingrenzen. Spätestens bei der Suche nach Veröffentlichungen von Autoren namens Schmidt, Schulze oder Miller werden Sie solche Kombinationsmöglichkeiten zu schätzen wissen. Die per Computer zugänglichen Bibliothekskataloge haben noch einen dritten Vorteil: Meistens können Sie in einem Arbeitsgang die recherchierten Titel auch sofort bestellen oder vormerken, falls Sie in einer Bibliothek arbeiten sollten, die nicht ohnehin alle vorhandenen Titel in einem Freihandbereich zugänglich macht. Auch Ihr Ausleihkonto können Sie meistens per Computer selbst einsehen und verwalten. Mit Hilfe eines Modems können Sie die Recherche wie auch die Leihkontoverwaltung sogar von zu Hause aus erledigen.

Durch die Möglichkeit der Suche nach Schlag- und Stichwörtern können Sie die Computerkataloge bequem zum Bibliographieren nutzen. Für einen solchen Zweck sollten Sie sinnvollerweise von der Ebene des Kataloges Ihrer Universitätsbibliothek auf die Ebene des jeweiligen Verbundkataloges wechseln, dem Ihre Bibliothek angehört. Die geographische Erstreckung dieser Bibliotheksverbünde orientiert sich teilweise an Staats- und Landesgrenzen (wie beim österreichischen oder beim bayerischen Verbundkatalog), teilweise arbeiten die Verbünde grenzübergreifend (wie etwa im Fall des gemeinsamen Verbundkatalogs im norddeutschen Raum). Die Verbundkataloge führen die einzelnen Kataloge der Mitgliedsbibliotheken zusammen, so daß auf diese Weise eine wesentlich breitere Basis für das Bibliographieren zur Verfügung steht. In jedem Verbund sind Bibliotheken mit eigenständigen inhaltlichen Schwerpunkten, mit unterschiedlich umfangreichen Altbeständen und mit größeren oder kleineren Anschaffungsetats vertreten. Große Bibliotheken mit reichhaltigen Altbeständen weisen Titel nach, die an Ihrer Universitätsbibliothek möglicherweise nicht vorhanden sind. Andererseits können kleinere Universitätsbibliotheken ihre Neuerwerbungen aus organisatorischen Gründen oft schneller in den Katalog aufnehmen. Geht es Ihnen nicht so sehr um Aktualität, dann empfiehlt sich als bibliographisches Hilfsmittel der Verbundkatalog aller in der Bundesrepublik verfügbaren digitalisierten Bibliothekskataloge. Dieser umfassendste Verbundkatalog ist retrospektiv angelegt und spiegelt meistens einen etwa ein bis zwei Jahre alten Anschaffungsstand wider. Sein Vorteil besteht in der Menge der nachgewiesenen Literatur; die aktuelle Version trägt das Kürzel VK97 (Recherche über den Guest-Zugang unter http://dbix01.dbi-berlin.de:6100/DBI/login.html). In Österreich existiert mit dem Katalog des Österreichischen Bibliothekenverbunds ohnehin ein einziger auf nationaler Ebene organi-

sierter Zusammenschluß (http://bibopac.univie.ac.at). Schließlich sei Ihnen noch der Karlsruher Virtuelle Katalog (http://www.ubka.uni-karls-
ruhe.de/kvk.html) anempfohlen: In ihm können Sie mit einem einzigen
Suchbefehl in den wichtigsten deutschsprachigen sowie einigen europäischen Verbundkatalogen recherchieren, ohne die einzelnen Bibliotheks-
seiten aufsuchen zu müssen.

Die einschlägigen Zeitschriftendatenbanken (ZDB, ÖZDB, VZ, Ulrich's) für das Bibliographieren von Zeitschriften und das Auffinden Ihrer Standorte haben Sie bereits kennengelernt. In welcher Form Sie diese
Instrumente benutzen können, hängt von der jeweiligen Bibliothek ab.
Meist können die Informationen über Mikrofiches abgefragt werden, teilweise auch über CD-ROMs, die an besonderen Computern im Biblio-
theksbereich benutzt werden können. Sollten Sie in der Bibliothek oder
über einen Studentenzugang am Rechenzentrum der Universität Zugang
zum World Wide Web haben, so können Sie die ZDB genauso einfach
wie den VK97 beispielsweise über das WWW-Angebot des Deutschen
Bibliotheksinstituts benutzen (http://www.dbilink.de/homepage.html).
Der Telnet-Zugang der ÖZDB samt Erläuterungen zur Benutzung findet sich unter http://www.univie-ac.at/UB-Wien/oezdbonl.htm, einen
WWW-Zugang zum schweizerischen VZ bietet die Adresse http://www.
snl.ch/rpvz/english.

Suchen Sie nach neuen Titeln, die eventuell noch nicht in die Kataloge der Bibliotheken eingetragen werden konnten, so sind die mittlerweile über das WWW suchbaren Datenbanken des Buchhandels von
Nutzen. Hier sei nur auf das „Verzeichnis lieferbarer Bücher" hingewiesen, in dem auf ähnlich komplexe Weise nach Büchern gesucht werden
kann, wie mit den digitalen Bibliothekskatalogen (http://www.buchhan-
del.de).

Neben den Bibliotheks- und Buchhandelskatalogen sind auch viele
thematisch ausgerichtete bibliographische Datenbanken in digitaler Form
zugänglich. Das wichtigste Beispiel dieser häufig aus den USA stammen-
den Datenbanken sind die bereits erwähnten Historical Abstracts. Bislang
werden solche Publikationen meist in einer gedruckten und in einer digitalen Form angeboten. Benutzt man sie in digitaler Form – in vielen Bi-

bliotheken wird eine CD-ROM-Version angeboten –, kann für die bibliographische Suche auf die gleiche Vielfalt an Suchmöglichkeiten zurückgegriffen werden, wie oben für die digitalen Bibliothekskataloge beschrieben wurde. Verschiedene Suchkriterien können miteinander verknüpft werden, und durch die Möglichkeit einer Ausgabe der Suchergebnisse in einer Datei wird die Weiterarbeit mit den gefundenen Angaben mit Hilfe eines Textverarbeitungsprogrammes oder mit einer eigenen Literaturdatenbank sehr erleichtert. Außerdem erscheinen die Printversionen bibliographischer Nachschlagewerke in Jahresbänden, so daß man für die Recherche nach Literatur aus den letzten fünf Jahren ebenso viele dicke Wälzer zur Hand nehmen muß. Bei Nutzung der digitalen Version wird dagegen eine große Zahl von Jahrgängen in einem einzigen Arbeitsgang durchsucht.

Außer den Historical Abstracts gibt es zur Zeit kein ähnlich umfassend angelegtes Informationsmittel für das Bibliographieren historischer Literatur. Wohl ist eine Reihe von sozial-, wirtschafts- oder rechtswissenschaftlichen Datenbanken für zeithistorische Fragestellungen von Interesse. Die Zugriffsmöglichkeiten und -bedingungen zu solchen Informationsinstrumenten sind momentan sehr uneinheitlich und in schneller Veränderung begriffen. Daher sollten Sie sich bei Ihrer Bibliothek informieren, welche Rechercheangebote gemacht werden, und welche Kosten dabei entstehen.

Für andere als zeithistorische Fragestellungen ist die Anzahl sinnvoller Datenbank-Angebote jedoch noch immer recht beschränkt. Während für Natur-, Ingenieur- oder Rechtswissenschaften mittlerweile eine Vielzahl an umfassenden digitalen Informationssystemen existiert, ist dies für die Geschichtswissenschaft noch nicht der Fall.

Immerhin können seit einigen Jahren die „Jahresberichte für deutsche Geschichte", die „Historische Bibliographie" und die „Österreichische Historische Bibliographie" in digitaler Form benutzt werden, entweder in Form einer CD-ROM-Datenbank oder über einen WWW-Zugang (Letzteres gilt nur für die ÖHB via http://www.uni-klu.ac.at/groups/his/his_oehb/info). Eine aktuelle und mit Abstracts versehene Informationsmöglichkeit fehlt jedoch im deutschsprachigen Bereich.

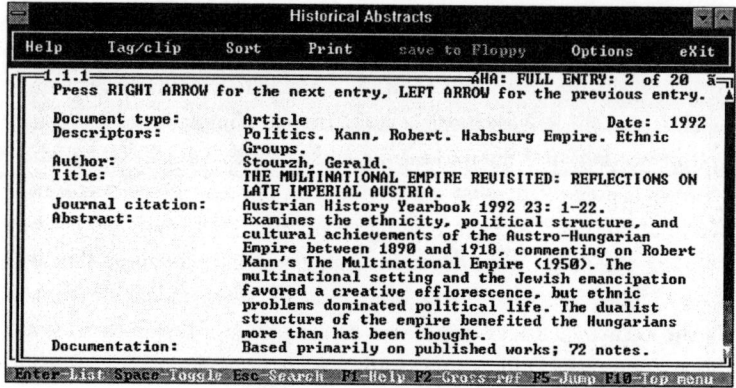

Eine kurze Skizze der Einsatzmöglichkeiten der Historical Abstracts soll Ihnen – stellvertretend für andere digitale Informationsquellen – die Vorteile des elektronischen Recherchierens veranschaulichen. Zunächst einmal ist es möglich, die Suchkriterien sehr stark zu differenzieren. So können Sie beispielsweise bestimmen, ob Sie unter den Veröffentlichungen eines bestimmten Autors, einer bestimmten Autorin nur an Zeitschriftenartikeln oder auch an Buchpublikationen interessiert sind. Sie können nach Titeln suchen, die zu einem bestimmten Zeitpunkt erschienen sind, oder die einen bestimmten Zeitraum behandeln. Eine große Zahl solcher Suchkriterien kann beliebig miteinander verknüpft werden, so daß Sie die Menge der Treffer sinnvoll eingrenzen können. Wenn Sie beispielsweise nach den Stichwörtern „Nation" und „Austria" sowie als behandeltem Zeitraum nach den 50er Jahren suchen, stoßen Sie u. a. auf das oben stehende Ergebnis.

Im Gegensatz zu anderen bibliographischen Hilfsmitteln haben Sie hier die Möglichkeit, aus dem Abstract-Feld bereits grundlegende Informationen über die Inhalte des betreffenden Aufsatzes zu entnehmen. Außer den üblichen bibliographischen Informationen finden Sie sogar die Zahl der Fußnoten. Unter den Deskriptoren finden Sie den Begriff „Habsburg Empire". Sollten Sie an dieser speziellen Zuspitzung Ihrer zunächst eher allgemeinen Suchstrategie interessiert sein, so können Sie nun mit der Befehlstaste F2 sogenannte „cross references" ausfindig machen. Auf diese Weise finden Sie beispielsweise alle weiteren Einträge der Datenbank, die den Begriff „Habsburg Empire" als Deskriptoren tragen. In der Ergebnisliste können Sie wiederum Markierungen anbringen („Tag"), in der Einzelansicht lassen sich dann die einzelnen bibliographischen Informationen in die Zwischenablage kopieren („clip") oder ausdrucken („Print").

Da die Ausstattung der einzelnen Universitätsbibliotheken mit CD-ROM-Datenbanken, Online-Angeboten und WWW-Zugängen sehr unterschiedlich ist, kann an dieser Stelle nur dazu ermuntert werden, an den Informationsstellen der Bibliotheken nachzufragen, welche Angebote für historische Fragestellungen zur Verfügung stehen. Teilweise gibt es bereits die Möglichkeit, sogar von zu Hause aus per Modem Informationen etwa aus den Historical Abstracts abzurufen, ohne daß dafür eine Gebühr zu entrichten wäre.

9. Weiterführende Gedanken über das Schreiben von Geschichte: Historiker und Historikerinnen über die Forschung

„Das Wichtigste in der Forschung ist, zu wissen, wann man aufhören muß."
„Das Forschen selbst ist unendlich verführerisch; die wirklich harte Arbeit ist das Schreiben."

Barbara Tuchman

„Was ich meinen Lesern vorlege, ist zum Teil Erfindung, jedoch sorgfältig gesteuert durch die Stimmen der Vergangenheit."

Natalie Zemon Davis

„… niemand wird aus der historischen Forschung einen Nutzen für sich ziehen können, oder zumindest keinen besonders großen, wenn er nicht selber ein bißchen forscht."

Carl Becker

„... ich wollte schwarze Frauen für sich selbst sprechen lassen. Ich hoffe und vertraue drauf, daß das reiche Material, das hier präsentiert wird, Anreiz für neue Interpretationen und vor allem für weitere Forschungen über die Vergangenheit der amerikanischen Schwarzen sein wird."

Gerda Lerner

7. Studieren mit dem Computer

Kapitelvorschau: Die in den bisherigen Kapiteln vorgeschlagenen Schritte zur Entwicklung einer strukturierten Arbeitsweise und zur Einübung in konkrete Techniken und Methoden können Sie nachvollziehen, ohne auf die Unterstützung der modernen Computertechnologie zurückgreifen zu müssen. Journale, Karteikarten oder Notizzettel sind bewährte Arbeitsmittel, mit deren Hilfe Generationen von Studenten das wissenschaftliche Arbeiten erlernt haben. Es gibt jedoch eine ganze Reihe von Erleichterungen und neuen Möglichkeiten, die Ihnen ein Computer bieten kann. Im Folgenden wird zunächst dargestellt, welche Vorteile ein Computer beim Durchlaufen der grundlegenden Arbeitsschritte des Sammelns und Verarbeitens von Informationen bietet. Anschließend werden Möglichkeiten und Grenzen der seit einigen Jahren stark expandierenden Internet-Angebote behandelt.

1. Textverarbeitung
2. Datenverwaltung
3. Das Internet
   E-Mail, Newsgroups, FTP
   Das World Wide Web
4. Weiterführende Gedanken zum Geschichte Schreiben und Lernen
   mit dem Computer

Es dürfte mittlerweile keine Universität mehr geben, an der Ihnen nicht ein Computerarbeitsraum zur Verfügung stünde, um Texte schreiben oder Internet-Recherchen durchführen zu können. Es ist also gar nicht nötig, daß Sie einen eigenen Rechner erwerben. Angesichts der in den letzten Jahren drastisch gefallenen Preise für Hardware stellt aber auch ein Computerkauf für ein studentisches Budget keine untragbare Belastung mehr dar. Hinzu kommt, daß die notwendigen Computerprogramme – ob Textverarbeitung, Datenbank oder Internetsoftware – zunehmend be-

dienerfreundlich geworden sind und auch für EDV-Novizen kein gravie-
rendes Hindernis mehr darstellen. Zu bedenken ist schließlich auch, daß
nach dem Abschluß Ihres Studiums in fast allen Berufsfeldern eine zumindest minimale Computererfahrung für den Einstieg in die Arbeits-
welt sehr hilfreich sein wird.

1. Textverarbeitung

Schon beim Aufnehmen von Informationen aus der Forschungsliteratur
wie auch beim Führen Ihres Journals kann Ihnen ein Textverarbeitungs-
programm gute Dienste leisten. Sollten Sie etwa beim Exzerpieren
Schwierigkeiten mit der Aufteilung der Informationen auf verschiedene
Lektüre-Karten haben, so können Sie in einer Textverarbeitung die für
Sie sinnvollste Gruppierung zunächst ohne solche Aufteilungsprobleme
vornehmen. Häufig werden Sie erst in einem späteren Lektürestadium die
Relevanz bestimmter Abschnitte eines Buches erkennen, die Sie vorher
vielleicht nur knapp ausgewertet haben. Auch solches Einschieben von
Zusatzinformationen ist am Computer wesentlich leichter möglich als
beim Einsatz von Lektüre-Karten. Die Textverarbeitung bietet außerdem
die Möglichkeit, mit einer einfachen Befehlsfolge oder per Mausklick bestimmte Informationen an mehreren Stellen Ihrer Aufzeichnungen einzusetzen. So können Sie sehr leicht Mehrfachbezüge zwischen bestimmten Abschnitten herstellen und haben wichtige Informationen nicht nur
an einer einzigen Stelle zur Verfügung, die Sie bei Bedarf mühsam wiederfinden müssen. Wenn Sie später Ihre Aufzeichnungen lieber in Pa-
pierform weiterbenützen wollen, so können Sie diese jederzeit ausdrucken. Wollen Sie Ihre Notizen auch anderen zugänglich machen –
etwa im Rahmen einer studentischen Arbeitsgruppe –, so brauchen Sie
nicht Ihre per Hand oder Schreibmaschine erstellten „Originale" heraus-
zugeben, sondern können beliebig viele Kopien Ihrer Datei erstellen oder
Ausdrucke anfertigen. Haben Sie erst einmal eine Reihe von Exzerptda-
teien angelegt, so ermöglicht Ihnen eine Textverarbeitung, in Ihren Aufzeichnungen gezielt nach bestimmten Stichwörtern, Jahreszahlen oder

Namen zu suchen. Wenn nach einiger Zeit Ihre Notizen einen gewissen Umfang erreicht haben, finden Sie wichtige Informationen auf diese Weise schneller und zuverlässiger, als wenn Sie aus dem Gedächtnis heraus nach handgeschriebenen Exzerpten greifen oder einen ganzen Karteikasten durchsehen müssen.

Sind die bisher erwähnten Funktionen auch mit den einfachsten, oft kostenlos erhältlichen Texteditoren zu realisieren, so ist es dennoch angeraten, auf die reichhaltigen Möglichkeiten eines größeren Softwarepaketes zurückzugreifen. Programme, wie sie im deutschsprachigen Bereich von Firmen wie Star Division, Lotus, Corel, Microsoft oder Apple angeboten werden, lassen sich zu günstigen Studentenpreisen erwerben und werden häufig auch zur Benutzung in den Computerarbeitsräumen einer Universität zur Verfügung gestellt. Lassen Sie sich von der Funktionsvielfalt dieser Programme nicht abschrecken. Die grundlegenden Arbeitsschritte können Sie sich innerhalb weniger Minuten aneignen, alle darüber hinausgehenden Funktionen werden Sie dann im Lauf der Zeit kennenlernen können – aber nicht müssen!

Zu den nützlichen Elementen einer solchen größeren Textverarbeitung gehört die Gliederungsfunktion. Sie erleichtert das Strukturieren der aufgenommenen Informationen und hilft Ihnen, den Überblick zu behalten, wenn Sie beispielsweise längere Exzerpte aus einem wichtigen Buch anfertigen.

Per Mausklick wechseln Sie nach Belieben zwischen der Normalansicht, bei der Sie ihren gesamten Text sehen können, und der Gliederungsansicht, bei der Sie je nach Wunsch nur die von Ihnen gewählten oder aus dem exzerpierten Text übernommenen Überschriften und Gliederungselemente einblenden. Sollten Sie etwa bei der Aufnahme von Informationen der Ansicht sein, daß eine bestimmte Einzelinformation an verschiedenen, eventuell weit voneinander entfernten Stellen Ihres Textes eingefügt werden sollte, so finden Sie durch kurzzeitiges Umschalten in die Gliederungsansicht sehr schnell zu dem Abschnitt, in dem Sie dann die notwendigen Einfügungen anbringen können (vgl. Screenshot S. 206). Sie können auch die ganze Zeit in der Gliederungsansicht arbeiten. Die neuesten Textverarbeitungsversionen bieten mittlerweile die Mög-

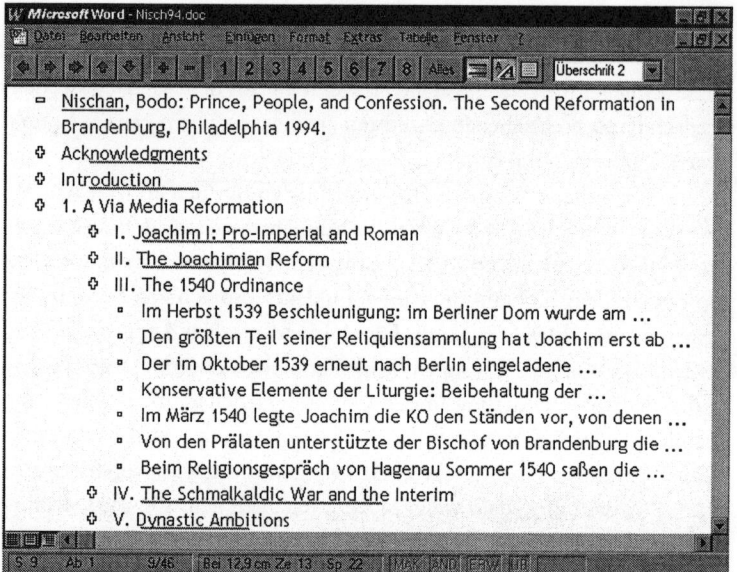

lichkeit, die Ansicht der Struktur Ihres Textes am Rand des Bildschirms zuzuschalten, um Ihnen die Navigation in Ihren Notizen zu erleichtern.

Gerade in der Phase der Informationssuche und -aufnahme sowie der Sammlung erster Ideen sind dem Computer jedoch auch Grenzen gesetzt. Ob Sie Ihr Journal (vgl. Kapitel 2) per Hand oder am Bildschirm führen wollen, hängt stark von Ihren persönlichen Vorlieben ab. Ein Journalheft oder -ringbuch können Sie an vielen verschiedenen Orten und in unterschiedlichen Situationen benutzen. Zumal wenn Sie keinen tragbaren Rechner besitzen, werden Sie es vielleicht vorziehen, Ihr Journal sowohl in der Vorlesung, in der Bibliothek, im Café, im Zug oder auch beim Arbeitstreffen mit Freunden zur Hand haben zu können. Auch hier gilt jedoch, daß mit Hilfe seiner Druckfunktion auch ein Computer die flexible Nutzung der gespeicherten Informationen zuläßt. Die in den letzten Jahren zur Marktreife gelangten computergestützten Diktiersysteme ermöglichen es Ihnen sogar, ein Journal ohne jede herkömmliche Schreibtätigkeit zu führen. Außerdem läßt sich zusammengehöriges Material aus unterschiedlichen Journaleinträgen leicht per Kopierfunktion zusammenführen, was bei Hefteinträgen nicht möglich ist. Letztlich gibt es kein Patentrezept, sondern nur individuelle Lösungen. Aufbauend auf Ihren ganz persönlichen Erfahrungen und Vorlieben werden Sie allmählich den für Sie subjektiv geeignetsten Weg herausfinden, wobei eine Kombination aus handschriftlichen und computergestützten Arbeitsweisen den wahrscheinlich besten Weg darstellt.

Je weiter Sie in Ihrem Arbeitsprozeß vorrücken, desto größeren Nutzen bringt ein Textverarbeitungsprogramm. Die bereits erwähnte Gliederungsfunktion hilft Ihnen bei der Strukturierung Ihres entstehenden Textes. Ganze Kapitel können – auch wenn Sie bereits einzelne Textabschnitte eingegeben haben sollten – in eine neue Reihenfolge gebracht werden. Ebenso läßt sich die Hierarchie Ihrer Struktur in Sekundenschnelle ändern, wenn Sie etwa einem als Unterkapitel geplanten Abschnitt mehr Gewicht beimessen und ihn als eigenständiges Hauptkapitel verwenden wollen.

Das Verfassen erster Entwürfe wird durch die Verwendung der Funktionen des Kopierens und Einfügens (engl.: „copy & paste") erleichtert, indem Sie aus ihren Exzerpten und sonstigen Notizen sowie auch aus Ihrem Journal heraus einzelne Informationseinheiten, erste Formulierungen oder wichtige Zitate in ihren Text einbauen. Die jederzeit gegebene Möglichkeit, Formulierungen wieder abändern oder an eine andere Stelle plazieren zu können, ist gerade in der Phase des ersten Entwurfes sehr nützlich. Diese Hilfestellung enthebt Sie natürlich nicht der Mühe, diese Bausteine zu überarbeiten, sinnvoll zu verknüpfen, neue Passagen einzufügen, Überflüssiges zu löschen und den allmählich entstehenden Text nochmals zu überdenken. Das Aneinanderreihen von Textbausteinen ergibt noch keine wissenschaftliche Abhandlung, unbedachtes Kopieren und Verschieben von zunächst unzusammenhängenden Informationen hinterläßt fürs erste nur einen Haufen Wort- und Satzmüll (engl.: „copy & waste").

Neben Hilfsmitteln wie einer automatischen Silbentrennung, einer Rechtschreibprüfung oder einem Thesaurus (hilfreich bei der Überwindung von Formulierungsproblemen) ist vor allem die Verwaltung von

Fuß- oder Endnoten durch die Textverarbeitung enorm nützlich. Moderne Software erledigt für Sie die Zählung der Fußnoten und paßt die Zählung beim Einfügen einer zusätzlichen oder Entfernen einer überflüssigen Fußnote umgehend an. Auch der Seitenumbruch wird automatisch durchgeführt, was gegenüber der Benutzung einer Schreibmaschine einen großen Vorteil darstellt. Durch gestalterische Elemente können Sie Ihr Referat, vor allem aber auch Ihr vortragsbegleitendes Thesenpapier sinnvoll gliedern und ansprechend präsentieren. Die Einbindung von Grafiken oder Abbildungen ist meist problemlos möglich, mit Hilfe von Rahmen und Tabellen wird eine übersichtliche Materialstrukturierung möglich. Sollten Sie bestimmte Referate oder Ausarbeitungen mit anderen Studierenden zusammen verfassen, so bietet moderne Software sehr komfortable Möglichkeiten der gegenseitigen Textkontrolle und der kooperativen Überarbeitung eines gemeinsamen Arbeitsergebnisses.

Bei umfangreicheren Texten wie Seminar- oder Magisterarbeiten läßt sich sogar die Erstellung eines Inhaltsverzeichnisses oder eines Registers automatisieren, so daß Ihnen buchstäblich bis zum letzten Moment vor Ausdruck und Abgabe der Arbeit die Möglichkeit zu Änderungen bleibt.

Bei all diesen Vorteilen des computergestützten Arbeitens sollte Ihnen allerdings stets bewußt bleiben, daß eine schlecht gegliederte und wenig durchdachte Arbeit auch durch eine ansprechende Gestaltung nicht besser wird. Ebensowenig sollten Sie sich durch die Möglichkeit der permanenten Revision Ihres Textes nicht dazu verführen lassen, schlecht gewählte Formulierungen, unbewältigte Argumentationsfolgen oder offensichtliche Gedankensprünge zu lange in Ihren Entwürfen mit sich herumzuschleppen. Bei aller Vorteilhaftigkeit der größeren Freiräume, die eine Textverarbeitung gewährt, sollten Sie doch vorrangig an der Entwicklung eines möglichst methodischen Vorgehens arbeiten. Die vielfältigen Gestaltungsspielräume sollten Sie eher als Draufgabe zu den arbeitssystematischen Erleichterungen und nicht als die Essenz einer Textverarbeitung betrachten.

Abschließend sei auf eine Publikation hingewiesen, die am Beispiel von *Microsoft Word* einen Einblick in die wichtigsten Elemente einer gängigen Textverarbeitung bietet und geeignet ist, auch Computerneulingen die Möglichkeiten des Computereinsatzes näher zu bringen:

Kammer, Manfred: Bit um Bit. Wissenschaftliche Arbeiten mit dem PC. Stuttgart/Weimar 1997

An vielen Universitäten werden Einführungskurse in Textverarbeitungs-software geboten, die Ihnen in kurzer Zeit die Benutzung der Grund-funktionen erleichtern wird. Für die weitere Einarbeitung in komplexere Funktionen steht eine Vielzahl an anschaulich gestalteter Literatur zur Verfügung.

2. Datenverwaltung

Zu Beginn Ihres Studiums wird ein gutes Textverarbeitungsprogramm ausreichen, um alle wichtigen Arbeitsschritte damit durchzuführen: Sie können Buch- oder Aufsatztitel speichern, Literaturlisten zusammenstel-len, Exzerpte anfertigen, Ideensammlungen und Arbeitspläne anlegen und schließlich auch Ihre ersten Texte verfassen. Die umfangreichen Such- und Sortierfunktionen werden in dieser Anfangsphase sicherlich genügen, um einmal festgehaltene Informationen wiederfinden und übersichtlich anordnen zu können.

Wenn Sie sich mit einer Textverarbeitung vertraut gemacht und all-mählich größere Mengen an Literaturtiteln oder Notizen zusammenge-tragen haben, werden Sie feststellen, daß ein solches Programm in erster Linie für das Abfassen, Strukturieren und Gestalten von Texten geeignet ist. Bei der Erschließung und Verwaltung einer zunehmenden Menge an Informationen jedoch stößt eine Textverarbeitung schnell an die Grenzen ihrer Leistungsfähigkeit. Hier bieten sich Datenbanken als Alternative an, die mittlerweile mit jedem größeren Office-Softwarepaket erworben oder in zahllosen spezialisierten Formen beispielsweise über das Internet bezo-gen werden können.

Es liegt nahe, eine Datenbank zunächst einmal für die Verwaltung Ih-

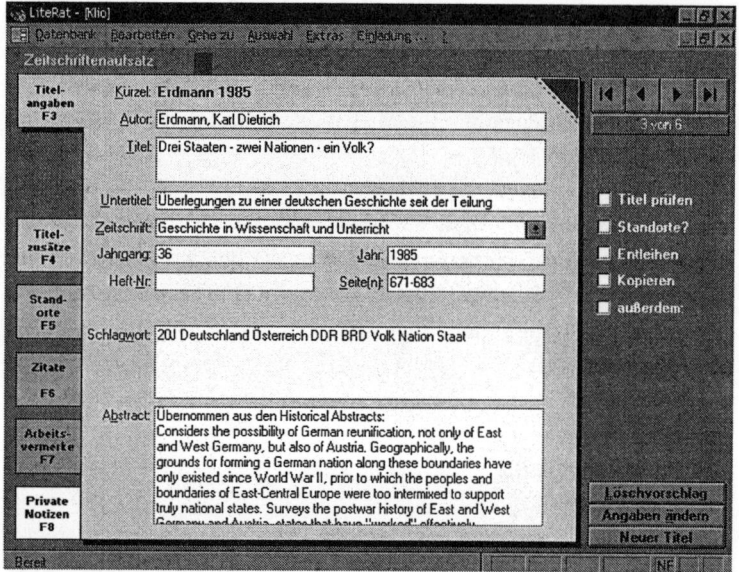

rer Literaturdaten einzusetzen. Die erwähnten Office-Pakete der großen
Softwarefirmen enthalten Datenbanksoftware, die Sie nach Ihren Be-
dürfnissen gestalten können. Für den Anfang ist es aber sinnvoller, eines
der zahlreichen speziell für die Literaturverwaltung geschriebenen Da-
tenbankprogramme zu verwenden, die Sie in kurzer Zeit und ohne das
Durcharbeiten kiloschwerer Handbücher beherrschen können. Die Universität Düsseldorf bietet ein solches Programm zum studentenfreundli-
chen Nulltarif an (die Internet-Adresse und weitere Angaben zum Bezug
von „LiteRat" finden Sie im Abschnitt über das Internet), so daß Sie auch
ohne größeren finanziellen Aufwand testen können, welchen Nutzen Ihnen eine Literaturdatenbank bietet.

Schon der Startbildschirm von LiteRat, das hier stellvertretend für
viele andere Programme stehen soll, zeigt den grundlegenden Unterschied
zur Textverarbeitung (s. Screenshot oben).

Sie haben eine vorstrukturierte „Eingabemaske" vor sich, in der für jeden speziellen Informationstyp wie etwa „Autor" oder „Zeitschrift" ein

eigenes „Feld" vorgesehen ist. Sie erfassen Informationen also nicht mehr als beliebig gestaltbaren Freitext, sondern teilen bereits bei der Eingabe die jeweilige Gesamtinformation „bibliographische Angabe" in Informationspartikel auf. Dadurch sind Sie zu einem systematischen Vorgehen gezwungen, das Ihnen später hilft, zuverlässig und schnell alle eingegebenen Informationen wiederzufinden.

Im vorhergehenden Kapitel wurde das Anlegen von Bib-Karten als elementares Arbeitsinstrument für Ihr Studium vorgestellt. In Ihren Karteikästen werden Sie die Karten im Normalfall nach den Verfassern der Bücher oder Aufsätze sortieren und können eine solche Ordnung auch nicht ohne größeren Aufwand umstellen. Verwenden Sie dagegen eine Datenbank – deren einzelne Datensätze jeweils einer herkömmlichen Karteikarte entsprechen –, können Sie in allen Ihnen zur Verfügung stehenden Feldern, also nicht nur im Autorenfeld, nach bestimmten Kriterien suchen. Wollen Sie eine Literaturliste zum Thema „Erster Weltkrieg" erstellen, können Sie im Titelfeld nach Begriffen wie „Weltkrieg" oder Jahreszahlen wie „1914" oder „1918" suchen. Bereiten Sie sich dagegen auf einen Bibliotheksbesuch vor, bei dem Sie vor allem bestimmte Zeitschriften auswerten wollen, dann suchen Sie in ihrer Datenbank einfach nach den Titeln dieser Zeitschriften und stellen sich damit eine Liste interessanter Aufsätze zusammen. Für solche Aufgaben müßten Sie jeweils Ihre gesamten Karteikarten durchblättern und einen wesentlich höheren Zeitaufwand einplanen. Wenn Sie bereits bei der Eingabe der bibliographischen Angaben in konsequenter Weise Schlagworte vergeben, dann können Sie noch schneller zu den gesuchten Informationen gelangen und Ihre Datenbestände gezielter selektieren. Interessieren Sie sich in einem bestimmten Abschnitt Ihrer Arbeit vor allem für die Rolle des Deutschen Reiches im Ersten Weltkrieg, können Sie je nach Aufbau Ihres persönlichen Schlagwortsystems gezielt nach den entsprechenden Begriffen suchen und beispielsweise auch solche Literatur finden, die das entsprechende Thema behandelt, ohne es im Titel ausdrücklich zu erwähnen. Fritz Fischers Klassiker über den „Griff nach der Weltmacht" würden Sie dementsprechend nicht durch eine Suche der Begriffe „Weltkrieg" oder „Deutsches Reich" im Titelfeld finden, sondern über eine Recherche im

Schlagwortfeld. Zudem können Sie Angaben über den Bibliotheksstandort von Büchern und Zeitschriften eintragen oder Notizen über Ausleihfristen verwalten. Informationen von solcher Komplexität lassen sich weder mit einem Karteikasten noch mit einer Textverarbeitung auf die zuverlässige und effektive Weise verwalten, wie das eine Datenbank kann.

Für bestimmte Arbeitsschritte brauchen Sie keine Karteikarten mehr zu sortieren, sondern können durch den Ausdruck von gezielt zusammengestellten Listen – auch Reports genannt – je nach Bedarf die notwendigen Unterlagen für die Arbeit in Bibliotheken oder am eigenen Schreibtisch herstellen. Sie können die jeweils relevanten Datensätze aber auch in Ihre Textverarbeitung exportieren und dort weiterverarbeiten. Je nach verwendeter Software können Sie einzelne Informationen aus Ihrer Datenbank kopieren und nach dem Wechsel zur Textverarbeitung in eine Fußnote oder in den laufenden Text plazieren.

Bietet Ihre Datenbanksoftware ein eigenes Feld für die Aufnahme von längeren Notizen an, können Sie eine Literaturdatenbank sogar für das Exzerpieren von Aufsätzen und Büchern einsetzen. Sie haben dann in einem einzigen Arbeitsumfeld bibliographische Angaben und Ihre dazugehörigen Aufzeichnungen zur Hand und brauchen nicht zwischen Text- und Literaturverwaltung hin und her zu wechseln.

Wenn Sie sich in die Funktionsweise einer Datenbank eingearbeitet haben, können Sie auch die von vielen marktgängigen Programmen angebotene Möglichkeit zur Erstellung eigener Datenbankstrukturen nutzen. So könnten Sie beispielsweise eigene Datenbanken für Zitate, für Exzerpte, für Jahreszahlen und Personen oder für Sammlungen von interessantem Quellenmaterial bis hin zu Abbildungen oder Tondokumenten einrichten. Komplexere Software ermöglicht über sogenannte relationale Verbindungen die Kreuz-und-Quer-Verknüpfung einzelner Informationselemente in den verschiedenen Teildatenbanken. So können Sie beispielsweise sicherstellen, daß Ihre Zitate, Quellenmaterialien oder Exzerpte stets mit den exakten bibliographischen Angaben verbunden sind, die Sie für Ihre wissenschaftlichen Arbeiten unbedingt benötigen.

Spezielle Ausprägungen von Datenbanken sind beispielsweise Zeitplaner, Adreßverwaltungen oder sogenannte „Personal Information Manager". Auch solche Instrumente stellen nützliche Anwendungen dar, mit denen Sie Ihre Arbeitsproduktivität erhöhen können. Gute Zeitplanungssoftware erleichtert Ihnen nicht nur die Erstellung eines Stundenplanes oder die Einhaltung von Rückgabefristen für Bücher, sondern kann auch bei der konkreten Arbeitsorganisation und der Erfolgskontrolle hinsichtlich Ihrer jeweiligen Semesterplanung dienen.

Bei Verwendung von Datenbanksoftware stellt sich stets die Frage, ob der für die Erstellung und Pflege einer Datenbank notwendige Aufwand in einem vernünftigen Verhältnis zum Nutzen steht. Haben Sie Literatur für einen Kurzvortrag zu einem eng umgrenzten Thema zusammenzustellen, so daß Sie nicht mehr als zehn oder zwanzig Titel zu „verwalten" haben, dann lohnt sich die Erstellung einer eigenen Datenbank natürlich nicht. Aber spätestens im Hauptstudium werden Sie umfangreichere Themen behandeln. Wenn Sie sich zu diesem Zeitpunkt bereits in das systematische Aufbereiten von Informationen aller Art eingearbeitet haben, kann Ihnen das beim Abfassen einer Abschlußarbeit oder bei der Prüfungsvorbereitung wertvolle Zeit sparen helfen. Das gilt zwar für die Verwendung traditioneller Arbeitsmittel wie Karteikarten genauso wie für den Einsatz von Textverarbeitung und Datenbanken. Wenn Sie aber die oben skizzierten Vorteile der EDV nützen und sich gleichzeitig ihrer Grenzen bewußt bleiben, so werden Sie die „handwerkliche" Seite Ihres Studiums noch effizienter gestalten können, als bei einer Beschränkung auf das herkömmliche Instrumentarium. Das verspricht einen Gewinn an Zeit und Konzentration für die Beschäftigung mit inhaltlichen Fragen – immer vorausgesetzt, daß Sie im Rahmen Ihrer persönlichen Arbeitsgestaltung Aufwand und Nutzen des Computereinsatzes in ein vernünftiges Verhältnis zueinander bringen.

3. Das Internet

Mit Hilfe von Textverarbeitungs- oder Datenbanksoftware nutzen Sie den Computer zur Erledigung von Aufgaben, an denen Sie sich nach wie vor auch mit traditionellen Arbeitsmitteln wie Karteikarten oder Schreibmaschinen abarbeiten können. Durch das Zusammenwirken moderner Computertechnologie mit Hochgeschwindigkeits-Kommunikationsnetzen ergeben sich dagegen so viele neue Nutzungsmöglichkeiten, daß vielfach schon vom Übergang zu einer neuen Gesellschaftsform, der Informationsgesellschaft, die Rede ist. Mit der Vernetzung von Millionen von Computern, und nichts anderes verbirgt sich hinter dem Begriff „Internet", ist in den letzten drei Jahrzehnten allmählich ein weltweites Kommunikationssystem entstanden, das spätestens seit Mitte der 90er Jahre auch in geisteswissenschaftlichen Fakultäten nicht mehr zu ignorieren ist. Die Zahl der Internet-Nutzer ist nach wie vor stark im Wachsen begriffen, die Menge der angebotenen Informationen, Dienstleistungen oder Waren wird allmählich unüberschaubar. Auch aus dem Blickwinkel der Geschichtswissenschaft gesehen gibt es mittlerweile eine ganze Reihe sinnvoller Nutzungsmöglichkeiten. Andererseits fordern die stetig zunehmende Unübersichtlichkeit und die geradezu chaotisch zu nennende Mischung aus Angeboten von extrem unterschiedlicher Qualität die Reflexion über Vor- und Nachteile des Internets für geschichtswissenschaftliches Arbeiten heraus. Dieses Kapitel kann keinen Überblick zu technischen Fragen des Internetzugangs geben und ist auch nicht als Führer zu interessanten Adressen im World Wide Web (WWW) angelegt. Wenn Sie nach diesbezüglichen Informationen suchen, so sei Ihnen folgende gut lesbare Einführung empfohlen:

> Ditfurth, Christian von: Internet für Historiker. 2. aktualisierte Auflage, Frankfurt/Main 1998.

In den folgenden Ausführungen sollen durchaus konkrete Internet-Nutzungen und interessante Adressen vorgestellt werden. Dabei wird jedoch stets nach den jeweiligen Chancen und Problemen gefragt, wie es bei einem noch jungen und in stürmischer Entwicklung befindlichen Medium angebracht ist.

E-Mail, Newsgroups, FTP

E-Mail. Wenn heutzutage der Begriff Internet fällt, so ist in den meisten Fällen das World Wide Web gemeint, das aber nur eine von mehreren Er-

scheinungsformen des neuen Mediums ausmacht. Das weniger spekta-
kuläre E-Mail-System dagegen wird häufig unterschätzt, bildet aber seit
den Anfängen des Internet dessen eigentliches Rückgrat. Die Möglichkeit, rund um die Uhr per E-Mail in Sekundenschnelle Nachrichten
rund um den Erdball zu verschicken, stellt eine enorme Ausweitung unseres Kommunikationsspektrums dar. Zunächst einmal sind der Länge
einer Nachricht kaum Grenzen gesetzt: wollen Sie beispielsweise eine mit
Ihrer Textverarbeitung oder Datenbank erstellte Literaturliste einer Dozentin oder einem Dozenten zukommen lassen, so kopieren Sie die Titel
in Ihr E-Mail-Programm (das meist genauso zu bedienen ist wie eine einfache Textverarbeitung), und binnen weniger Sekunden ist die Liste an
der richtigen Adresse. Wenn alle Teilnehmer eines Seminars einen E-
Mail-Anschluß haben, können auf diese Weise auch Materialien für die
Sitzungsvorbereitung verschickt werden. Wenn Sie mit Ihrer Textverarbeitung ein aufwendiger gestaltetes, vielleicht mit Abbildungen und Tabellen versehenes Papier erstellt haben, können Sie die entsprechende Da-
tei per einfachem Mausklick als „Attachment" Ihrer Nachricht anfügen.
Bei den Empfängern kommt Ihre Textverarbeitungsdatei in genau der
Form an, wie Sie sie auf Ihrer Festplatte gespeichert haben. Zusätzlich er-
leichternd wirkt die Möglichkeit, eine einzige E-Mail an einen ganzen
Verteiler von zwanzig oder dreißig Adressaten zu verschicken. Auf diese
Weise können z. B. Lektüretips oder aktuelle Hinweise auf interessante
Gastvorlesungen in Umlauf gebracht werden. Schon an diesen wenigen
Beispielen ist erkennbar, daß eine E-Mail im Prinzip zahlreiche Möglich-
keiten bietet, um die Organisation einer Lehrveranstaltung zu erleichtern.
Diesen prinzipiellen Möglichkeiten steht jedoch die Tatsache gegenüber,
daß gerade zu Beginn des Studiums das Ausmaß an Erfahrungen mit
Computer und Internet unter den Studierenden stark variiert. Zum an-
deren darf natürlich die Betreuung durch die DozentInnen nicht auf
Lehrveranstaltung und E-Mail beschränkt bleiben. Manche durch orga-
nisatorische Probleme bedingten Reibungsverluste in Seminaren und
Vorlesungen könnten jedoch um so stärker verringert werden, je mehr
Studierende (und DozentInnen!) einen einfach und regelmäßig zugänglichen Internet-Anschluß erhalten.

E-Mails sind nicht nur für organisatorische Zwecke einsetzbar. Der Nutzen für den wissenschaftlichen Fortschritt liegt auf der Hand, wenn man bedenkt, wie viel leichter der Kontakt beispielsweise zwischen amerikanischen und europäischen Historikern durch E-Mail geworden ist. Zur Erleichterung der innerfachlichen Kommunikation wurden regelrechte E-Mail-Netzwerke organisiert, die sich mit bestimmten historischen Themenbereichen (etwa Geschlechter- oder Stadtgeschichte) oder mit historischen Räumen (etwa Afrika oder den habsburgischen Landen) beschäftigen. Um die Bandbreite an möglichen Diskussionsthemen auf den wissenschaftlich relevanten Bereich zu beschränken, wurden Zulassungsbeschränkungen für die Aufnahme in derartige Netzwerke beschlossen. Diese Aufnahmeregelungen sind von Netzwerk zu Netzwerk unterschiedlich, doch können in vielen Fällen auch Studierende in höheren Semestern an solchen wissenschaftlichen Diskussionen teilnehmen. Das wichtigste der auf historische Sachverhalte ausgerichteten Netzwerke, das sogenannte H-Net (Kurzform für „History Net"), wird weiter unten im Abschnitt über das World Wide Web vorgestellt.

Die Entstehung eines neuen Mediums für den Austausch wissenschaftlicher Informationen und Argumente bringt bislang unbekannte Probleme mit sich. Gesetzt den Fall, Sie haben per E-Mail Kontakt mit einer im Internet erreichbaren Historikerin oder einem Historiker aufgenommen und eine Auskunft zu einer Spezialfrage bekommen: ist eine solche E-Mail zitierfähig, also als wissenschaftlicher Beleg anerkannt? Wie kann die Frage nach der Authentizität und Zuverlässigkeit einer Auskunft beantwortet werden, die Sie als Textdatei gespeichert haben? Wie lassen sich Fälschungen ausschließen, wenn digitale Daten in vielen Fällen sehr leicht erweitert oder verkürzt, zur Not auch ganz gelöscht werden können? Hier werden Probleme erkennbar, die noch längst nicht ausdiskutiert und gelöst worden sind. Zwar gibt es mittlerweile verschiedene Vorschläge für das Zitieren von E-Mails. Aufgrund der oben skizzierten Schwierigkeiten läßt die Aufnahme von Mails in den Kanon der als zitierfähig akzeptierten wissenschaftlichen Äußerungsformen jedoch noch auf sich warten.

Auch wenn der E-Mail die höheren Weihen eines wissenschaftlichen Textes verweigert werden sollten, so werden ihre zahlreichen Vorteile (Beschleunigung des Informationsaustausches, Erleichterung von Organisationsaufgaben, Absenkung von Kommunikationsschwellen u. s. w.) doch dafür sorgen, daß sie ein fester Bestandteil des wissenschaftlichen Alltags wird. Alle universitären Rechenzentren vergeben mittlerweile E-Mail-Kennungen an Studierende und stellen die notwendigen Rechner mit Internet-Anschluß sowie gegebenenfalls auch die Software für den Anschluß Ihres eigenen Computers ans Internet zur Verfügung. Einführungskurse erleichtern das Kennenlernen, so daß Sie schnell in die Lage versetzt werden können, an der weltweiten Kommunikation per E-Mail teilzunehmen.

Newsgroups. Dem Verschicken von E-Mails sehr ähnlich ist das Absenden von Nachrichten, Diskussionsbeiträgen, Fragen oder Informationen an Newsgroups. Hierfür können Sie eine spezielle Software, die Newsreader, einsetzen. Die wichtigsten der weiter unten erwähnten Programmpakete für das World Wide Web enthalten ebenfalls Funktionen für das Abfassen von E-Mails und die Nutzung von Newsgroups. Ein bewährter und kostenlos erhältlicher Newsreader ist der Free Agent, mit dessen Hilfe Sie erste Erfahrungen mit Newsgroups sammeln können.

Eine Newsgroup kann prinzipiell jeder Interessierte initiieren, zu jedem beliebigen Thema, solange nur genügend Mitinteressenten vorhanden sind. Im deutschsprachigen Raum haben sich zahlreiche Unterstützer gefunden, um eine Gruppe namens de.sci.geschichte zu etablieren. Dabei steht „de" für deutschsprachig, „sci" für science, und der dritte Bestandteil spricht für sich selbst. Mit einem Newsreader können Sie nun diejenigen Texte abrufen, die andere Interessierte an diese Newsgroup geschickt haben. Da diese Gruppe nicht von einer Leitungsinstanz kontrolliert wird, wie das bei den oben erwähnten E-Mail-Netzwerken der Fall ist, wird prinzipiell jede Botschaft (ein „posting") automatisch veröffentlicht. Man verwendet auch die Metapher vom „schwarzen Brett", an dem ja ebenfalls jede und jeder anheften kann, was gerade beliebt. Die Zahl der pro Tag neu abgesandten Postings variiert sehr stark und kann je nach

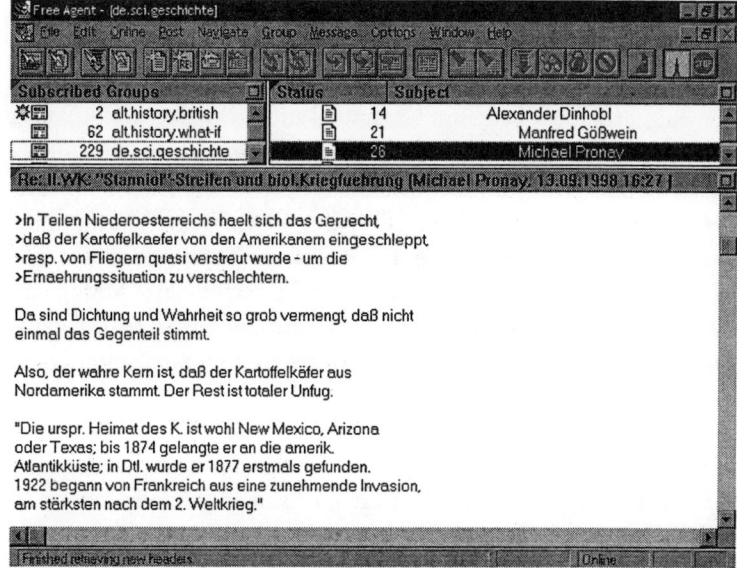

Newsgroup durchaus in den dreistelligen Bereich gehen. Wenn Sie nun beim Lesen der einzelnen Postings einen Text sehen, auf den Sie antworten wollen, so können Sie das mit dem Newsreader ebenso leicht wie mit einem E-Mail-Programm. Innerhalb weniger Sekunden ist Ihre Nachricht ebenfalls für alle anderen Interessenten sichtbar. Darin liegt der Unterschied zur E-Mail: sobald sie einen Text in einer Newsgroup „gepostet" haben, ist er für alle Welt dort auffindbar. Diese Eigenschaft macht die Newsgroups zu einem neuartigen Instrument für die Suche nach entlegenen historischen Informationen oder für die Diskussion historischer Fragestellungen. Das ganze funktioniert natürlich nur, wenn sich genügend Aktive finden, die nicht nur Anfragen stellen, sondern eigenes Wissen auch an andere weitergeben. Das Problem der wissenschaftlichen Brauchbarkeit der in einer Newsgroup zu findenden Informationen stellt sich in ähnlicher Weise wie bei der E-Mail. Außerdem schwankt das Niveau der traktierten Sachverhalte sehr stark. Gerade in Newsgroups mit historischer oder politischer Thematik finden sich immer wieder Beispiele für Privatfehden und ideologisch geführte Endlosdebatten, die häufig zur Verödung der ganzen Newsgroup führen. Der Vermeidung solcher Auswüchse dient die Einrichtung „moderierter" Newsgroups wie soc.history.moderated. Die potentielle Bandbreite einer solchen Gruppe ist allerdings wiederum so groß, daß sich letztlich niemand richtig angesprochen fühlt. Im Gegensatz zu moderierten E-Mail-Netzwerken wie dem H-Net scheinen also historische Newsgroups wenig Aussichten zu haben, Eingang in das Standardrepertoire des wissenschaftlichen Arbeitens zu finden. Trotzdem kann es hilfreich sein, für spezielle Fragestellungen auf eine geeignete Gruppe zurückzugreifen – der Screenshot (S. 218) zeigt ein Beispiel aus der Zeitgeschichte. Mit etwas Glück findet sich jemand, der weiterhilft. Das passive Verfolgen von aktuellen Diskussionen oder das aktive Eingreifen in solche Debatten kann dazu dienen, argumentative Kompetenzen zu trainieren – oder auch den geduldigen Umgang mit uneinsichtigen Zeitgenossen.

FTP. Ganz kurz sei hier auf eine Komponente des Internet verwiesen, die den Abruf und Transfer von größeren Dateien möglich macht, ohne daß Sie dafür eine E-Mail-Software einsetzen müssen. Mithilfe spezieller Programme oder auch der bekannten WWW-Browser können Sie das sogenannte FTP (File Transfer Protocol) nutzen, um beispielsweise die Datenbanksoftware „LiteRat" über das Modem auf Ihre Festplatte zu kopieren (über das WWW erreichbar unter der Adresse http://pascal.phil-fak.uni-duesseldorf.de/erzwiss/literat/). Die FTP-Funktionalität wird von vielen Software-Herstellern genutzt, um ihre Produkte über das Internet zu verbreiten. Wie im Falle von „LiteRat" finden sich viele hilfreiche Programme, die Sie als eingeschränkte Test- oder als Vollversionen ohne Entgelt benützen können. Da FTP-Funktionen in fast alle aktuellen WWW-Browser integriert sind, ist der Rückgriff auf diese Internet-Komponente ohne weitere Beschäftigung mit der zugrunde liegenden Funktionsweise problemlos möglich.

Das World Wide Web

Die jüngste, gerade einmal ein halbes Jahrzehnt „alte" Erscheinungsform
des Internet ist dabei, zum Synonym für das Internet schlechthin zu werden. Dies ist u. a. darauf zurückzuführen, daß das WWW mit der Zu-
sammenführung von Schrift-, Grafik-, Ton- oder auch Filmelementen
erstmals ein umfassendes Multimedia-Angebot macht. Die älteren, stark
schriftorientierten Internetbestandteile Telnet, E-Mail oder News wirken
dagegen wenig aufsehenerregend. Eine andere Ursache besteht darin, daß
die großen Software-Pakete für das „Surfen" im Internet – genannt seien
nur der Netscape Navigator und der Microsoft Internet Explorer – die
zuletzt erwähnten Funktionen als Unterprogramme integriert haben. Mit
diesen „Browsern" kann man also sowohl das WWW durchstöbern, E-
Mails verschicken als auch Newsgroups besuchen. Die beispielsweise für
die Recherche in Bibliothekskatalogen gebräuchliche Telnet-Funktiona-
lität ist ebenfalls über den Browser zugänglich. In Zukunft können aber
auch die Telnet-Aufgaben mehr und mehr direkt von den Browsern übernommen werden, die sich allmählich zum Universalinstrument für das
Internet entwickeln. Ob per Telnet oder Browser: Allein schon der Inter-
netzugang zu bibliothekarischen Ressourcen aller Art stellt einen enor-
men Fortschritt dar, der nur dann genügend gewürdigt werden kann,
wenn man sich die erfreulicherweise an immer mehr Bibliotheken ver-
schwindenden Arbeitsverhältnisse des prädigitalen Zeitalters vor Augen
hält. Näheres zu den heute gängigen Recherchemöglichkeiten finden Sie
in Kapitel 6 über das Arbeiten in und mit Bibliotheken.

Wichtig ist in unserem Zusammenhang, daß die grundlegende „Sprache" des WWW ein Prinzip zur Geltung bringt, das für das Verfassen von
Texten aller Art, auch wissenschaftlicher Texte, neue Möglichkeiten eröffnet: das Prinzip des Hypertextes. Ein Hypertext ermöglicht es Ihnen, bestimmte Begriffe oder in einen Text eingebaute grafische Symbole mit Informationen zu versehen, die bei der Betrachtung des Textes unsichtbar
bleiben. Dem Leser wird bei den entsprechenden Wörtern durch eine bestimmte Formatierung signalisiert, daß eine Zusatzinformation vorhanden ist. Diese Information besteht aus einem genau definierten Verweis,

der Sie an eine andere Stelle des gleichen Textes führt, eventuell auch zu einer anderen Datei auf dem gleichen Internetserver oder gar an eine beliebige Textstelle einer Datei auf einem Internetserver, der sich 20.000 km von Ihrem Arbeitsplatz entfernt befinden kann. Diese Verweisinformation wird durch simples Anklicken mit dem Zeiger der Computermaus aktiviert, so daß Sie beispielsweise zwischen Kapitel 1 und Kapitel 10 eines Buchtextes hin- und herwechseln können, ohne der linearen Struktur des Buches folgen zu müssen. Weltweit anerkannte Grundlage für das Verfassen von WWW-Seiten ist HTML (Hypertext Markup Language), eine „Sprache", die sich in ständiger Weiterentwicklung befindet.

Die Möglichkeit eines Verzichts auf lineare Strukturen stellt uns vor die Frage, welche Vorteile das Verfassen von Hypertexten eröffnet, und welche Nachteile drohen. Bei der Erwägung der Vorteile ist noch in Betracht zu ziehen, daß das Internet nicht nur die Verknüpfung von Hypertexten, sondern von Hypermedia ermöglicht. Hier wird das Hypertextprinzip der gezielten Verknüpfung beliebiger Texteinheiten vereinigt mit der Multimedia-Funktionalität, so daß einerseits Texte auf Bild- oder Audiomaterial verweisen, andererseits Bilder auf Videomaterial oder wieder auf Texte bezogen sein können.

Vergleicht man den Hypermediacharakter des Internet mit herkömmlichen geschichtswissenschaftlichen Publikationen, so tun sich ganz neue Möglichkeiten auf. Während in einem Buch über den Text hinaus allenfalls Tabellen und Abbildungen zu finden sind, können Sie im Internet – oder auf einer CD-ROM – auch Ton- und Filmdokumente einbauen. Für zeitgeschichtliche Themen können Interviews mit Zeitzeugen, Ausschnitte aus Wochenschauen oder statistische Datenbanken zum Wählerverhalten angeboten werden, so daß sich der Benutzer in wesentlich höherem Maß als bei Buchpublikationen selbsttätig mit den verschiedenen Quellenmaterialien befassen kann. Die Hypertextfunktionen erlauben es, umfangreiche Glossare zu Spezialbegriffen oder auch eine biographische Datenbank zu wichtigen Persönlichkeiten zu erstellen, zu denen ein Benutzer per Mausklick wechseln kann, ohne umständlich in einem dicken Wälzer hin- und herblättern zu müssen.

Den offensichtlichen Vorteilen von Hypertexten stehen in umfangrei-

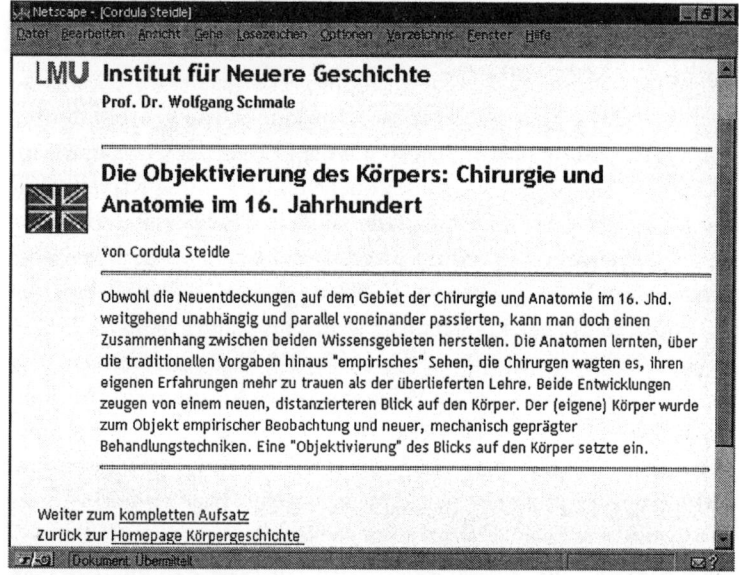

cheren WWW-Angeboten zwei wichtige Probleme gegenüber: zum einen werden Sie selbst feststellen, daß Computerbildschirme nicht für das Lesen längerer Texte geeignet sind. Zum anderen besteht bei intensivem Einsatz von Hypertext-Sprüngen die Gefahr, den Überblick über die Grundstruktur und die inhaltlichen Zusammenhänge eines längeren Textes zu verlieren. Durch überlegte Gestaltung kann den Benützern die Navigation in den angebotenen Informationen erleichtert werden.

Das auf dieser Seite abgebildete Beispiel verweist im Titel auf die Institution (LMU / Ludwig Maximilians-Universität München) und den Dozenten, in dessen Arbeitsbereich die entsprechende WWW-Seite erstellt wurde. Durch Anklicken der britischen Flagge gelangen Sie zu einer englischsprachigen Version des abgebildeten Textes. Am Fuß der Seite besteht die Auswahl zwischen dem eigentlichen Aufsatz, der hier in einem Abstract vorgestellt wird, und der Rückkehr zur übergeordneten Seite, die dem Thema „Körpergeschichte" gewidmet ist. Sowohl beim Verfassen wie beim Lesen von Hypertexten müssen bzw. können also andersartige Strukturierungsmethoden als bei rein linearen Texten eingeübt werden.

Einige Beispiele müssen hier genügen, um das Potential des WWW zu verdeutlichen. Suchen Sie selbst die entsprechenden Angebote im WWW auf, um sich ein eigenes Bild zu machen! Zunächst seien die Informationsseiten des H-Net genannt, die bereits im Abschnitt über E-Mail und Newsgroups erwähnt wurden (http://h-net.msu.edu/).

Zum einen finden sich zu mittlerweile über hundert Themenbereichen eigene Informationsseiten, die eine große Vielfalt an Fachinformationen zur Verfügung stellen. Stellvertretend sei die erste im deutschsprachigen Bereich gegründete Diskussionsliste namens H-Soz-u-Kult genannt. Ihr Gegenstand sind Methoden, Theorien und Ergebnisse neuerer Sozial- und Kulturgeschichte (http://www.h-net.msu.edu/~sozkult/). Alle über die E-Mail-Listen verschickten Buchrezensionen, Tagungsankündigungen oder inhaltliche Stellungnahmen werden mit einer gewissen zeitlichen Verzögerung auf diesen WWW-Seiten dokumentiert. Sie können also durch das WWW die laufende Entwicklung in den Diskussionsgruppen verfolgen, ohne selbst in den E-Mail-Verteiler der einzelnen Gruppen aufgenommen worden zu sein. Durch diese Verbindung zwischen E-Mail-Liste und WWW-Präsentation stellen die Angebote des H-Net ein gutes Beispiel für Kombinationsmöglichkeiten zwischen den einzelnen Bestandteilen des Internet dar.

Als Startpunkt für die Suche nach historisch relevanten WWW-Ressourcen bieten sich neben dem H-Net verschiedene Adressensammlungen an. Diese sind meist nach Epochen oder Regionen sortiert, so daß sie gezielt nach Informationen für Ihr jeweiliges Interessengebiet suchen können. Nach wie vor die umfangreichste Sammlung dürfte der an der Universität von Kansas erstellte Index sein (http://www.cc.ukans.edu/history/index.html). Wenn Sie nach sehr speziellen Schlagworten suchen, kann auch der Rückgriff auf die allgemeinen Internet-Suchmaschinen sinnvoll sein. Stellvertretend seien hier die beiden Dienste Altavista (http://www.altavista.com) und Hotbot (http://www.hotbot.com) genannt. Diese Suchhilfen bieten sehr komplexe Abfragemöglichkeiten an, mit deren Hilfe sie wie im Fall ihrer Literatur- oder Adressendatenbank nach bestimmten Begriffen oder nach Personennamen suchen können. Sie greifen damit in Sekundenschnelle auf zur Zeit mehrere Dutzend Millionen Internetseiten zu, haben also eine wesentlich höhere Grundmenge an Daten als im Fall Ihrer persönlichen Datenbank. Andererseits kann die Suche aufgrund der Funktionsweise der Suchmaschinen nicht so präzise und flächendeckend erfolgen, wie bei einer gut strukturierten, nach ihren eigenen Kriterien geführten Datenbank auf Ihrer eigenen Festplatte. Für die Suche nach Literaturtiteln ist ein Rückgriff auf die allgemeinen WWW-Suchmaschinen ohnehin nicht anzuraten. Diese Dienste sind auf die Sammlung von Verweisen auf HTML-Seiten oder auf Newsgroup-Beiträge spezialisiert, können aber beispielsweise nicht auf Bibliotheks-Datenbanken zugreifen. Angesichts der spezifischen Funktionsweise der Suchdienste und des weiterhin noch relativ geringen Anteils an wissenschaftlich relevanten historischen Informationen im WWW sollten Sie also derartige Recherchen nur ergänzend zu den „konventionellen" Arbeitsmethoden einsetzen. Das Problem der Zitierbarkeit und Dauerhaftigkeit des Zugriffs auf WWW-Seiten stellt sich in ähnlicher Weise, wie bei E-Mails und Newsgroups. Sobald eine HTML-Datei von einem Internet-Server gelöscht oder auch nur in ein anderes Verzeichnis verschoben wird, ist die Nachprüfbarkeit einer bestimmten Information nicht mehr gegeben. Anders als im Fall von Zeitschriften und Büchern, die in vielen Bibliotheken der Welt auf Dauer greifbar bleiben, konnte für HTML-Seiten oder andere auf digitale Weise gespeicherte Informationen (wie Bild-, Klang- oder Textverarbeitungsdateien) noch keine allgemein akzeptierte Lösung bezüglich der Dauerhaftigkeit und Zuverlässigkeit des Informationszugriffs gefunden werden.

Trotz dieser einschränkenden Bemerkungen gibt es jedoch viele Möglichkeiten, um das WWW für Ihr Studium zu nutzen. Im folgenden seien einige Beispiele genannt, für die jeweils auf ein oder zwei WWW-Adressen verwiesen wird. Bilden Sie sich selbst eine Meinung, indem Sie die entsprechenden Seiten besuchen:

— Vor allem im englischsprachigen Bereich werden Lektürelisten und Unterrichtsmaterialien zu bestimmten historischen Themen angeboten. Die WWW-Seiten der H-Net-Liste Habsburg (http://www.h-net.msu. edu/~habsweb/syllabi/index.html) bieten eine Liste an, über die sich beispielsweise Materialien zu „Krieg und Film in Osteuropa" oder zu „Liebe, Wahnsinn und Verfall im Wien der Jahrhundertwende" finden lassen. An der Universität Saarbrücken wurden teilweise ausführlich kommentierte Literaturempfehlungen für Studierende der Geschichtswissenschaft zusammengestellt (http://www.uni-sb.de/~gg 14rhah/lexikon/litliste/litliste.htm).

— Neben den über Bibliothekszugänge angebotenen Nachschlagewerken bietet das WWW eine Vielzahl weiterer thematisch orientierter Informationsquellen. Der europäischen Geschichte ist eine im Aufbau befindliche Datenbank an der Universität München gewidmet (http://www.ng.fak09.uni-muenchen.de/ gfn/datenbank.html). Mit allen Facetten Österreichs befaßt sich unter 13.000 Stichwörtern ein Österreich-Lexikon (http://www.aeiou.at/aeiou.encyclop).

— Eine wachsende Zahl historischer Zeitschriften bietet allgemeine und bibliographische Informationen an. Ein komplettes Inhaltsverzeichnis aller bislang publizierten Bände bietet das Austrian History Yearbook (http://www.socsci.umn.edu/cas/ahy.htm). In den History Reviews On-Line (http://www.depauw.edu/~dtrinkle/hrol.html) werden regelmäßig Rezensionen aktueller Neuerscheinungen veröffentlicht.

— Wenn Sie Informationen zu Archiven suchen, können Sie über das Internet mittlerweile auf zahlreiche Quellen zugreifen, die bislang nur mit erheblich größerem Aufwand zugänglich waren. Einen guten Zugang mit zahlreichen Verweisen und eigenen Publikationen bietet die Archivschule Marburg (http://www.uni-marburg.de/archivschule/welcome. html). Als Beispiel für ein Einzelarchiv sei das Dokumentationsarchiv des österreichischen Widerstands genannt (http://www.doew.at).

— Zahlreiche Museen bieten Bild- und Textmaterial, teilweise sogar regelrechte virtuelle Ausstellungen an, die Sie beispielsweise für die Gestaltung Ihrer Referate oder Ausarbeitungen nutzen können. Sehr um-

fangreich ist etwa das Angebot des Deutschen Historischen Museums
(http://www.dhm.de). Durchdacht gestaltete virtuelle Ausstellungen
zu so unterschiedlichen Themen wie der Geschichte der Kamera oder
zur Geometrie des Krieges von 1500 bis 1750 bietet das „Museum of
the History of Science" in Oxford (http://www.mhs.ox.ac.uk/).

- Neben den Museen offeriert eine Reihe von Spezialinstitutionen Bildmaterial, das für historische Fragestellungen von Interesse ist. Einschlä-
gig ist im deutschsprachigen Bereich das „Bildarchiv Foto Marburg",
das zur Zeit eine Online-Datenbank mit Bildmaterial zur Kunst und
Architektur in Deutschland aufbaut (http://fotomr.uni-marburg.de/).
Das Beispiel des „Digital Media Center" (http://www.lib.virginia.
edu/dmc/) zeigt, daß Urheberrechts- und Entgeltfragen einem schnelleren Wachstum von nützlichen Internet-Ressourcen gerade im Bereich
der Bild- und Tonmaterialien noch relativ enge Grenzen setzen.

- Zumal bei der Suche nach Textquellen gibt es eine ganze Reihe von
Online-Datenbanken, auf die Sie teilweise ohne Einschränkungen zugreifen können. Zur Zeit überwiegen noch englischsprachige Angebote wie die des „Oxford Text Archive" (http://ota.ahds.ac.uk/). Für
den deutschsprachigen Bereich sei verwiesen auf das MATEO-Projekt
(http://www.uni-mannheim.de/mateo/epo.html), das sich der retro-
spektiven Digitalisierung verschrieben hat. Hier liegen historische Publikationen nicht als Textdatei, sondern als Sammlung von Bilddateien
vor. Jede einzelne Seite des jeweiligen Buches kann als Grafikdatei gelesen, jedoch nicht wie eine Textdatei nach bestimmten Begriffen
durchsucht werden.

- Schließlich gibt es bereits wissenschaftliche Editionen archivalischer
Quellen im WWW, die das Ergebnis von Pilotprojekten darstellen.
Stellvertretend sei auf eine vorbildlich dokumentierte Edition zur Geschichte der Reichsstadt Regensburg verwiesen (http://bhgw15.kfuni-
graz.ac.at/fcr/fcr_home.htm).

Da die Zahl der von Tag zu Tag neu ins Internet gestellten Angebote weiterhin zunimmt, werden Sie beim Surfen sicherlich auf viele weitere
Aspekte stoßen, die das WWW für Sie nützlich machen.

Diese wachsende Vielfalt an Ressourcen, auf die Sie zurückgreifen können, ist jedoch nur die eine Seite der Medaille. Auf der anderen Seite bietet das WWW ein bislang unbekanntes Potential für Ihre Kreativität. Viele aktuelle HTML-Editoren machen das Schreiben einer HTML-Seite so leicht wie die Benutzung einer Textverarbeitung. Bei entsprechender Unterstützung durch Ihre Dozenten und Rechenzentren ist es ohne weiteres möglich, Seminararbeiten, Thesenpapiere oder Buchrezensionen als HTML-Seiten abzufassen und gegebenenfalls sogar im WWW zu publizieren. Bereits heute gibt es eine ganze Reihe studentischer Aktivitäten im Internet. Der mittlerweile sehr umfangreiche „Nachrichtendienst für Historiker" wurde von einem Augsburger Studenten initiiert (http://www.crispinius.com/nfh2/basis/index00.htm). Multimedia-CD-ROMs mit historischer Thematik werden von Studenten der Universität München im WWW vorgestellt und bewertet (http://www.ng.fak09.uni-muenchen.de/gfn/cdrom.html).

Hier wie für das ganze Internet gilt: Schauen Sie sich um und bilden Sie sich Ihre eigene Meinung. Vielleicht kommen auch Sie zu dem Schluß, daß das WWW ganz neue und spannende Möglichkeiten zur Gestaltung Ihres Studiums bietet.

4. Weiterführende Gedanken zum Geschichte Schreiben und Lernen mit dem Computer

„Aus der Perspektive eines Geisteswissenschaftlers wie auch aus anderen Blickwinkeln heraus ist der Computer im wesentlichen eine gestaltgebende Vorrichtung. Das heißt, daß wir mit seiner Hilfe festlegen oder ausprobieren, wie Wissenschaftler denken. Und die dabei entstehende interessante Fragestellung ist die nach dem Unterschied zwischen der Art, wie Computer bestimmte Dinge verrichten, und wie Menschen den gleichen Sachverhalt angehen. Für Geisteswissenschaftler ergeben sich daraus viele interessante Fragen, weil das Ganze sehr viel damit zu tun hat, wie sich die Forschungsperspektive ändert, wenn Sie anfangen, Texte, Bilder, Klänge und andere Daten der Geisteswissenschaften mit dem Computer zu bearbeiten."

Willard McCarty, King's College, London

„Überall wo ich spreche oder schreibe, trage ich das gleiche Argument vor: der Wert unserer Präsenz als menschliche Persönlichkeiten an wirklichen Orten bleibt als ein Wert bestehen, nicht trotz, sondern aufgrund der Allgegenwärtigkeit der virtuellen Räume. In diesem Punkt sind Geistes- und Naturwissenschaftler durch ihre wechselseitig aufeinander bezogenen Methodologien verbunden. Unser körperliches Dasein gibt uns sowohl im realen als auch im virtuellen Raum die Möglichkeit zu sinnvollem Handeln."

Michael Joyce, Vassar College

(Beide Zitate aus: METHODOLOGIES FOR COMPUTING AND THE HUMANITIES, in: Computing and the Humanities: Summary of a Roundtable Meeting [ACLS Occasional Paper No. 41; http://www.acls.org/op41-apd.htm; http:/www.acls.or/op41-ii.htm]. Übersetzt von Gregor Horstkemper).

8. Dokumentationstechniken

Kapitelvorschau: Genaue Quellenangaben sind für alle wichtig, für die Lesenden und die Schreibenden. Die Quelle anzugeben bedeutet, daß man Informationen, die man sich woanders ausgeliehen hat, entsprechend ausweist und anerkennt. Aber die Quellenangabe ermöglicht den Lesenden auch, die eigenständigen oder vielleicht sogar einzigartigen Aspekte eines Textes anzuerkennen.

Es gibt keine standardisierte Zitiertechnik, die von allen HistorikerInnen anerkannt wird. Für einige gehört Geschichte eher zu den Sozialwissenschaften und von ihnen wird eine Zitiertechnik bevorzugt, die der in den Natur- und Sozialwissenschaften ähnlich ist. Für andere ist die Geschichte Teil der Humanwissenschaften und sie ziehen eine Technik vor, die in der Literaturwissenschaft und Kunstgeschichte benutzt wird. Im Proseminar Geschichte erhalten Sie Hinweise zur Gestaltung von Anmerkungen / Fußnoten und Literaturangaben / bibliographischen Angaben. Leider sind diese nicht verbindlich, es kann vorkommen, daß Sie im nächsten Seminar andere Regeln befolgen sollen. Wichtig ist jedoch, daß Sie innerhalb derselben Arbeit die einmal gewählten Regeln konsequent befolgen.

1. Warum bibliographische Verweise?
2. Vollständige Bibliographien
3. Ausgewählte Bibliographien
   Richtlinien zur Bewertung von Sekundärquellen
   Annotierte Bibliographien
   Der bibliographische Essay
   Bibliographie der Primärquellen
4. Was sollten Sie in Ihren Anmerkungen / Fußnoten angeben?
5. Das formale Erscheinungsbild Ihrer Arbeit
6. Letzte weiterführende Gedanken über das Lesen und Schreiben von Geschichte

Daniel Beaupre, Student eines Seminars über die Geschichte der europäischen Zivilisation, gab eine gute Seminararbeit mit dem Titel „Die Sepoy-Rebellion" über den britischen Imperialismus in Indien ab. Die Arbeit war ihm gelungen und er wollte seinem Professor danken, weil er in dessen „Encyclopaedia Britannica" in der Ausgabe von 1891 einige Artikel nachgeschlagen hatte, die sich auf sein Thema bezogen. Er erzählte, wie glücklich er gewesen sei, in der Enzyklopädie einen „so kenntnisreiche[n] Autor" gefunden zu haben, der die Informationen aus anderen Büchern und Artikeln ergänzte. Der Professor war erfreut, daß die Enzyklopädie geholfen hatte und fragte nach dem Namen dieses Autors. Daniel wollte daraufhin den Namen in der Bibliographie seiner Arbeit finden. Der bibliographische Verweis für diesen Artikel war allerdings unvollständig; es gab weder den Titel des Artikels noch den Namen des Autors. Er hatte für den Artikel nur die Nummer des Bandes und die Seitenangabe notiert und dabei die römischen Ziffern des Bandes falsch gelesen. Da die Enzyklopädie im Büro des Professors stand und sie nun beide auf den Autor neugierig geworden waren, nahm Daniel den Band aus dem Regal, den er in seiner Bibliographie angegeben hatte. Nach einigem Suchen war er irritiert: „Irgendetwas stimmt nicht, der Artikel ist nicht mehr da."

Die Geschichte ging gut aus. Der Student hat sowohl Artikel als auch Autor schließlich wiedergefunden. Der „so kenntnisreiche Autor" stellte sich als hoher Beamter im Statistischen Zentralamt der indischen Regierung heraus, ein gewisser W. W. Hunter. Daniel Beaupre freute sich, daß er seine Quelle richtig eingeschätzt hatte. Er hatte aus den Informationen in dem Artikel geschlossen, daß der Autor sich sehr gut auskennen müsse, und jetzt wurde diese Annahme durch die richtige bibliographische Information bestätigt. Dadurch, daß er den bibliographischen Verweis korrigierte, stellte er auch sicher, daß er den Artikel jederzeit wiederfinden würde.

1. Warum bibliographische Verweise?

Wenn Sie mit Ihrer Forschung und dem Schreiben so gut wie fertig sind, mag Ihnen das Erstellen einer Bibliographie lästig und überflüssig vorkommen. Aber die bibliographischen Verweise, d. h. die Informationen über den Autor, den Titel des Werks und das Erscheinungsdatum, sind für alle Beteiligten, für die Schreibenden und die Lesenden wichtig. Für die Schreibenden ist es wichtig, das genaue Erscheinungsdatum des Artikels oder Buches zu kennen, weil dieses Datum besagt, wie nah sich der jeweilige Autor, die Autorin zeitlich an dem beschriebenen Ereignis befand. Wenn ältere Bücher in einer Neuauflage oder einem Nachdruck erscheinen, muß das Ersterscheinungsjahr zusätzlich angegeben werden. Es kann einfach hinter den Titel in eckige Klammern gesetzt werden.

Das Datum sagt den Forschenden auch, ob der Autor oder die Autorin vor dem Erscheinen wesentlicher neuerer Forschungen auf dem Gebiet geschrieben hat, bzw. bevor neue Forschungsmethoden, wie zum Beispiel quantifizierende oder demographische Methoden, verwendet wurden. Die Forschenden müssen auch wissen, ob der Autor oder die Autorin eine anerkannte Autorität auf diesem Gebiet ist oder ob sein oder ihr Hauptforschungsgebiet woanders liegt. Barbara Tuchmans Buch „A Distant Mirror, The Calamitous 14th Century" ist hierfür ein gutes Beispiel. Da Tuchman als eine der führenden GeschichtswissenschaftlerInnen der Epoche des Ersten Weltkriegs und Europas vor dem Ersten Weltkrieg gilt, stieß ihr Ausflug in das 14. Jahrhundert auf besonderes Interesse und stimmte Leser und Leserinnen darauf ein, daß sie es hier mit einer neuen Herangehensweise an das Mittelalter zu tun haben könnten.

Aber auch die Lesenden brauchen genaue bibliographische Verweise, nicht, weil ProfessorInnen darauf bestehen, sondern weil sich interessierte Lesende ein Bild von der Wichtigkeit der Quellen machen möchten, die beim Geschichte Schreiben benutzt werden. Genaue Verweise machen es den Lesenden auch möglich, direkt auf die Informationsquellen zurückzugreifen. Bibliographien sind nun einmal mit die besten Orte, um ein eigenes Forschungsprojekt anzufangen, wie wir in Kapitel 6 gesehen haben.

Bibliographische Angaben teilen dem Leser auch etwas über den Um-

fang der Forschung mit, über die Art der Quellen, die benutzt und die Anzahl der verschiedenen Fachdisziplinen, die in der Forschung in Betracht
gezogen wurden. Wurden zum Beispiel zu den Büchern spezialisierte Artikel aus Fachzeitschriften hinzugezogen? Kamen die Zeitschriften aus Spe-
zialgebieten der Geschichtswissenschaft oder auch aus Fachdisziplinen
außerhalb der Geschichtswissenschaften, wie z. B. der Philosophie, An-
thropologie, Geographie, Soziologie oder den Politikwissenschaften? Die
Bibliographie ist eine Darstellung der Forschung des Autors, der Autorin.
Sie ermöglicht den Lesenden, den Weg dieser Forschung zu verfolgen und
über dieses Stück Geschichtsschreibung ein Urteil abzugeben.

2. Vollständige Bibliographien

Es gibt verschiedene Arten von Bibliographien. Einige Literaturverzeich-
nisse versuchen, das gesamte relevante Material über ein Thema zu
berücksichtigen – aus Zeitschriften, Büchern, aus Manuskripten in Archiven oder Fotografie- und Kartensammlungen. Dieser Typus kommt
besonders oft bei Biographien vor, weil der Autor, die Autorin hier
bemüht ist, ein endgültiges Werk zu schreiben, das so umfassend und
vollständig wie möglich sein soll. Solche Literatur- und Quellenverzeich-
nisse sind für die Forschenden sehr nützlich, weil sie einen Ausgangs-
punkt liefern, der auf allen bzw. auf den meisten der bisher bekannten Informationen basiert – bekannt zumindest bis zum Zeitpunkt, zu dem die
Bibliographie des Buches erstellt wurde. Bücher und Artikel benötigen
nach Fertigstellung des Manuskripts normalerweise Monate oder auch
Jahre, bis sie erscheinen. Das Datum, das der Autor, die Autorin im Buch
am Ende des Vorwortes angibt, liegt meist ein oder zwei Jahre vor dem
Erscheinungsdatum. Auch bei einem Artikel wird die Bibliographie meist
etwa ein Jahr vor dem Erscheinen des Artikels fertiggestellt. Diese vollständigen Bibliographien sind äußerst brauchbar und sparen Zeit bei der
eigenen Literatursuche, aber so umfassend werden sie von Studierenden
normalerweise nicht erwartet.
    Daneben existiert eine unüberschaubare Zahl themenbezogener Bi-

bliographien, die früher gedruckt, heute zunehmend als CD-ROM oder im Internet angeboten werden. Sie finden solche Bibliographien unter Anwendung der in Kapitel 6 beschriebenen Recherchemethoden. Hilfreich sind in- und ausländische Nachschlagewerke vom Typ der „Bibliographie der Bibliographien", die Sie in jeder größeren Bibliothek finden.

3. Ausgewählte Bibliographien

Die Bibliographien für kurze wissenschaftliche Arbeiten und Seminararbeiten könnte man vielleicht am besten als „ausgewählte Bibliographien" bezeichnen. Diese Bibliographien enthalten alle Werke, die der Student, die Studentin für die Arbeit benutzt hat. Diese Bibliographien, die am Ende der Arbeit angefügt werden, geben den Lesenden einen Einblick in die Bandbreite der Informationen, die für die Vorbereitung einer bestimmten Arbeit benutzt wurden. Genau hier werden die Bib-Karten wichtig, die Ihnen helfen, eine genaue Bibliographie zu erstellen.

Richtlinien zur Bewertung von Sekundärquellen

Die besten Bibliographien in wissenschaftlichen Arbeiten von Studierenden sind annotierte Bibliographien und bibliographische Essays. Diese Form der Bibliographie setzt voraus, daß der Schreiber, die Schreiberin die Sekundärquellen bewertet, die beste und die weniger brauchbare Literatur zum Thema herausarbeitet. Dieser Prozeß erfordert noch einmal ganz besondere Aufmerksamkeit. Im Folgenden lesen sie einige Richtlinien, die Ihnen helfen sollen, ein Buch oder einen Artikel für Ihre annotierte Bibliographie oder einen bibliographischen Essay zu bewerten:

- Identifizieren Sie zuerst den Standpunkt des Autors, der Autorin. Was ist sein, ihr Bezugsrahmen, wie sieht er, sie das Thema?
- Bestimmen Sie die wichtigsten historischen Hypothesen.
- Benennen Sie die wichtigsten Zeugnisse, die zur Unterstützung der historischen Hypothesen benutzt wurden.
- Betrachten Sie den Gesamtaufbau des Artikels oder des Buches. Ha-

ben Sie die wichtigsten historischen Hypothesen sowie die sie unterstützenden Zeugnisse bestimmen können? Gibt es zu viele Hypothesen? Werden einige der Hypothesen nur behauptet und nicht belegt? Besteht für Sie ein logischer Zusammenhang zwischen den Hypothesen und den Zeugnissen, die sie unterstützen?

- Wie schätzen Sie die Stichhaltigkeit der Zeugnisse ein, die zur Unterstützung der Thesen vorgelegt werden. Werden die Zeugnisse Ihrer Meinung nach adäquat verwendet? Sind die Informationsquellen wichtig und erschöpfend? Achten Sie darauf, daß Sie die Bibliographie und die Fußnoten der Arbeit sorgfältig studieren. Sie zeichnen den Forschungsweg nach.
- Sind Sie mit dem Standpunkt, den der Autor, die Autorin dem Thema gegenüber vertritt, zufrieden; ist dieser Standpunkt angemessen? Hat er oder sie die wichtigeren oder besten Hypothesen zum Thema gewählt? Verstehen Sie das Schreibinteresse, aus dem heraus der Autor, die Autorin dieses Buch geschrieben hat?

Annotierte Bibliographien

Nachdem Sie die Haupthypothesen des Autors, der Autorin und die Verwendung der Zeugnisse in Betracht gezogen haben, sind Sie in der Lage, die Sekundärquellen zu bewerten und zu vergleichen. Welcher Literatur vertrauen Sie am meisten? Welches sind die besten Quellen? Und welche sind für das Forschungsinteresse Ihres Themas weniger wichtig?

Sie können die Bewertungsergebnisse der von Ihnen benutzten Literatur Ihren Lesern und Leserinnen in Form einer annotierten Bibliographie zukommen lassen. Ihre Anmerkungen können dabei so kurz sein, wie die folgenden Beispiele aus der Seminararbeit eines Studenten über Kafka und Wien:

```
Botstein, Leon: The Viennese Connection, in: Parti-
    san Review 49 (1982), 262-273. Untersucht die
    erhöhte Aufmerksamkeit, die das Wien der Jahr-
    hundertwende in den letzten Jahren genießt.
```

Brod, Max: Franz Kafka. Eine Biographie (Erinnerungen und Dokumente). Prag: Mercy, 1937. Brod betont die positive Lebenseinstellung seines Freundes Kafka und das transzendentale Element in seinen Texten.

Salten, Felix: Aus den Anfängen: Erinnerungsskizzen, in: Jahrbuch deutscher Bibliophilen und Literaturfreunde 18 / 19 (1932-1933), 31-46. Erinnerungen an das Café Griendsteidl vom Schöpfer der „Bambi" Figur.

Der eigentliche Zweck der annotierten Bibliographie ist der, dem Leser, der Leserin zu helfen, aber sie hilft auch den Schreibenden, das Quellenmaterial unterscheiden zu lernen.

Schreibübung 8.1: Die annotierte Bibliographie. Benutzen Sie die Richtlinien für die Bewertung von Sekundärquellen, um eine annotierte Bibliographie für Ihre wissenschaftliche Arbeit zu erstellen. Überlegen Sie, welche Quellen Sie für diese Seminararbeit benutzt haben und schreiben Sie kurze, für Ihre Leser brauchbare Kommentare für jede Sekundärquelle, die Sie in Ihrem Literaturverzeichnis anführen.

Der bibliographische Essay

Der bibliographische Essay bringt ebenfalls Kommentare zu den Sekundärquellen, auf die Sie Ihre Arbeit stützen. Der Hauptunterschied zwischen der Sammelbibliographie und der annotierten Bibliographie liegt darin, daß sie dem Autor, der Autorin ermöglicht, die Verweise aus der alphabetischen Ordnung herauszunehmen und die benutzte Literatur zu thematischen Blöcken zusammenzufassen. Es folgt ein Auszug aus dem bibliographischen Essay in Daniel R. Headricks „The Tools of Empire":

Die Informationen, die in diesem Buch enthalten sind, kamen aus Hunderten von Quellen, von denen die meisten in den Fußnoten vermerkt sind. Von den veröffentlichten Quellen waren ein paar Dutzend besonders brauchbar, die ich LeserInnen empfehle, die einige Themen genauer verfolgen möchten. Für eine allgemeine Einführung in das Thema vergleichen Sie: Daniel R. Headrick: The Tools of Imperialism: Technology and the Expansion of European Colonial Empires in the Nineteenth Century, in: Journal of Modern History 51, Nr. 2 (Juni 1979), 231–63. Erster Teil: Dampfboote und Chinin, Expeditionswerkzeuge. Für die frühe Geschichte der Dampfboote in Asien: Henry T. Bernstein: Steamboats on the Ganges: An Exploration in the History of India's Modernization through Science and Technology. Bombay 1960; eine beispielhafte Monographie der Sozialgeschichte der Technologie. H. A. Gibson-Hill: The Steamers Employed in Asian Waters, 1819–39, in: The Journal of the Royal Asiatic Society, Malayan Branch 27 pt. 1 (Mai 1954), 127–61. Gerald S. Graham: Great Britain in the Indian Ocean: A Study of Maritime Enterprise, 1810–1850. Oxford 1968.

Die am besten geschriebene, aktuelle Darstellung des Opium-Krieges ist Peter Ward Fay: The Opium War, 1840–1842: Barbarians in the Celestial Empire in the Early Part of the Nineteenth Century and the War by which They Forced Her Gates Ajar. Chapel Hill, N. C. 1975. Über die Dampfschiffe, die in diesem Krieg benutzt wurden: William Dallas Bernard: Narrative of the Voyages and Services of the Nemesis from 1840 to 1843. London, 2 Bände, 1844; beachten Sie die zweite Ausgabe dieses Werkes (London 1845) und die dritte: Captain William H. Hall (R.N.) and William Dallas Bernard: The Nemesis in China, Comprising a History of the Late War in that Country, with a Complete Account of the Colony of Hong Kong. London 1846. Vergl. auch Gerald S. Graham: The China Station: War and Diplomacy 1830–1860. Oxford 1978.

Die Dampfschiffe, die bei dem Vordringen der Europäer in Afrika benutzt wurden, werden am besten beschrieben in Macgregor Laird und R. A. Oldfield: Narrrative of an Expedition into the Interior of Africa, by the River Niger, in the Steam-Vessels Quorra and Alburkha, in 1832, 1833, und 1834. London, 2 Bände, 1837; Christopher Lloyd: The Search for the Niger. London 1973; und André Lederer: Histoire de la navigation au Congo. Tervuren 1965.

Immer noch die beste Biographie über Peacock ist Carl Van Doren: The Life of Thomas Love Peacock. London und New York 1911.
Mit Malaria und der Chinin-Prophylaxis beim Vordringen in Afrika beschäftigt sich Philipp D. Curtin: The Image of Africa: British Ideas and Actions 1780–1850. Madison, Wis., 1964, ein Beispiel brillanter historischer Forschung. Vergleichen Sie auch: Michael Gelfand: Rivers of Death in Africa. London 1964.

Bewertungen wie „brillant", „die beste Biographie" u. s. w. kann freilich nur jemand vornehmen, der bereits als ausgewiesener Kenner des Forschungsgebietes gilt. Im ersten Studiensemester sollten Sie sich deshalb solche apodiktischen Bewertungen untersagen, aber wenn Sie eine Arbeit zu dem Thema „Die Rolle des Dampfbootes für das Vordringen des Imperialismus in der zweiten Hälfte des 19. Jahrhunderts" geschrieben haben, können Sie z. B. notieren, daß nach Headrick, Tools of Empire (Seitenangabe) die beste Peacock-Biographie jene ältere von Carl Van Doren aus dem Jahr 1911 ist und daß Sie, falls Sie andere biographische Literatur zu Peacock gelesen haben, dieses Urteil teilen. Wenn Sie es nicht teilen, begründen Sie eben Ihre abweichende Meinung.

Bibliographie der Primärquellen

Nicht nur die Sekundärquellen oder Forschungsliteratur, sondern auch Ihre Primärquellen müssen sorgfältig verzeichnet werden. Im Studium werden Sie es überwiegend mit gedruckten Primärquellen zu tun haben, aber es kann auch um Gebäude, Orte, Gegenstände, Bilder und ähnliches gehen. Geben Sie alle verwendeten Primärquellen vollständig an, so daß beim Lesenden keine Mißverständnisse entstehen.

Ein Beispiel: Montesquieus „De l'esprit des lois" erschien 1748 in Genf, Sie haben aber nicht die Originalausgabe von 1748 benutzt, sondern eine neuere, kommentierte Edition, die von Victor Goldschmidt besorgt und 1979 in Paris publiziert wurde. Sie können deshalb nicht einfach angeben: „Montesquieu [d.i.: Charles de Secondat, Baron de la Brède et Montesquieu], De l'esprit des lois, Paris 1979", sondern sollten schreiben: „Montesquieu [d.i.: Charles de Secondat, Baron de la Brède et Montesquieu], De l'esprit des lois [Genf 1748], hrsg., eing. und kommentiert v. Victor Goldschmidt. Paris, 2 Bände, 1979". Wenn Sie noch genauer sein wollen und die Einleitung gelesen haben, dann wissen Sie, daß das Werk zwischen 1741 und 1748 niedergeschrieben wurde und setzen diese Information in Klammern hinzu. Die Angabe [Genf 1748] enthält für den Experten der Buchgeschichte wichtige Informationen. Wenn Sie sich die Frage stellen und zu beantworten versuchen, warum Montesquieu das Werk nicht in Frankreich drucken ließ, obwohl er dort lebte, sondern in Genf, und, wenn schon nicht in Frankreich, warum in Genf und nicht in London oder Amsterdam, wo viele andere Hauptwerke der Aufklärung gedruckt wurden, dann sehen Sie schnell, was alles die Angabe „Genf 1748" zusätzlich erklärt.

Oft beziehen Sie sich auf eine Primärquelle, die Sie einer Quellensammlung entnommen haben. Sie nehmen an einer Lehrveranstaltung über „Europavorstellungen im 18. Jahrhundert in Deutschland und Frankreich" teil. In einem kürzeren Beitrag sollen Sie über den Europabegriff des Universal-Lexikons von Johann Heinrich Zedler von 1734 berichten. Leider besitzt Ihre Bibliothek dieses Lexikon nicht. Sie finden aber einen brauchbaren Auszug in einer von Hagen Schulze u. a. herausgegeben Quellensammlung. Die korrekte Quellenangabe lautet in diesem Fall:

Zedler, Johann Heinrich: Art. „Europa", in: ders. (Hg.): Grosses vollständiges Universal-Lexikon Aller Wissenschaften und Künste [...]. Halle/Leipzig, Band 8, 1734, Sp. [=Spalte] 2194f., auszugsweise abgedruckt in: Europäische Geschichte. Quellen und Materialien, hg. von Hagen Schulze und Ina Ulrike Paul unter Mitwirkung von Ulrich March und Traute Petersen. München 1994, 55–56.

Da ältere Werke oft ellenlange Titel haben, können Sie diese wie im Fall „des Zedler" abkürzen. Wenn Sie Bildquellen benutzen und sich dabei auf eine Abbildung in einem Buch oder einem Aufsatz stützen, verfahren Sie genauso. Zuerst wird die Quelle bestimmt: Maler / Stecher u. s. w., Titel (soweit existent), Entstehungsjahr, wenn bekannt; wenn nicht be-

kannt, zeitliche Einordnung; nähere Bestimmung als Kupferstich, Rötel-
zeichnung, Öl auf Leinwand u. s. w., Standort (Museum, private Sammlung...). Ist das Original oder eine Kopie abgebildet? Handelt es sich um
eine Skizze zu einem Gemälde? Um einen Kupferstich, der ein Gemälde
oder ein Fresko reproduziert? Dies alles sollte genau verzeichnet werden.
Anschließend folgt die korrekte Angabe des Buches etc., in dem Sie die
Abbildung gefunden haben.

Folgende Angaben sollten Sie immer machen. Wenn eine einzelne Angabe nicht möglich ist, was bei Primärquellen oft vorkommt, müssen Sie
das ausdrücklich angeben:

- Urheber (Maler, Stecher, Kanzleischreiber, eine bestimmte Person,
  Architekt ...)
- nähere Bezeichnung der Quelle (Name des Gemäldes, Name oder
  Funktion des Gebäudes, Name oder Funktion des Alltagsgegenstan-
  des, Urkunde, Manuskript ...)
- Datierung
- materielle Beschaffenheit der Quelle
- historischer und heutiger Standort (Museum, Archiv, Kirche, öffent-
  licher Platz ...)
- historischer Herstellungs- und / oder Fundort (geographische Angabe)
- bibliographische Angabe (Abbildungsnachweis, gedruckte Quellensammlung ...)

Weitere Informationen können oder müssen je nach Quellentyp hinzukommen. Dies erfahren Sie im Proseminar „Alte Geschichte" oder „Mit-
telalterliche Geschichte" bzw. „Neuere Geschichte". Über sehr verschiedene Quellentypen der Neuzeit, die Sie in Archiven finden können,
informiert:

Heinrich Otto Meisner: Archivalienkunde vom 16. Jahrhundert bis 1918
[1950]. Leipzig, überarb. Ausg., 1969.

4. Was sollten Sie in Ihren Anmerkungen / Fußnoten angeben?

Diese Frage verursacht immer wieder unnötiges Kopfzerbrechen. Die kurze Anwort lautet: „Alles, was Sie aus einer Primär- oder Sekundärquelle genommen haben und das nicht auf ihren eigenen Ideen oder Informationen beruht." Aber was bedeutet das?

Auf Ihren Lektüre-Karten stehen alle möglichen Informationen, einschließlich der Identifizierung der genauen Quellen dieser Informationen. Sie haben interessante Zitate aus Büchern und Zeitschriften abgeschrieben. Sie haben für ein bestimmtes Argument oder eine Hypothese spezifische Informationen oder Statistiken exzerpiert. Sie haben sich eine besondere Interpretation, einen Standpunkt oder die Hypothese eines Autors oder einer Autorin notiert. Wenn Sie sich entschließen, beim Schreiben Ihrer Arbeit ein Zitat, eine statistische Aufstellung oder ein besonderes Argument, das von einem / einer Ihrer AutorInnen vertreten wird, zu benutzen, dann müssen Sie auf dieses Material in einer Anmerkung verweisen. Ob Sie die Anmerkung als Fußnote unten auf die Seite setzen – was wegen der Leserfreundlichkeit sehr zu empfehlen ist und bei den Textverarbeitungsprogrammen überhaupt kein Problem mehr darstellt – oder am Ende der Arbeit aufführen, spielt in bezug auf Inhalt und Gestaltung keine Rolle.

Die Anmerkungen helfen sowohl den Lesenden als auch den Schreibenden. Sie helfen den Lesenden, die Qualität der Informationen zu beurteilen, die direkt Eingang in die Arbeit gefunden haben. Anmerkungen weisen die Lesenden auch auf spezielle Punkte oder Argumente hin und lassen sie wissen, wo die Information herkommt, die diese Punkte und Argumente unterstützt. Da die Anmerkungen das Material ausweisen, das die AutorInnen von einer anderen identifizierbaren Quelle genommen haben, bedeutet das auch, daß die Passagen der Arbeit, die nicht mit Anmerkungen versehen sind, ein eigener Beitrag des oder der Schreibenden zum Thema sind. Der Leser, die Leserin kann also die eigenständige Qualität der Arbeit richtig einschätzen. Allgemein bekannte Fakten und Allgemeinwissen brauchen Sie nicht durch eine Fußnote zu belegen. Selbst wenn Sie sicherheitshalber die Lebensdaten Martin Luthers oder

das Jahr des Reichsdeputationshauptschlusses noch einmal im Ploetz
nachgesehen haben, brauchen Sie in diesem Fall nicht auf den Ploetz in
einer Anmerkung zu verweisen.

Anmerkungen sollen keinen Paralleltext zu Ihren eigentlichen Ausführungen enthalten. Geben Sie Ihre Primär- oder Sekundärquelle an. Da
Sie diese im Anhang der Arbeit im Quellen- und Literaturverzeichnis ausführlich aufführen, können Sie sich in den Anmerkungen mit abgekürz-
ten Angaben begnügen. Vermeiden Sie, pauschal auf ein Werk zu verweisen. In Wirklichkeit stützen Sie sich ja doch auf ein bestimmtes Kapitel,
auf ein bestimmtes Zitat auf einer bestimmten Seite, auf eine bestimmte
Seitenfolge. Zusätzlich können Sie in den Anmerkungen auf Differenzen
zwischen AutorInnen oder auf abweichende Angaben in verschiedenen
Nachschlagewerken verweisen. Manchmal stoßen Sie in unterschiedlichen biographischen Artikeln oder Werken zu derselben Person auf abweichende Angaben zum Geburts- oder Todesjahr. Wenn Sie in einem
solchen Fall einem Autor / einer Autorin einen Irrtum nachweisen können, geben Sie das in der Anmerkung an, geht es um einen Irrtum in einer kapitalen Frage, gehört die Information in den Haupttext. Wenn Sie
die Differenzen z. B. bei Lebensdaten nicht auflösen können, führen Sie
die abweichenden Informationen in der Anmerkung an. Nehmen Sie sich
übungshalber ein Buch (oder einen Aufsatz), das Ihnen durch einen besonders umfangreichen Anmerkungsapparat aufgefallen ist, und prüfen
Sie nach, was in den Anmerkungen Ihnen selbst überflüssig erscheint,
was eher in den Text gehörte, und was kürzer gefaßt werden könnte.

5. Das formale Erscheinungsbild Ihrer Arbeit

Das formale Erscheinungsbild Ihrer Arbeit ist nicht nebensächlich. Sie
müssen nicht nur sorgfältig forschen, sondern auch sorgfältig schreiben
und formal gestalten. Bevor Sie die Arbeit abgeben, müssen Sie akribisch
Korrektur lesen: Rechtschreibung, Interpunktion, Grammatik, Satzbau
müssen stimmen. Wenn Sie mit einem Textverarbeitungsprogramm arbeiten, sollten Sie die wichtigsten Formatierungsfunktionen beherrschen,
um einen sauberen Ausdruck abzuliefern. Ziehen Sie also den Duden

242 Dokumentationstechniken

und Ihr Softwarehandbuch zu Rate! Notwendige Bestandteile einer Arbeit sind immer:

1. Deckblatt (Angabe von: Universität / Institut, Ihr Name, Ihr Fach oder Ihre Fächerkombination, Ihr Fachsemester, Ihr Thema, Thema der Lehrveranstaltung, Name des Dozenten / der Dozentin, Semester der Veranstaltung)
2. Inhaltsverzeichnis
3. Text mit Fußnoten
4. Abbildungs- oder Quellenanhang (gegebenenfalls)
5. Quellenverzeichnis (Primärquellen)
6. Literaturverzeichnis (Sekundärquellen)

Die Überschriften im Inhaltsverzeichnis und im Text müssen übereinstimmen, vergessen Sie nicht, die Arbeit zu paginieren. Wenn Sie Ihre Arbeit in elektronischer Form abgeben dürfen, gelten die Anforderungen sinngemäß. In Zukunft ist vielleicht damit zu rechnen, daß Sie am Ende einer Seminararbeit versichern müssen, die Arbeit selbst verfaßt zu haben, weil Seminararbeiten inzwischen leicht über das Internet erhältlich sind. Bisher wurde eine solche Versicherung nur für Diplom-, Examens- und Magisterarbeiten sowie Dissertationen verlangt. Details zur Manuskriptgestaltung finden Sie in einer Reihe von Leitfäden, zum Beispiel:

Poenicke, Klaus: Duden – Wie verfaßt man wissenschaftliche Arbeiten? Ein Leitfaden vom ersten Studiensemester bis zur Promotion. Mannheim, 2. neubearb. Aufl., 1988

6. Letzte weiterführende Gedanken über das Lesen und Schreiben von Geschichte

Dieses Buch ist nun abgeschlossen, aber wir denken immer noch darüber nach, welche Lernerfahrungen wir durch das Ineinandergreifen von Lesen und Schreiben ständig machen. Wir haben uns während des Schreib-

prozesses als Lesende und Schreibende von Geschichte verändert, weil wir
darüber nachgedacht haben, was wir eigentlich tun, wenn wir Geschichte
lesen und schreiben.

Beim Schreiben des „Schreib-Guides Geschichte" haben wir selbst ausprobiert, was wir sonst von den Studierenden in unseren Seminaren verlangen: Wir haben Geschichte gelesen und geschrieben. Wir haben bewußter an unsere eigene Studienzeit denken können und wieder gemerkt,
daß wir nie aufhören, durch Lesen und Schreiben und das Austauschen
von Wissen und Erfahrung mit Studierenden und KollegInnen zu lernen.
Das Schreiben dieses Buches war für uns – Herausgeber, AutorInnen – von
der ersten bis zur letzten Seite ein Lernprozeß, der unsere Überzeugung bestätigt hat, daß wir unsere ganze Tatkraft und Aufmerksamkeit, unsere in-
tensivsten und phantasiereichsten Kräfte für das Lesen und Schreiben ak-
tivieren müssen, wenn wir „Geschichte betreiben". Wenn wir über das
Geschichte-Schreiben schreiben, schöpfen wir aus dem Langzeitgedächtnis als Quelle erinnerter Erfahrung und aus dem Kurzzeitgedächtnis als
Quelle neuer Informationen. Natürlich ist es immer ein aufregender Augenblick, wenn ein Text, den andere lesen werden, endlich fertig ist; aber
die eigentliche und tiefere Befriedigung liegt für uns in dem, was wir selbst
über das produktive Zusammenspiel zwischen dem Geschichte Schreiben
und Geschichte Lernen erfahren haben. Es ist, als seien wir selbst wieder
zu Studierenden geworden und als identifizierten wir uns damit, was GeschichtsstudentInnen eigentlich tun. Dadurch haben wir unseren Erfahrungshorizont in Geschichte einmal mehr erweitern können.

So wie alle, die Geschichte lesen und schreiben, früher oder später darauf kommen, daß es keine einfachen Berichte und keine einfachen Erklärungen darüber geben kann, was Menschen tun, so ist uns im Laufe der
Arbeit an diesem Buch immer bewußter geworden, daß selbst die einfachsten Aktivitäten des Lesens und Schreibens in einen Gesamtkomplex aus
Ereignissen, Überzeugungen, Sprachstrukturen, Haltungen und Verhal-
tensformen eingebettet sind. Nach unserer Arbeit am „Schreib-Guide Geschichte" können wir nicht zu unseren alten Annahmen über das Geschichte Lesen und Schreiben zurückkehren, unabhängig davon, ob wir
uns als Schreibende, Lehrende oder Historiker und Historikerinnen sehen.

Register

Egon Boshof

Kurt Düwell 5., durchgesehene Auflage

Hans Kloft 1997. X, 337 Seiten. Broschur.

Geschichte DM 39,80/sFr 37,–/öS 291,–

Eine Einführung ISBN 3-412-15296-X

Die »Grundlagen des Studiums der Geschichte« haben sich in einem Zeitraum von zwanzig Jahren einen festen Platz im akademischen Unterricht der deutschen Universitäten gesichert. Bewährt hat sich die Zusammenfassung der drei großen Bereiche Altertum, Mittelalter und Neuzeit. Darüber hinaus geben die eindringliche Behandlung der Quellen und ihre Erschließung durch die jeweiligen Grundwissenschaften, die Auswahl von wichtigen Problemen und Forschungstendenzen dieser Einführung zusammen mit den einschlägigen Literaturhinweisen ihr unverwechselbares Gesicht. Die bewährte Einführung in das Geschichtsstudium, die in gelungener Weise Theorie und Praxis miteinander verbindet, liegt in einer aktualisierten Ausgabe vor.

KÖLN WEIMAR

THEODOR-HEUSS-STR. 76, D-51149 KÖLN, TELEFON (0 22 03) 30 70 21